BARGAINING FOR ADVANTAGE

Negotiation Strategies for Reasonable People, 2nd Edition

華頓商學院的
高效談判學

讓你成為最好的談判者！

經典
紀念版

G. RICHARD
SHELL

理查·謝爾——著

劉復苓——譯

經營管理 95

華頓商學院的高效談判學

讓你成為最好的談判者！（經典紀念版）

作　　者　理查・謝爾（G. Richard Shell）
譯　　者　劉復苓
責任編輯　林博華
行銷業務　劉順眾、顏宏紋、李君宜

總 編 輯　林博華
發 行 人　凃玉雲
出　　版　經濟新潮社
104台北市中山區民生東路二段141號5樓
電話：(02)2500-7696　傳真：(02)2500-1955
經濟新潮社部落格：http://ecocite.pixnet.net
發　　行　英屬蓋曼群島商家庭傳媒股份有限公司城邦分公司
104台北市中山區民生東路二段141號11樓
客服服務專線：02-25007718；25007719
24小時傳真專線：02-25001990；25001991
服務時間：週一至週五上午09:30~12:00；下午13:30~17:00
劃撥帳號：19863813　戶名：書虫股份有限公司
讀者服務信箱：service@readingclub.com.tw
香港發行所　城邦（香港）出版集團有限公司
香港灣仔駱克道193號東超商業中心1樓
電話：852-25086231　傳真：852-25789337
E-mail: hkcite@biznetvigator.com
馬新發行所　城邦（馬新）出版集團 Cite (M) Sdn Bhd
41, Jalan Radin Anum, Bandar Baru Sri Petaling,
57000 Kuala Lumpur, Malaysia.
電話：603-90578822　傳真：603-90576622
E-mail: cite@cite.com.my
印　　刷　漾格科技股份有限公司
初版一刷　2012年9月11日
二版一刷　2018年6月14日

城邦讀書花園
www.cite.com.tw

ISBN：978-986-96244-5-9

售價：430元
Printed in Taiwan

〈出版緣起〉

我們在商業性、全球化的世界中生活

經濟新潮社編輯部

跨入二十一世紀，放眼這個世界，不能不感到這是「全球化」及「商業力量無遠弗屆」的時代。隨著資訊科技的進步、網路的普及，我們可以輕鬆地和認識或不認識的朋友交流；同時，企業巨人在我們日常生活中所扮演的角色，也是日益重要，甚至不可或缺。

在這樣的背景下，我們可以說，無論是企業或個人，都面臨了巨大的挑戰與無限的機會。

本著「以人為本位，在商業性、全球化的世界中生活」為宗旨，我們成立了「經濟新潮社」，以探索未來的經營管理、經濟趨勢、投資理財為目標，使讀者能更快掌握時代的脈動，抓住最新的趨勢，並在全球化的世界裏，過更人性的生活。

之所以選擇「**經營管理—經濟趨勢—投資理財**」為主要目標，其實包含了我們的關注：「經營管理」是企業體（或非營利組織）的成長與永續之道；「投資理財」是個人的安身之道；而「經濟趨勢」則是會影響這兩者的變數。綜合來看，可以涵蓋我們所關注的「個人生活」和「組織生活」這兩個面向。

這也可以說明我們命名為「經濟新潮」的緣由——因為經濟狀況變化萬千，最終還是群眾心理的反映，離不開「人」的因素；這也是我們「以人為本位」的初衷。

手機廣告裏有一句名言：「科技始終來自人性。」我們倒期待「商業始終來自人性」，並努力在往後的編輯與出版的過程中實踐。

〔推薦序〕一本值得細細品味的談判書

劉必榮

最近美國賓州大學華頓商學院的談判書，一下子在坊間變得很紅，大家都想一窺，到底華頓這派跟哈佛那一派有什麼不同。其實，談判理論基本上沒有太大差異，差別在各家的偏重不同。在學術界，有的人把重點擺在利益，有的擺在權力，有的擺在關係，有的擺在資訊，有的擺在戰術，有的則主張用電腦或公式來計算。在實務界，差別在談判風格的不同。有的主張先取得對方一個Yes，然後從小Yes到大Yes，一步步達成協議。另一派則主張從No開始，先讓他說不，或我們自己先說不，然後先破後立。這就像打國際籃球賽一樣，不同國家的人打籃球，有不同的戰術戰法，但是籃球的規則（在這裏就是談判的基本理論）是不會變的。

謝爾教授這本書《華頓商學院的高效談判學》的重點在「資訊」，他把它稱為以資訊為本的談判（information-based bargaining），也把自己這一派稱為懷疑學派。他表示很多人以為學了一套談判技巧，就可以用在所有的地方，這是不對的。因為每一個人，每一個談判情境都不一樣，所以我們需要的是一個情境戰略。

這個破題破得相當好。因為不只是學談判的人，很多學者寫談判書，也都認為他的技巧可以放諸四海皆準。事實並不是這樣：每個人的風格不一樣，沒辦法強求，每個談判情境也不一樣，戰術根本無法拷貝。

作者於是根據談判各造所認知的「未來關係重要性」，以及他們所認知的「利害關係衝突強度」，將情境分成四個象限，整本書就根據這四個象限的特性與需求，發展出不同的談判策略。這些策略又都建築在包括「個人談判風格」在內的六個談判基礎之上。六個基礎就像六根支柱，支撐起作者整個談判的戰略體系。這讓這本書讀起來很有系統，讀者可以按部就班，循序漸進地增進自己的談判智能。

作者在書中也引用了很多心理學的理論，做為討論談判戰術的基礎。這比單純心理學的討論要有意思，也更能跟實務結合。書中有一段談到開價的問題可以特別提出來討論。作者說，很多人問道，為什麼不乾脆開一個價錢就好，這樣就不必花時間討價還價了。這個問題其實我很多學生也遭遇過類似問題：他們在公司當主管，底下一些員工也許因為太單純，也許因為家裏沒什麼經濟壓力，平常買東西的時候就很少殺價。所以當我這些學生告訴他員工，賣東西的時候開價可以開高一點，好預留讓步空間時，常會被問：「為什麼要這樣？」過去我都告訴學生：「你可以反問他：如果別人開價，你會相信那是底價嗎？」如果他回答說「不會」，那就可以接著問：「那人家為什麼會相信你開的是底價？」所以就算你一端出來的就是底價，對方還是會殺價，對不？這時端出底價的不就虧了？

謝爾教授在書中則提出了一個新的發現。他說過去他也不喜歡殺價，現在發現美國人愈來愈喜歡殺價，不殺價的只佔人口百分之十五。因為現在資訊愈來愈發達，上網找資料愈來愈容易。尤其是買車，很多人從網上蒐集到了資訊，都認為自己現在很內行了，所以一定要用這些資訊殺一下價，才有成就感。這個發現很有意思，因為他講的不單單是心理學上砍價的快感，而是網路發達以後，談判者所累積的資訊自信。這是過去談判書籍比較少觸碰到的部分。

作者對談判倫理的討論也很精彩。企業有企業倫理，談判也有談判的倫理或道德。這個問題該怎麼處理？這個問題困擾過很多談判學者，就好像讀孫子兵法的時候一樣，很多人都想理出一套邏輯，說明孫子所說「兵者，詭道也」，其實和我們的道德規範並不相悖。談判上最常被提出來討論的道德問題，就是在談判桌上能不能說謊話。純道德主義者當然說不行，可是這個原則如果切實執行，很多談判都沒辦法進行了。比如我們在談判收尾時，為了維持關係，可能會說：「跟您談判真的很愉快。」其實這是一句謊話，因為我並不愉快。可是我們能說實話嗎？所以才有學者指出，這不是謊話，它只是「不真」。

謝爾教授用了一整章（第十一章），從三派不同理論，探討談判道德的問題，非常精彩。比如他說，今天有人問你：「你知不知道（某件事）？」，事實上你是知道的，但如果講實話，會影響我們的談判利益，這時你會不會講實話，跟他說你知道？理想主義者會拒絕回答，設法把話題導向別的地方。因為他們不願意講真話，也不想講假話，只好不講。務實主義者則會說「不知道」。理由是只要對方無法偵知我到底知不知道，就不會知道我有沒有說謊，所以就不會影響到日後雙邊關係的發展。會不會影響到日後關係的發展，是務實派行事的指導原則。像類似的討論，書中都有非常暢快的交鋒，很值得一讀。

讀談判書，必須先把作者的論點，在這麼多談判書中找到定位（以這本書而言就是強調「資訊」、「情境」），並且看他所介紹的策略，反映出多少美國人的思維，看哪些我們可以拿來用，哪些因為文化差異（作者書中談到文化差異的部分也很精彩）無法照搬過來，以及他所討論的爭議性問題是否能引起我們心中的共鳴。就這幾點來看，謝爾教授這本書都是很值得推薦的書。所以我願意把這本書推薦給對談判有興趣，並且想發展出有效談判策略的所有朋友。

（本文作者為東吳大學政治系教授，和風談判學院主持人）

第二版序

本人很榮幸地在此推出《華頓商學院的高效談判學》新版。我在九〇年代末期著手撰寫這本書，是因為我認為在談判這個迷人領域當中，尚缺乏真正充分的文獻，以供認真向學的學生和業界人士學習。我希望能有一本書，專門探索實際談判的各種問題，為談判提供歷史背景和社會科學的基礎，而且還要淺顯易讀。新版的問世，加上本書已被譯為多國語言（至今至少超過十種），顯示本書已達到我的理想水準。

我為什麼要修訂已經廣受肯定的內容呢？原因有四點。首先，最重要的原因，是新版讓我有機會與讀者分享最新研發成功的「談判風格評估工具」（見附錄A）。我認為談判者因每個人個性不同，各自有其獨特的才能、優點和弱點。這些特性並非具體成形，卻導致偏見和偏好，強烈影響人們在談判桌上的行為。我設計這套談判風格評估工具，就是為了了解這類談判本能。有了這套新測驗，再加上綜合全球一千五百多位企業主管評估結果而製作出的標準化得分表，可以讓讀者更加了解自己的談判優勢何在。

新版問世的第二個原因和先進的通訊科技有關。當初我撰寫第一版時，還不像今天如此依賴電子郵件和即時通訊這類網路電子通訊系統。新版讓我有機會直接探討電子通訊談判的陷阱和契機，相關內容見第七章。在同一章中，也新增了利用代理人來談判的討論，這都是第一版沒有的內容。

第三，自第一版出版後，我發現性別和文化對於談判的影響超出我原本所想像。因此，我在第一章加入了更多這方面的討論。琳達．鮑考克（Linda Babcock）和莎拉．拉斯雪佛（Sara Laschever）於二〇〇三年出版的《女人要會說，男人要會聽》（*Women Don't Ask*）一書，對我尤有啟發。

最後，新版讓我能夠加入更多實例、學術研究結果和話題，讓本書能與時俱進。讀過第一版的讀者，如果夠細心，會注意到諸多改變與更新。不過，我還是盡量維持第一版內容的完整性。

不少讀者以及利用本書做為談判教科書的老師，為新版的內容提出了許多建議。我在華頓商學院的幾位同事也提供了真知灼見，包括Maurice Schweitzer、Rachel Croson、Ken Shropshire和Jennifer Beer等。在極具爭議的性別與談判議題上，帝博大學（DePaul University）的Alice Stuhlmacher教授大方分享她的觀點和研究。另外，我也感激史丹佛大學法學院談判學教授們提出寶貴的建言。矽谷律師（也是我的朋友）Ralph Pais鼎力相助。還要特別感謝西北大學法律學教授Chris Guthrie為本書撰寫書評，將本書推薦給法學領域。為謹守本書焦點，我無法在談判的法律層面上著墨太多，不過，有意深入了解的讀者，可參考由法學院教授Robert H. Mnookin、Scott R. Peppet和Andrew S. Tulumello合著的好書《*Beyond Winning: Negotiating to Create Value in Deals and Disputes*》。

現在，我將新版呈現給你。這是人生最有趣（又有利可圖）的旅程之一，我誠摯希望它能指引你，為你的每一場談判創造無限精彩。

目次

前言：一切操之在你

我在華頓商學院教談判，課堂上都是全球頂尖聰明的企業人士——他們既是學生，也是企業主管。另外，我還主持專為高階主管開設、為期一週的「華頓高階主管談判研訓班：談出你的優勢」。不過，即使擁有這些資歷，我還是得承認，談判依舊讓我有些緊張。事實上，有時我甚至不知道我在談判，等到發現時都已來不及了。

例如，不久以前，我和家人共進晚餐時，電話響了。我接起電話，是隔壁鄰居十幾歲的女兒愛蜜莉打來的。

「我正在為學校的壘球隊籌募今年冬季打錦標賽的資金，」她解釋道，「我們在義賣柳橙和葡萄柚這類柑橘類水果。您要買一點嗎？」

我們和愛蜜莉一家人是好朋友，她四歲時我就認識她了。我當然願意贊助。

「告訴我妳們有什麼，」我說。

她說明了各種包裝的價錢：綜合小包裝十一美元，多幾顆葡萄柚則二十美元，大包的三十五美元。我不確定是否有必要買下價值三十五元的各式柑橘。

「好吧，」她推銷完畢後我開口。「我買十一美元的小包裝。」

這個時候，我太太蘿賓在一旁叫我。「問問愛蜜莉關於天竺鼠的事情！」她說。我一臉困惑。

我的老大，班，也湊過來，提高音量說：「奈德的天竺鼠，」他解釋道。「問她這個週末我們不在家的時候，她能不能幫忙照顧奈德的天竺鼠。」我八歲的小兒子奈德最近養了一隻天竺鼠，感恩節假期在即，需要找個人來照顧牠。

「啊！」我說。我回到電話上，「妳這個週末在家嗎？」我問。

「在啊！」她回答。

「能不能請妳幫我們照顧奈德新養的天竺鼠？我們要去紐約，需要有人來照顧牠。」

「沒問題，」她爽朗地回答。她見機不可失，繼續推銷。「這樣的話，你要不要考慮買二十元包裝的水果？」

決定權操之在我。「好啊，」我笑著說。「我們就買二十元的。」

談判——從華爾街的大型併購、工作上的預算討論、到閒話家常——往往會有意外轉折，而且牽一髮而動全身，因此現在美國有很多相關院所開設了為期一學年以上的談判課程。事實上，它們大部分都相當熱門。為什麼呢？因為學生入社會後——無論是商業、法律、醫學、教育、政治界，或是公家機關——對於談判這件事都感到惶恐，而亟需改善其技巧。他們知道，日後若想在企業界或專業領域擔任領導者，就必須面臨各種談判挑戰，因此想要克服心中的緊張，強化信心。

這些學生的想法是對的，因為，緊張的確會影響談判表現。緊張讓我們無法才思敏捷，還會窄化我們思考問題的眼界。最重要的是，緊張讓原本理性的人在面對「我該如何談判？」這個問題時，尋求過分簡化的答案來脫身。他們緊抓「雙贏」或「單贏」這類字眼，希望能拼湊出談判的真諦。緊張的談判者希望能找到制式的策略，讓自己有掌控全局的感覺。

可是，企圖簡化談判根本就是徒勞無功。首先，**談成的交易絕對都是雙贏的交易**。除非雙方都認為能從交易中獲利，否則根本就不可能達成協議。其次，「單贏」通常只是我們在不滿對方時的一種說法。最後，通用策略（放諸四海而皆準的策略）根本就是假象。談判老手很清楚，各種情況和個人變數太多，沒有一種策略能夠適用於所有情況。

為了提升技巧，你得摒除這類膚淺的談判概念，正視你的緊張，接受談判對手和談判情況各異的事實，並且學會務實地善用這些差異——同時又不失道德和自尊。想要達成這些目標，簡單幾句口訣是不夠的；你需要汲取有效又可靠的談判過程知識，培養出自信態度。

這種知識是存在的——談判研究和文獻已經蓬勃發展了超過二十五年——可是卻取得不

易。談判學者把他們的研究結果發表在學術雜誌和書籍上，一般實務界的談判者無緣拜讀。而且，市面上關於談判的著作百家爭鳴，一般讀者難辨好壞。體育運動界或好萊塢經紀人適用的技巧，不見得適合你。

善用你的工具箱：一切操之在你

因此我寫了這本書。我在華頓商學院教學期間，曾仔細閱覽學術界及市場上有關於談判的著作，搜尋能幫助人們在談判桌上達成亮麗成果的方法。我特別用直接易懂的方式來整理這套知識，以供忙碌的人們使用。

我的談判策略從你自己開始。無論是我個人的經驗，還是許多的研究結果都指出，你其實已經具備一個優秀談判者所需的一切條件。你本身的談判「工具箱」裏已經萬事具備。這些基本溝通與認知技巧不但幫助你一路走來——持續朝你的個人與職涯目標邁進——也能幫助你有效談判。無論職位高低，只要了解自身的優缺點、審慎規畫、不斷練習以精進技巧，人人皆可提高談判的績效。

有人天生擅長與人合作；有人喜歡採用競爭手法；也有人用兩種方式都能達成目的。不過，成功的談判風格，真理只有一個：若想遊刃有餘，你必須學會在談判桌上做自己。讓你覺得彆扭的祕訣和計謀是不可能有用的。而且，當你處心積慮地思考下一步時，很容易忽略掉對方洩露的重要線索和資訊。談判不需要耍手段，但有必要警覺和審慎。談判高手態度誠實，多問問題，仔細聆聽，並且專注於他們和對方在談判桌上想要達成的目標。

談判不是複雜的航太科學，但也不至於簡單如直覺。任何身分地位的人，都可能在重要的談判場合上，被直覺拖垮。要想獲得改進，就要拋開成見、接納新知。最重要的是，你必須學會辨識出潛藏在談判過程中，一些十分重要的心理策略。

舉例來說，本書描述談判高手在觀察談判桌上的情勢時，注意到的不僅僅是報價、還價和成交，還能看出檯面下的心理與策略趨勢。他們會留意各方在互惠規範上的立場。他們伺機運用心理學家所謂的一致性原則（consistency principle），讓對方謹遵標準、固守他們先前的聲明或立場；而且，他們知道提案的時機和提案的內容一樣重要。即使你願意無條件讓步，人們還是需要感受到他們「賺到」便宜。

談判過程中諸如此類的知識和模式，能幫助談判老手組織提案，預測對方的下一步。等你學會觀察談判場合上的種種特質，你將能更準確地「判讀」談判情勢，並且更有自信地採取行動。

方法：資訊為本的談判法

我把我的談判法稱為資訊為本的談判法（Information-Based Bargaining）。這個方法著重於談判的三大層面：事前徹底規畫與準備、仔細聆聽對方真正的需求、以及留意對方在談判中釋放出的「訊號」。資訊為本談判法一如其名，必須針對整個情勢和對方的一切，蒐集大量可靠的資訊。

我的方法強調六大要素，我將它們稱為「有效談判的六大基礎」。本書第一部分將介紹這六大基礎，它們分別是：談判風格、目標和期望、權威標準與規範、關係、對方的利益，以及重要談判資產中的種種因素——籌碼（第六章將詳細說明）。準備好這六大基礎相關資訊，你就可以展開談判過程，那是你多少可以預期的，從草擬談判計畫、初步交換資訊、明確地來回談判、到最後成交進入承諾階段。本書第二部分將引領你逐步走過這四個階段。

資訊為本談判法屬於談判學中的「懷疑學派」。它將你每次面對的情勢和對象視為獨一無二，避免魯莽地對他人的目標與動機做出過分自信的假設。此外，它還強調為每一個案量身訂做「情境策略」（situational strategy），而不是提出一體適用的通則。

為提高學習效果，本書列舉多位談判高手的親身經歷，來說明資訊為本談判法的原則。

你將從不同文化與時代的成功人士身上見證到有效談判的策略，包括索尼集團（Sony Corporation）傳奇性的創辦人盛田昭夫（Akio Morita）；約翰·摩根（J. P. Morgan）、洛克斐勒（John D. Rockefeller）、卡內基（Andrew Carnegie）等美國大亨；當代談判專家赫贊加（H. Wayne Huizenga）、唐納·川普（Donald Trump）；歷史人物甘地（Mahatma Gandhi）和富蘭克林（Benjamin Franklin）；以及其他不那麼知名、但極其優秀的商界人士與社會賢達。你將見到這些專家是如何成功的，同時也從他們偶爾的挫敗中學到寶貴教訓。

這些典範人物足為吾師，但比他們的經驗更重要的是他們的談判態度。談判高手會認真看待每一次談判，而且謹遵專業立場。他們隨時都可以離桌走人。無論對方怎麼出招，他們都能站穩腳步，立刻回應，並且耐心持續地向目標邁進。

談判高手會在談判桌上遵守非常明確的道德規範，不受對方所做所為影響。他們知道哪些動作符合「遊戲規則」，哪些動作偏離道德規範。想要有效談判，你需要發展出自己的一套談判道德。第十一章將為這個重要議題提供思考架構。

從做中學

我在華頓的高階主管談判研訓班上，很喜歡引用紐約律師兼談判專家詹姆斯·弗倫德

（James C. Freund）說過的一句話。弗倫德寫過許多關於企業併購和談判方面的書，他曾說過：「歸根結底，你不能看書學談判。你必須實際上談判桌。」[1]

我同意。這本書可以教你改進談判技巧——但無法取代實際談判。所以，請你將本書的知識當作基礎，建立起屬於你自己的有效談判模式。把每一次的談判機會看作是增進技巧的「實驗室」。等到經驗與信心逐漸累積後，你將發現談判不再是充滿焦慮的接觸，而變成令人享受——而且有利可圖——的挑戰。

第一部

有效談判的六大基礎

- 你的談判風格
- 你的目標和期望
- 權威標準與規範
- 關係
- 你的對手的利益
- 籌碼

第1章

基礎一：你的談判風格

烘焙還是得用手邊的麵粉。

——丹麥俗諺❶

兩名男子走進紐約市萊辛頓大道的辦公大樓，來到高樓層的會議廳。那是冷冽的一月天。他們彼此友善地打招呼，但顯得拘謹。兩人隨後在偌大的會議桌前對坐下來，開始討論這兩家大公司合併的可能性。

會議桌的一邊坐的是彼得．朱萬諾維奇（Peter Jovanovich），哈考特—布雷斯—朱萬諾維奇（Harcourt Brace Jovanovich, HBJ）出版公司不可一世的執行長，該公司如今面臨嚴重財務危機。朱萬諾維奇身為公司創辦人之子，竭盡全力想要保住這個家族事業。桌子對面則坐著積極而強勢的大眾戲院（General Cinema）老闆迪克．史密斯（Dick Smith），這家資金充沛的集團一直處心積慮想跨足出版事業。另外，隨侍在側的，則是多位蠢蠢欲動的法務與財務顧問。

雙方事前都費盡心思為談判開場準備了周全的「草稿」。史密斯是買家，經過幾個月的分析，他確定ＨＢＪ公司是大眾戲院集團的完美對象，可是，他不知道朱萬諾維奇是否認同這個大好機會。史密斯準備了詳盡的報告，介紹大眾戲院的財務實力和商譽。他想要對ＨＢＪ遭遇困難表達同情，並願意協助開創契機。可是，他會很小心，不讓對方對於他的開價有過高的期待。

朱萬諾維奇的團隊也非常看好這筆交易，準備讓朱萬諾維奇扮演好「聆聽者」的角色。他們認定大眾戲院集團提出的合併條件，最有可能讓ＨＢＪ公司起死回生，不過，他們也建議要戒慎恐懼：朱萬諾維奇雖表露興趣，但態度要維持曖昧，不可亮出底牌，或顯露急迫。

此時，史密斯開始發言，還沒說幾句話，朱萬諾維奇就打斷他——ＨＢＪ團隊一陣騷動，不知如何面對這脫序的演出。朱萬諾維奇有何意圖？

他一面說話、一面從大衣口袋裏拿出一個小盒子，放在他和史密斯中間的桌上。朱萬諾維奇把盒子打開，是一只刻有ＨＢＪ字樣的手錶。他把手錶推向史密斯。

「我父親總是會在新的合作關係展開時，送給合夥人一只這樣的錶，」朱萬諾維奇說。「這象徵我衷心相信大眾戲院是ＨＢＪ最合適的買家。」

兩人都非常清楚，這段肺腑之言實在大膽。頓時之間，會議室裏的緊張氣氛緩和了下來。以兩人為首的兩個團隊開始真心誠意地暢談合作細節。這場會議一直開到夜幕低垂。❷

對山說話

早在這場會議的許多年前，位於數千英哩之外的東非的坦尚尼亞，代表阿魯沙兩個族裔的兩位耆老在上午時分於茂密大樹下舉行會談。❸一萬四千呎高的梅魯山聳立在遠方。兩位老者各有一群族人陪伴，兩方人馬在樹林空地上互相對峙著。

在非洲鄉下，大樹下就是會議室。這些大樹和鄰近村莊的幾千棵大樹一樣，是阿魯沙村民閒暇之餘議古論今的聚集場所。這一天，大樹下進行了一場協商。

兩位耆老以正式口吻交談，描述兩位比鄰耕作的農夫之間的糾紛。兩人各自列出一長串抱怨和要求。兩位當事人也各自在自己族人的支持下，叫囂著回絕對方的要求，自己這一方的長老發言時，更是在一旁鼓譟。

事情的起因是：雙方都堅稱某塊無人繼承的空地屬於自己。兩位農夫的爭執引來了嚴重後果：其中一位農夫之子把對方的灌溉閘門給搗壞了；對方因他擅自闖入而把他痛打一頓。護子心切的農夫一狀告上長老，要求召開正式會議解決這個問題。

整個談判過程充分利用非洲景觀。依照當地的說法，阿魯沙將談判的開場階段稱為「對山說話」（talking to the mountain）。過程非常順利，而且預計將會談上一整天，所以大家都帶了午餐。

談判之路

兩組人馬，兩個問題，兩種文化。可是，這兩次情況中，人們進行的都是一種叫做「談判」的過程——這是一種一眼就能看出的，幫助人們達成目標、解決問題的人類活動。以上兩個例子都以成功達成協議收場。究竟談判是如何、又為什麼能達成這種結果，這正是本書的主題。

有史以來，世界各地的人們不分文化，都以類似的方式進行談判。阿魯沙的老者如果來到紐約朱萬諾維奇和史密斯的會議現場，也許不懂他們在談些什麼，卻能看出朱萬諾維奇送史密斯禮物的目的和價值。阿魯沙的談判牽涉到的是紛爭，而不是一樁交易。可是，我們會看到，其結局也是交換禮物。禮物是人類關係中的通用語言。而談判基本上談的就是這種關係之下的互惠規範（reciprocity norms）。

談判是透過一種審慎協同溝通的形式來進行，而且通常可明顯區分為四大步驟：準備、資訊交換、檯面上交涉、達成協議。在複雜的商界大案中，律師和投資顧問齊聚會議室，逐行唸著他們仔細擬好的開場白。他們討論問題，而且通常會先提出比預期結果更高的要求，並開出較差的條件。在坦尚尼亞，阿魯沙村民們訂出議程、列出要求、然後「對山說話」，提出過於誇張的報價和還價。他們也一樣，從反覆測試中找出可能的協議之界線，並且從對方釋出的信號中觀察出被接受、和不被接受的條件可能是什麼。然後，大家開始做出讓步，達成協議。簡而言之，談判就是一場四幕舞碼，如果雙方都是有經驗的舞者，便能收到最大的成效。

人人都是談判者

我們每天都會談判好幾次。我們從兒時就開始透過談判爭取想要的東西：別人的關注、特別待遇、增加零用錢。長大後，爭取的慾望就更複雜了，仔細觀察，這些慾望和我們兒時想要的其實也沒什麼不同。談判是一種基本的、特別的人類溝通方式，只不過我們有時並不明白我們正在談判。一言以蔽之，只要發生以下情況，都可以稱為談判：

談判是一種互動的溝通過程，發生於我們對別人有所求，或別人對我們有所求的時候。我們在家裏餐桌上談判的次數，不會少於在會議桌上。可是，有時候基於我們的私人關係和專業角色，會使我們選擇完全合作，甚至做出犧牲，而不是談判出「最有利」的解決方案。當暴風雪來襲，社區大停電時，鄰居上門求助，我們不會和他爭論，而是立即伸出援手。如果基於工作職責要我們提供百分之百的顧客服務，那麼當顧客有所求時，我們就會盡量照辦。

但是，有一點要注意。即便是這類明顯不屬於談判的情況，也會出現在互惠規範深植的持續關係中。如果鄰居常常深夜狂歡、喧鬧，從不理會我們的抗議，那麼，他在暴風雪之夜來求助，我們可能會先幫忙別人，最後再幫助他。至於顧客，我們服務得越好，就會有越多的生意上門。這當中有利益交換的意味。因此，全心合作、犧牲，完全不想到互惠協調的情況實在是少之又少。廣義地來看，多半的情況都有談判的成分在裏面。

談判的情況有很多種。與親友洽談行程、飯局、義務或責任，比較屬於解決問題，而非交易。這是因為我們面對所愛的人，談判方式和面對陌生人不一樣。

撇開與我們關係親密的人不談，我們面對的是一個複雜的談判世界，銀行、商店、旅館、航空公司、信用卡公司、保險公司等服務支配著我們的日常生活。在工業化國家裏，這類顧客談判多半由市場居中斡旋，而我們需要支付標籤上的價格。不過，美國的消費者學得很快，像是醫院和百貨公司等服務的談判空間其實比我們所想的還要大。今天「顧客滿意」通常是指：不協商者付標價，協商者則可以用低於標價的金額買到東西。

還有一些地方盛行討價還價。逛一趟印度或埃及的傳統市場，你就會看到，就連最簡單的買賣都得議價一番。在這些社會中，談判不光是商業手段，同時也是一般人表達意見、甚至娛樂的重要形式。

最後，在職場和專業領域中，面對同事、上司、廠商，以及公司最高層的執行長和董事會時，我們都藉由談判來完成任務。在公司裏透過談判來解決問題，的確是讓許多人每天傷透腦筋的情況。

如同我在前言提到的，以上種種談判場合讓許多理性之人感到坐立不安。他們會覺得有壓力。人際衝突、可能丟掉賺錢機會、必須冒的風險、甚至想到他們可能表現「太好」，都讓他們如坐針氈。

熟知談判過程和交易策略有助於減緩這種緊張心態，讓你能專心改善談判結果。想學好這方面的知識，就要立足於一切談判的起點：從有效談判的第一個基礎做起——也就是你的談判風格和特性。我們的學習就從這裏開始。

你的談判風格是什麼？

你的個人談判風格是交易時的重要變數。如果你不了解你自己的本能和直覺會在各種場合發揮什麼影響，就不容易事先規畫出有效的策略和回應。

身兼華納傳播公司（Warner Communications）創辦人與時代華納（Time Warner Inc.）前執行長的史蒂夫．羅斯（Steve Ross）好勝心超強，有一次，他搭乘華納集團的噴射機，和他的太太及另一對夫婦玩紙牌遊戲。飛機準備降落前的最後一場牌局，他輸了——他居然下令要機長在空中繞圈子，直到他贏了才准降落。[4]這也是羅斯在商場上的行事風格，想要和他談判的人，最好先了解他的個性。

反之，CNN訪談節目《賴瑞金現場秀》（*Larry King Live*）的超人氣主持人賴瑞．金是媒體界公認的好人。他的經紀人曾經有意另覓其他合作的電視網，希望用其他更好的機會，來要求CNN老闆泰德・透納（Ted Turner）為他加薪好幾百萬美元。5

經紀人的計畫進行得很順利，有好幾家電視網提出了七位數的報酬想要挖角，可是，透納絲毫不為所動。於是，經紀人威脅「跳槽」，表示如果透納不給加薪，賴瑞・金就要改為其他電視網效勞。

透納認識賴瑞・金多年、深知他是個忠誠、合作的人，不是個強硬的談判者。透納趁經紀人來訪，當著他的面打電話給賴瑞・金，透納先和賴瑞敘舊，並誇讚他一番，接著，就提出要求：「留下來，」透納說。

「好的，」賴瑞簡單地說，「我就留下來。」

經紀人氣炸了，可是賴瑞很高興。他對於目前的薪水很滿意，而且他也喜歡泰德・透納這個人，更對於透納喜歡他感到高興。泰德給賴瑞意思性地加了點薪水，泰德贏了。

啟示：如果你為人善良，硬要在談判桌上裝出史蒂夫・羅斯般的強悍，可能很勉強。即使你辦得到，也撐不了多久，發不了威。如果你天生就是個好勝的談判者，不管你怎麼掩飾，想贏的天性還是會表露無遺。事實上，即便你骨子裏恨透了談判，只要你接受自己的個性，截長補短，你還是可以表現得很好。

我曾指導過一個由企業高層菁英所組成的研訓班——其中包括某家全球知名網路公司的

創辦人兼董事長。課後他向我坦承，談判總讓他感到不自在，所以，他總是盡量避免參與談判，並認定自己是個不擅談判的人。我告訴他，他賺了幾十億美元的資產，應該不會差到哪裏去吧！他說，不是這樣的。他的成功是因為他專心發揮他的創新技術——設計出免於議價的網路拍賣系統，至於談判，則完全授權給公司裏其他善於此道（並樂於此道）的主管。他不上談判桌，而把重心放在企業的整體層面，像是策略性規畫、管理董事會、強化他公司獨特的線上社群經驗。他的成功不是來自於努力克服他不擅談判的弱點，而是接受這個事實。

所以，在了解談判之前，我建議你對著鏡子好好自省。你信手拈來，最感自在的招式是什麼？如何利用這些天性建立起能達成目標的有效技巧和策略？了解自己，充分利用你與生俱來的優勢和才能，任誰都可以成為談判高手。

五大策略和談判風格：一個想像實驗

在探索個人的談判優勢之前，不妨試試以下的想像實驗。假設你和其他九位陌生人一起坐在會議室圓桌前。此時，有人走進來宣布：「現場有誰能說服坐在你對面的那個人起身、繞過桌子、站到你後面，頭兩位成功的人，可以各獲得一千美元的獎勵。」

現在你腦中浮現這樣的場景了嗎？十個彼此不相識的人圍桌而坐，你也是其中之一。最先說服對面的人站起來，繞過桌子來到你後面的兩個人，可各獲得一千美元。其他人則一毛錢也得不到。

面對這麼奇怪的賺錢機會，你會採用什麼策略呢？動作要快，因為其他人也在思索該怎麼做。

繼續讀下去之前，先閉上眼睛，想想你的反應。把你最先想到的策略寫下來。然後再想想是否還有其他的做法。先思考你自己可能採取的行動後，就更容易理解我接下來要介紹的五大萬用談判策略，並且更了解你的個性在談判桌上扮演的角色。

其中一種反應，是好好坐著、不動如山，以防這是個騙局，或避免像傻子一樣被一個陌生人說服，跑到對面去。你可能會說：「我不喜歡談判，若非必要，絕不談判。」這就是我剛剛提過的那位網路大亨最喜歡的**迴避**（avoiding）反應。有些人會認為，迴避談判其實是推諉，不屬於談判策略。可是，我們不難發現，許多重要的談判中，常會有一方故意不上談判桌。多年來，北韓成功地迴避核武計畫談判——同時又能逐步提高他們的談判籌碼。美國總統大選期間，支持度領先的候選人常常會拒絕對手要求增加辯論次數的談判。一般說來，對現狀滿意時，迴避是個好策略——可是，卻比較不適用於現在這個例子。

也許最可能的反應是向對方表示願意分一半的獎金給他，請他過來站在你後面。這叫做**妥協**（compromise）方案。對坐的兩個人說好平分獎金。妥協是個簡單、公平又快速的策略，可以在友善的氣氛下達成協議。可是，它適合用在這個離席易位的例子當中嗎？你和對面的人也許很快就同意一起合作、平分獎金，但誰要起身，誰要坐著不動呢？爭執不下的這幾秒當中，可能別人就已經跑到對面了。由誰移動的這個問題，是沒有妥協方案的——因此，簡單的妥協策略無法完全解決問題。還需要搭配其他策略。

這就是我要提出的第三大策略——**遷就**（accommodation）。你可以直接起身，跑到對面。如果你在對方提出平分獎金的情況下這麼做，之後雙方對於金額的問題有所爭議時，你可以將最初平分獎金的承諾視為談判標準。可是，你也可能一毛都分不到。其他採行百分之百遷就策略的人一聽到對方提出平分獎金，就先你一步跑到對面了。不過，這麼做也會有問題。對方受惠於遷就策略，獲得一千美元獎金，而跑過去的人可能空手而歸。這些願意遷就的談判者必須相信對方會平分獎金——而且又是在沒有保證的情況下。另外，別忘了——談判桌前大家都是陌生人，之後也不會再見到對方。

第四種反應採用的是**競爭**（competitive）策略，志在獨得一千美元獎金，並且掌握如何與別人分錢的權力。做法之一，是先跟對方說好平分，事後再反悔——違背協議。這麼做顯然不道德，可是還是有人會這麼做。畢竟，食言不算違法。另一種更惡劣的做法是謊稱你摔斷了腿，乞求對方盡速移駕。難道所有的競爭策略都像這兩種做法有道德疑慮嗎？不是的。我們會在稍後看到許多完全符合任何道德標準的競爭策略案例。可是在我們想像實驗中的這個例子並無法兼顧道德和競爭。更何況，這項策略也和妥協策略一樣，執行的時間太長了。

最後一項策略算是本例中最有創意的。你立刻起身、一面跑、一面大叫：「我們兩個同時跑到對方的椅子後面！我們可以各得一千美元！」這個方法行得通——如果你們動作夠快的話。這叫做**合作**（collaborative）策略，又稱為**問題解決**（problem-solving）策略。使用這種策略的人不為如何分這一千美元傷透腦筋，聰明地想出了**雙方**各得 千美元的好方法。

這種合作策略通常最難執行。必須徹底了解問題，透過周全的分析、誠實揭露利益、腦力激盪出各種做法、找出最漂亮的方案，並且使用公平的標準和規範來解決棘手問題。就許多方面來說，它代表著一種理想（ideal）。我們會發現，問題解決策略特別適用於複雜的協商，像是國際外交、或企業的合併或收購談判等等。在家庭協商中，若想避免任何人成為「贏家」或「輸家」時，這種策略也非常有用。可是，合作的策略會遭遇不少障礙，像是雙方缺乏互信、貪婪、個性、文化差異等，或者只是因為缺乏創意。

這五大策略中，你想到了幾個？還有，哪些是你覺得執行起來最自在、最自然的？現在，我們可以利用我們對於這五大策略的了解，找出最適合你個人的談判風格。

書末的附錄A是我們在「華頓高階主管談判研訓班」使用的自我評估測驗，它可以幫助你找出你最喜歡的談判風格。答題和算分只需五分鐘的時間，我建議你現在就翻到附錄A，去做做看「談判風格自我評估」。算出得分後，再回到本章繼續讀下去。若想了解各種談判風格、以及它們之間的作用情況，可隨時參考附錄A。

所謂的個人談判風格，說穿了只是你在談判時，會採取某些特定行動的傾向和意願。這些意願來源甚廣——童年、家庭、剛入社會的經驗、恩師、道德規範或信仰等等。隨著你對談判知識的增加、越來越有自信心，你的風格可能也會跟著改變。可是，我依然相信我們每個人都有一組核心個性特質，想在基本的談判偏好上做出大幅改變是很不容易的。舉例來說，我的父母都為人和善，總是極力避免和彼此、和別人或和我們三個小孩（兩個姊姊和我）起衝突。如果讓他們進行「談判風格自我評估」，他們在「迴避」這一項的得分一定非常高。我多少也受到這個影響。直至今日，我與別人互動時，還是會本能地、自動地避免衝突，不過，經過長久的工作和生活經驗，我已經越來越會處理衝突。這種圓滑的個性只是我在談判場合上的個人風格之一。面對不同的人、不同的情況，我會展現出不同的本能，可是，我的圓滑個性總是顯而易見。

每個人的風格或風格組合不同，也會衍生出不同的才能。在同一種情況下，喜愛競爭者能比別人更快看出該如何取得權力和籌碼。這種人比別人更喜歡透過議價來獲得好價錢，並且得到極大的成就感，也能在更多情況下善用競爭策略的優勢。

偏好遷就者擁有團隊合作和幫助別人的才能，即使在利益衝突之下也不例外。當我們一心想著價錢時，這種人卻著重人際關係層面。至於偏好妥協的人會比別人更常、更快地尋求簡單而公平的方法，讓雙方透過輪流或平分，迅速解決歧見。最後，喜歡在談判桌上與人合作者總是主導著談判的進程，提出許多問題，盡量發展出各種看待議題的角度來符合多方需求——其中也包括他們自己的需求。他們非常享受於複雜、冗長的談判過程，這是那些只想要妥協的人所不能理解的。

「談判風格評估工具」是了解你個人風格的一個好的開始，不過，在你的談判學習之路上，它只不過是其中一個分數。等你從本書中讀到各種談判情況，在人生中遇到各式各樣的狀況，不妨留意看看，哪些是你最喜歡，哪些又讓你備受壓力。那些讓你樂在其中的風格是因為你擁有那方面的才能。好好利用這些經驗所得，誠如本章一開始提到的丹麥俗諺：「烘焙還是得用手邊的麵粉。」

合作風格 vs. 競爭風格

以上這五大風格當中，有兩種最為基本：合作與競爭。研究談判中的個性變數時，多半著重於這兩種基本類別。視情況不同，這兩種風格都能夠發揮效用，也都會讓採行者暴露在某些風險當中。至於要如何補足這兩種做法各自的弱點，我會在第十二章提出具體建議。

研究人員一直想知道，人們一般對於談判這件事，態度比較偏向競爭、還是合作。新聞報導、電影或大眾媒體所描繪的談判者典型，都是喜好競爭的人，他們採取下通牒、離席走人、故作姿態和握拳搥桌等強硬戰術。這並不令人意外，因為媒體一向著重誇張和娛樂性，可是，這卻不是一般專業談判者的真正形象——更不是多數專業人士會有的行為。

有兩份關於談判者行為的研究，揭露了一般專業人士在談判桌上更複雜但更貼近事實的表現。第一份研究的對象是美國律師；而第二份研究則檢視英國的勞工談判者和合約管理經理人。

傑若德·威廉斯（Gerald R. Williams）教授以美國律師為對象，他發現，來自美國兩大城市的研究對象中，約有百分之六十五在談判中明顯表露合作風格，只有百分之二十四採取真正競爭的態度（另外百分之十一無法歸入這兩類）[6]。約有一半的研究對象被其同事視為「有效」談判者。最有趣的是，在這群「有效」談判者當中，超過百分之七十五屬於合作風格，競爭風格只有百分之十二，其他的則採取綜合策略。

這份以美國專業談判者為樣本的研究顯示，合作的態度比競爭的態度更為常見，這和一般人的刻板印象正好相反。而且，看起來，採取合作的做法要比競爭做法更能讓人覺得有效率（至少在同事們的眼中是這樣）。

第二份研究是由英國的尼爾·瑞克漢（Neil Rackham）與約翰·卡萊爾（John Carlisle）費時九年才完成。[7]瑞克漢和卡萊爾觀察四十九位勞工和合約協商者在職場上的表現，並且比較他們在現實交易中的行為。這份研究的部分結果，我們會在本書第五章和第八章詳細討論。現在我先介紹和談判風格有關的部分。在這些研究對象中，表現最出色的全都具備合作的特性。

舉例來說，該研究檢視在談判場合中，人們對於所謂的「刺激點」（irritators）的運用狀況。刺激點是指強調利己條件、無端的侮辱、或直接攻擊對方提案等典型的競爭戰術。在談判桌上，普通談判者一小時平均提出十點八個刺激點；而談判高手平均一小時只提出二點三個刺激點。

此外，談判高手會盡量避免掉入研究人員所謂的防禦／攻擊漩渦，也就是情緒化地歸咎他人或推諉過錯的惡性循環。只有百分之一點九的談判高手屬於這種情況，而普通談判者則有百分之六點三的發言會引發或助長防禦／攻擊漩渦。從這份研究看來，有效的談判者似乎偏重合作態度，而不是一般認為的競爭態度。

兩份研究有何共通結論呢？講道理、態度合作的人顯然比較能夠成為談判高手，這和多數人以為的正好相反。

性別和文化

個人的談判風格偏好來自於深層的心理因素，包括父母親解決紛爭的方式、幼年與兄弟姊妹和玩伴的相處、以及初入社會時學到的教訓等等。這些早期的發展經驗還可能來自於兩個更基本的社會認同層面：我們的性別和文化。這兩大議題極具爭議性，若想徹底討論，很容易掉入毀滅性（和令人誤導）的俗套。不過，研究人員還是從這些變數中找出了一些可靠的事實，值得我們探討一番。

談判桌上的性別差異

研究顯示，男女溝通有別——職場上尤其如此。喬治城大學的語言學教授黛柏拉·泰南（Deborah Tannen）在《男女親密對話》（*You Just Don't Understand: Men and Women in Conversation*，中譯本遠流出版）和《辦公室男女對話》（*Talking from 9 to 5*，中譯本天下文化出版）等著作當中，證明男人比較果斷、較常打斷對方發言、而且更注重強調自己的地位。❽相較之下，女人較能仔細聆聽、留意情感和諧、而且會輪流發言。你身邊也許有許多感情取向的男人和權位取向的女人，不過，統計數字的確支持泰南的結論。那麼，人們究竟該如何利用這些行為傾向，成為自己在職場上的優勢，而非弱點呢？

針對美國女性所進行的研究發現，性別差異對談判造成的影響有兩大方式。第一，可靠實證顯示，女性——包括從事高利害關係事業者在內——在薪資和升職等重要議題上，選擇進行談判的機率低於男性。從談判風格來看，一般而言，女性比男性較為合作。❾卡內基美隆大學商學院教授琳達・鮑考克（Linda Babcock）研究發現，男女企管碩士畢業生的薪資出現差異（男比女多了四千美元之多），原因只有一個：百分之五十七的男性畢業生會要求比起薪還高的薪水，至於女性畢業生，只有百分之七會這麼做。無論男女，協商薪資者獲得的薪資，比未協商者平均多出四千零五十三美元。鮑考克在《女人要會說，男人要會聽》一書中，證明其他的研究和案例也都顯示一樣的傾向。❿我談判研訓班上的學生還提出另一項女人比較順從的佐證：她們倚重「公平」辯論，認為對方也會支持她們理性、友善的做法。這種策略當然也有用，但前提是，對方也得著重友誼關係才行。

我的學生瑪西的經驗，生動說明了性別是如何巧妙地在談判過程中發揮作用。瑪西在進入企管研究所之前，曾在一家中型電腦服務公司工作，而且是全部門唯一的女性。就像鮑考克的研究發現一樣，瑪西接受了公司提供的起薪，沒有任何異議。事實上，能找到這份工作就已經讓她夠高興的了。她努力工作了幾年以後，責任越來越重，最後，她手下的業務已經占了全公司營收的三成——而其他兩位薪水更高的男性同事，所負責的業務各不到營收的百分之一。她認為她有資格加薪。

不過，她用間接的方式提出加薪議題。她請她的主管檢視工作績效。「我認為最好的做法，應該是讓上司自己注意到我的表現，而不是聽我自吹自擂，」她在課堂上告訴我。「我不想讓自己顯得太緊迫盯人。」她的策略並未奏效。上司根本沒時間檢視她的績效。

許多女性可能就此放棄，可是瑪西不死心。她直接去找公司董事長，大膽要求加薪兩成，因為她的男同事薪水比她多兩成，但手下的組員和案子都比她少。所以，加薪兩成實屬「公平」。此舉又失敗了。她說，「我不斷說著，『這不公平。』現在回想起來，我對公司奉獻那麼多，就算加薪兩成都還是不公平，可是，我沒膽多要求。我的不安全感一定散發出來了。」而且，她還說，「他們看我每天加班，顯得非常負責任，看起來又沒有另覓出路的意圖，所以根本不急著聆聽我的心聲。」

最後，瑪西終於獲得加薪——可是已經來不及了。等到公司發現她已經申請到華頓的企管研究所，決定捲鋪蓋回學校念書時，才表示要給她多加百分之三十五的薪水。可是，瑪西去意已定。她告訴班上同學：「害怕開口要求是最破壞女人自信心的了。別害怕讓人覺得妳緊迫盯人。」

第二份我認為很有道理的性別研究則是探討男女的刻板印象。一般來說，由於女性的表現比男性較為合作，因此不論男女，在談判場合中通常會放大男女刻板印象的差異，創造出自我應驗的預言，讓她們看不清真實狀況。這對女性來說，可以成為優勢，也可能淪為不利條件，端看談判者有沒有足夠的經驗。

舉例來說，研究顯示，若女性在交易之前，腦中浮現出女人是弱者的負面形象，則在談判桌上很容易表現不佳。看起來，不管女性使用哪一種談判風格，一旦害怕被視為弱者，信心就會遭受打擊，影響談判實力。她們再怎麼極力想要推翻這種刻板印象，也難以如願，反而導致行為過度誇張，讓成果打折扣。相反的，如果女性在會前憶及女人擅長合作的正面形象，則心路歷程完全相反。此時，自我應驗的預言會創造出順利的談判過程和更佳的結果。然而，在現實中，女人的刻板印象負面多於正面，因此女性談判者往往會遭受學者所謂的「刻板印象威脅」（stereotype threat）。[11]

另一方面，女性談判者若能巧妙地運用別人對於女人的刻板印象，則可以成為**極大優勢**。至於克敵制勝的能力則需經驗的累積。有位女性談判高手曾來我們班上向全班描述她是如何為處於劣勢的公司談出「勝利」結果。在這些棘手的談判中，一方是債權人、一方是付不出錢的公司。談不好，公司就會破產。很少有女性能完成這艱鉅的任務，但我們這位主講人卻表示，在這難以處理的角力中，她的性別往往是她極為重要的資產。「例如，」她說，「每當對方男性對我做出人身攻擊，我不會為自己辯護。我會等對方之中其他男性幫我說話——屢試不爽——這麼一來，這些男性與我站在同一陣線，對方人馬出現分裂。這是一大優勢。」另一位客座講者是一位體型嬌小的女性，她在一家大型的製造公司主導合併與收購業務。她告訴全班同學，她喜歡玩弄各式各樣的刻板印象。她出生於波蘭，兒時搬到以色列。「每次談判前，」她說，「我總會想辦法讓對方知道我以前是以色列軍官，塑造出我非常強悍的形象，然後，我再動之以情，和他們交心。他們便會鬆一口氣——與我合作。當然，若有必要，我隨時可以回到強悍的第一印象。」

性別不一定要成為談判的考量之一。可是，聰明的談判者會做好最充分的準備，事先預想雙方的每一項條件，同時還得小心自己的成見。從這方面來看，若想徹底了解談判風格，性別差異的確值得好好分析一番。

文化繽紛的世界

如果性別讓談判過程更複雜，那麼，跨文化的問題就更會攪局了。[12]在以前，華頓商學院的「國際企業」是個很專精的小班課程。如今，整個企管所都著重全球企業問題。在進行國際交易時，是否留意語言、習慣、社會期許和區域等問題，將關係著雙方能否成功建立起長期的合作關係，或只是賺不了什麼錢的短命交易。

試想以下情況：

有位來自英國的企業執行長曾向我提及他第一次在黎巴嫩談判的經驗。一開始進行得很順利，可是，每次他讓步，對方不但不跟著讓步，反而得寸進尺。幾個月下來，經過好幾回合的談判，他終於放棄，並且向對方表示，他們的手段讓他看不下去，所以不想再跟他們有任何瓜葛。幾天後，對方來電，表示他們有「很認真」的提案想給他參考，他當下就拒絕了。幾個月後，對方再度來電，針對之前堅持的幾點全都做出讓步。他一再表示他已經無意與他們有任何生意往來。他說到這裏，面帶悔恨地看著我。「整件事都是我的錯，」他說，「我後來才知道，在那個地方，離席走開表示你很有興趣。如果我提早兩個月走開，他們的態度就會更好，我可能也不會終止交易。」

文化也會影響談判人選的指派。舉例來說，不同的文化對於上談判桌的職位有不同的認知。較拘謹的文化會要求雙方談判者具有相同的職位⓭。較不拘形式的文化推派代表時，則著重基本知識和決定權。這方面的差異可能會導致嚴重的談判破裂和誤解。

一位服務於紐約知名法律事務所的女性律師，曾經陪同客戶公司的男性執行長前往拉丁美洲，協商一宗複雜的交易。⓮兩人到達後，這家有意合作的拉丁美洲公司老闆建議由他和執行長兩人來談生意即可，他太太可以陪這位女律師去逛街。女律師氣急敗壞，認為這是拉丁美洲典型的性別歧視。不過，在她表達抗議之前，她先打電話回紐約公司，男同事告訴她，他上次到拉丁美洲出差時，對方也沒有讓他參與初期談判。那名拉丁美洲老闆只是想要運用手腕，把**律師**摒除在外，和性別沒有關係。男同事表示，在當地，律師只和律師談判，不會和商人談判。要是這位女律師當下堅持要參與談判，說不定她會毀了這筆交易，壞了自己的信譽。

無數個諸如此類的例子證實，文化可說是談判風格差異中相當棘手的因素。非洲的阿魯沙族人聚集在大樹下所做的事情也許和紐約企業大亨無異，可是，他們說話的語氣、步調、手勢、暗示和對於雙方關係的假設，一定南轅北轍。由於全球經濟的發展有賴於文化溝通，市面上有許許多多書籍談論到全球重要通商地區在談判時應注意的陷阱、機會和習慣，可參考本書中的「參考書目」。

我將在書中不時提到各種不同文化的行事風格，尤其是談到關係、資訊交換和議價的幾個章節。現在我想先提出兩個重點。

第一，文化議題多半形式大於實質。也就是說，它們會讓溝通更複雜、更易產生誤解，但無論在哪一個國家，談判桌上最重要的議題還是金額、控制權和風險。要避免誤解的最好辦法，就是事先好好研究對方的文化、雇用熟練的翻譯人員、請文化專家來幫助你避免跨文化談判破裂的發生。[15]

第二，跨文化談判最重要的差異——姑且不論顯而易見的語言和習慣問題——是雙方對關係的看法。就像我在資訊交換那一章會提到的，北美人和北歐人比較容易很快進入交易層面，而多數亞洲、印度、中東、非洲和拉丁美洲文化則比較重視社會、關係層面。就像我一個日本籍的企管碩士班學生所說的：「日本人常把談判視為一種類似『相親結婚』的過程，舉止行為也如同真有這麼一回事。」西方談判者和日本這類重關係的文化談生意時，若能著重社交精神，就比較容易成功。婚前歡慶的正式程度也許每個文化不同，可是，世界各地的人們都會利用這些活動來昭告喜事、攏絡與親家的關係。所以，如果你想在重關係的文化裏談判成功，除了要有耐心之外，還要明白，合約（如果需要簽約）只是一個更大格局當中的一小部分而已。

超越風格——如何有效談判

人們把許多個人差異帶上談判桌，可是，每個人的目標都是一樣的：該如何利用自己的特色和才能，盡量達到有效談判？有許多特性都可以讓人成為談判好手，像是記憶力好、說話反應快、擅長處理壓力等等。可是，有效是一種**態度**，而非能力。談判高手有四大態度，無論風格、性別或文化，每個人都可以效法，以增進談判結果。這些習慣是：

- 樂意準備
- 提高期望

- 耐心聆聽
- 力求正直

這些做法是整本書中的重要主題。先讓我們重點式檢視一番。

樂意準備

準備的重要性被研究結果廣泛地證實。幾乎每一份關於談判的研究都證實它的重要性。[16]以下舉例說明。

幾年前，我和另一位同事研究用電腦網路做為談判方式。我們設計了一個能夠協助雙方達成更好協議的網路電腦系統，然後進行測試。我們讓幾百位企管研究生進行同樣的四議題買賣練習。扮演「買方」的學生和扮演「賣方」的學生互相配對。我們請一半的學生閱讀問題，準備好了就開始談判——有些是面對面，有些是透過電子郵件。他們通常花十到十五分鐘的時間來準備，然後就開始談判。

至於另一半學生，我們請他們到電腦前，進行有組織的獨立準備過程，這通常需要三十到四十分鐘的時間。有些學生使用我們的電腦網路系統來談判買賣，有些則直接面對面談判。

結果令我們非常意外。我們那套高科技的電腦談判系統作用不大。可是，準備的過程非常重要。無論是面對面、還是透過電腦網路，使用正式準備系統的學生都能達成較佳協議——不僅自己獲益，而且還是雙贏。

提高期望

談判研究還有驚人的發現：期望較高的人，得到的較多。我會在第二章討論達到目的的最佳方式。要拉高期望，除了要訂定明確的目標之外，自己也要有達成目標的毅力和決心。期望來自於對目標的整體態度，以及對於公平和合理的潛在信念。未能發展出明確的期望，是許多人在準備過程中的重大失策之處。

想要改善談判結果，你在面對問題時，需要養成習慣，仔細思考出所有「公平和合理」（fair and reasonable）的結果之範圍，然後把期望鎖定在其中最高水準的結果上。每次談判結束，你便可以看出你的期望實際上訂在哪裏。如果你對於談判結果低於某一水準而感到失望，則你的期望就是設定在這個水準上。如果你感到非常滿意，則一定是談判結果符合、或超越了你的期望。有效談判者應該把期望設定在具挑戰性、又能兼顧促進良好合作關係的務實水準上。

耐心聆聽

人們很容易忽略聆聽對於談判的重要性。資訊為本談判法始於「資訊就是力量」這個想法。聆聽能讓你獲得資訊。

倚重合作的人有時不易拉高期望，而競爭型的人則需要在聆聽上多努力。積極主動的談判者在談判桌上，不是滔滔不絕地說著自己想要什麼，就是思考下一步該如何擊倒對方。我們稍後會看到，談判高手的做法很不一樣：他們問問題、確認他們真正了解、總結討論，然後就是聆聽、聆聽、聆聽。

力求正直

有效談判者為人可靠。他們說到做到，避免說謊，而且不會無端拉高別人的期望。相關研究也顯示一樣的結果。談判老手都希望自己具有率直、簡單明快的形象⓱。這是很合理的。如果要你選，你會想跟你信任的人做生意，還是跟可能會騙你的人做生意？

這聽起來不錯，可是談判的時候，真的有必要誠實嗎？畢竟，多數人都不會在談判桌上把他們的資訊全盤托出。透露談判立場才算正直嗎？要是對方漏問了某個重要的問題呢？你是否有義務主動回答？還有，你可以違背自己的真實感覺，去美化己方的提案、醜化對方的提案嗎？

我會在第十一章探討這些問題。現在，我只簡單地回答：「要看情況。」在談判桌上，正直不僅是一組規則。它也像提高期望一樣，是一種態度。人際關係、社會規範、文化和談判禮儀，這些都有重大影響。⓲因此，當我說談判需要力求正直，我的意思是，有效談判者會利用經過深刻思考的個人價值觀，在有必要的時候，與人解釋、辯論，而作風值得信賴。這種做法對於是非對錯，很明顯有很大的個人詮釋空間。不過，在人類互動中，歧見在所難免。重點在於維護自身的名譽，愛惜自己的羽毛。

從紐約到梅魯山

本章結束之前，讓我們回到一開始描述的兩場談判。兩場都達成了協議。之前故事說到了雙方開始分享資訊的時候。

朱萬諾維奇送禮的動作以及熱情的發言，清楚地向史密斯傳達了他願意合作，以求完成交易的訊息。史密斯識大體地收下手錶，也默認他在雙方合作的協商中握有最多籌碼。以兩人為首的兩個團隊，第一場談判會議從下午一直進行到晚上。朱萬諾維奇的餽贈之舉讓雙方關係有了好的開始，再加上仔細聆聽，談判進行得非常順利。朱萬諾維奇和史密斯兩人的問題解決風格非常契合。不消幾天，便成功訂出了合併協議，成立新公司：哈考特通用公司

（Harcourt General Inc.）。

再回到梅魯山下，兩名農夫爭論了一整天。最後，一位耆老提出分地的建議，以中間凸起的小徑形成天然界線。接著，人群中有人叫道：「也許再送上一隻羊吧！」雙方族人皆有人附議。兩位農夫和他們的人馬密切討論。達成協議的社會壓力逐漸升高。

此時，當初要求召開這場會議的農夫（兒子被打的那位）走到中央。「為了表示友好，」他說，他願意送一隻小羊給鄰居做為禮物。他還說，他會資助鄰居修補灌溉閘門的費用，並且遵守新劃分的界線。

閘門被破壞的那位農夫也表示，他會回贈「某一種啤酒」給鄰居。他也會遵守新界線。雙方達成協議。協議內容經過公告，並舉行盛大儀式，讓雙方保證會確實執行協議。村裏每個人都記得這項協議，若有必要，還會協助執行。

結論

一切談判從你開始，所以，有效談判的首要基礎就是你所偏好的談判風格——也就是你在談判中自認為最有把握的方式。表現成功與否，端賴你是否誠實評估你在溝通上的優勢和弱勢。

有些人在談判方面有非常廣泛的「頻寬」，能夠輕易適應不同的情況和對手。而有些人的有效行動比較有限，也許在競爭性質的情況下表現極佳，但在遷就或妥協的時候就難以發揮實力。或者，有人比較擅長於合作技巧，需要強勢的時候，氣勢就比較弱。

許多談判專家企圖傳授一體適用的談判祕訣，我不認為這會有用或切合實際。談判對象和情境有千百種，這種制式方法很難奏效。

比較正確的做法是，先了解你自己的風格偏好，檢視每次談判情況（待第七章詳述），針對談判四步驟來規畫你的做法，並且透過事先準備、提高期望、聆聽對方並力求正直，讓你的實力做最大的發揮。

資訊為本談判法是基於這樣的假設：致力於搜尋雙方和整個情境的關鍵資訊，將能夠為你自己和你的利益關係人創造出更好的結果。接著，你需要在談判過程中善加利用這些資訊。在介紹過個人談判風格之後，我們要繼續了解「談判目標」這個重要議題。現在，讓我們來探索第二大基礎：談判目標和期望。

談判風格　檢核表

✓了解你的談判直覺，包括家庭、性別和文化如何影響你的風格偏好。
✓樂意準備。
✓訂出高期望。
✓培養聆聽的耐心。
✓致力發展正直人格。

第2章

基礎二：你的目標和期望

心誠求之，雖不中，不遠矣。

——周成王（西元前一一〇〇年）❶

我深信要事事皆訂目標，並且訂定高目標。

——山姆．沃爾頓（Sam Walton），沃爾瑪百貨（Wal-Mart）創辦人❷

西元一九五五年，一家叫做索尼（Sony Corporation）的日本公司推出一項新產品：售價二十九點九五美元的迷你電晶體收音機。該收音機在日本很暢銷，可是，索尼公司精力旺盛的老闆盛田昭夫（Akio Morita）並不就此滿足。他想讓索尼的收音機打進全球最大的消費者市場：美國。盛田昭夫來到紐約市，想看看能否說服美國的零售商答應銷售索尼的新收音機。他很快就遇到一個問題：美國人從來沒看過體積這麼小的收音機。盛田昭夫後來寫道，許多美國公司表示：「你為什麼要製造這麼小的收音機？美國人都喜歡大型收音機。」❸

不過，盛田昭夫不死心，他很快就引起當時的電子產品龍頭寶路華（Bulova）公司的興趣。寶路華答應進貨十萬台收音機，在該公司強大的美國零售通路銷售。

這筆訂單讓盛田昭夫大吃一驚。寶路華公司的出價是索尼公司營運資金的好幾倍。這是一筆難得的大生意。

不過，這筆訂單有個條件：索尼必須扮演「原設備製造商」的角色。也就是說，收音機由索尼製造，但是卻要掛寶路華的品牌來銷售。這項條件違背盛田昭夫為公司訂定的重要長遠目標：透過創新、高品質產品，將索尼發展成全球知名的獨立品牌。

盛田昭夫馬上發電報給日本的索尼總部，詢問董事會的意見。董事會立刻回覆：忘了品牌的問題，接受這筆訂單。

盛田昭夫仔細思考了一個禮拜，然後與寶路華繼續談判。他表示，他很樂意與他們做生意，但他們提出的條件恕難接受。

現在，輪到寶路華的採購主管大吃一驚。這項條件是該公司在所有類似交易中的標準做法。

「我們公司的品牌眾所皆知，這是花了五十年的努力才達成的，」採購主管力勸，「你們的品牌根本沒有人聽過。何不利用我們的名氣呢？」

「五十年前，」盛田昭夫平靜地回答，「貴公司品牌一定也像我們現在一樣默默無聞。現在我有個新產品，我準備為本公司的下一個五十年跨出第一步。我向你保證，五十年後我們的品牌一定會像貴公司現在一樣的有名。」就這樣，盛田昭夫放棄了索尼公司史上最大的一筆訂單。董事會得知消息後，簡直不敢相信，直說盛田昭夫腦筋有問題。

沒多久，盛田昭夫從美國接到另一筆金額少很多的訂單，不過，這一次，對方答應保留索尼的品牌。他爽快答應，迷你收音機也很快地擄獲美國大眾的目光——並注意到索尼這個品牌。盛田昭夫後來在書中回憶到他和寶路華公司的談判，寫道：「當時我說了一句話，之後我也常常這麼說：這是我生平做出最棒的一個決定。」

盛田昭夫拒絕了寶路華的巨額訂單，此舉風險極高。可是，他的談判立場反映了他對索尼願景的堅持。盛田昭夫有個遠大的目標：五十年內讓索尼成為全球家喻戶曉的品牌。不到五十年，他就達成了這項目標——還讓自己成為業界傳奇。

有效談判的第二大基礎是目標和期望。不先了解你想要達成什麼目標，就無法知道何時說「好」，何時說「不」。針對訂定目標所做的研究指出一個簡單而有力的事實：對於目標了解得越具體，就越能努力追求，達成目標的機率也越大。[4]

誠如盛田昭夫的故事帶給我們的啟發，目標往往主導了談判的方向。那一天，寶路華公司的採購主管在紐約市遇到了一位非凡之士，此人對於他的宏偉目標有著不可動搖的堅持和無比的熱情，這讓他不同於普通生意人。可是，你不需要跟在盛田昭夫的身邊向他學習。談判研究顯示，只要能費一番工夫訂出較高的期望，就能在不傷害合作關係或自身聲望的情況下，明顯獲得更佳的成效。[5]

目標：不設定就無法達成

在路薏絲・卡羅（Lewis Carroll）所著的《愛麗絲夢遊仙境》（*Alice's Adventures in Wonderland*）中，愛麗絲在十字路口遇到柴郡貓。愛麗絲問貓：「能否請你告訴我，我該走哪一條路？」貓回答：「這得看你想去哪裏。」「哪裏都行，」愛麗絲說。「那麼，你走哪一條路都可以。」貓說完，就走了。[6]

想成為有效談判者，就要知道你該走哪一條路——以及為什麼。因此你得有個具體、合理的目標，然後努力朝它邁進。另外，還要花點時間將目標從簡單的指標發展成真真正正的，具有適當高度的**期望**。

簡單的目標，和發展成熟的真正期望有什麼不同呢？基本上只有一個差別：你的態度。目標是我們努力追求的東西，而且多半是在以前達成的成就之上的。常見的目標包括投資目標、減重目標和運動目標等等。我們訂定目標鞭策自己，但就算最後沒有達成，我們也不會太意外或失望。

反之，期望是我們能夠、也應該做得到的合理判斷。❼若未達成期望，我們打心底感到失望和挫折。我們會傷心。為人父母也許會訂下讓子女上長春藤名校的目標，但期望他們至少可以念個大學。我們對子女上大學的期望會影響到我們與別人談及這個話題的方式，也包括我們的子女。於是，他們慢慢也認為自己以後要念大學，並且從行為上反映出來。至於誰真正會去上大學呢？當然是子女囉！這樣的模式可能一直持續到期望子女念博士。❽

談判也是一樣。目標引領方向，但期望讓我們在談判桌上的發言有了重量和說服力。當追求我們認為應得的東西時，努力的動力是最大的。

花越多時間來準備某一場談判，研究別人在類似情況下的成績，並且蒐集資訊證實目標合理又能達成，則我們的期望就會變得越堅定。❾盛田昭夫在一九五五年來到美國時，對於索尼有兩大重要目標：促銷收音機、並使用索尼的品牌銷售。有了和寶路華談判的經驗後，他了解「使用索尼的品牌」要比「促銷收音機」更重要。於是，他的目標發展成堅定的期望，他也能更清楚地把這份願景傳達給董事會和潛在顧客知道。

你對談判設定的目標，往往決定了你能達成什麼成果。為什麼呢？第一個原因顯而易見：你的目標就是你的要求範圍的上限。凡是高於目標的，你在心理上就會放棄，所以，你也不大容易談出高於這個標竿的成績。

其次，專家研究目標，發現它們會引發強大的心理上的「努力」作用。運動心理學家、推銷員和老師都能證明，訂定目標有激勵作用，讓人們能夠專心致志，運用心理力量。

第三，有了具體的目的，較易鎖定努力的方向，相對之下，要求別人時自己提不起勁，或只是在別人提出建議時當下做出反應，努力的程度一定減半。專心致志是會傳染的，周遭的人也會不知不覺朝我們的目標邁進。

美國總統林頓．詹森（Lyndon Johnson）曾說：「能說服人，就可成事實。」❿精力充沛的美國企業家韋恩．赫贊加（H. Wayne Huizenga）主張，商業談判的成功祕訣之一，就是熱心追求一個遠大的目標。有效談判者擁有這種心態，讓他們能夠在談判桌上傳達熱忱和方向。赫贊加白手起家，成功創立三家大型企業的同時，還成了三家職業運動球隊的老闆——邁阿密海豚隊（美式足球）、佛羅里達馬林魚隊（棒球）和佛羅里達黑豹隊（冰上曲棍球）⓫。稍後會再提到幾個關於赫贊加談判的有趣故事。

我曾在談判桌和主管研訓班上觀察這種「目標效應」對於談判高手的影響。致力想要達成具體目標的談判者確實比較積極、堅定、有準備又有毅力。這種效應並不限於交易老手。不管是什麼人，只要在談判時致力達成某一目標，都能獲得顯著的心理優勢。

目標和「底線」

許多談判書籍和談判專家會強調「底線」（bottom line）、「離席走人」（walkaway）或「保留價格」（reservation price）的重要性。的確，底線是現代談判策略的基本原理，指的是你在談判中能夠說「好」的**最低接受水準**。從字面意思來看，如果達不到底線，那還不如另尋解決方案、或等待其他機會。當談判雙方的底線足以讓他們達成協議，這就是專家所謂的「正面談判區」（positive bargaining zone）[12]。當雙方的底線沒有交集，就是所謂的「負面談判區」（negative bargaining zone），就如同買家的籌碼或預算不足，達不到賣家的最低接受價格的情況。

然而，一個經過深思熟慮的目標，就和底線完全不同。誠如字面意義，「目標」是你對於成果的**最大合理期望**。例如，圖表2.1以二手CD音響為例，賣家的底線是至少要賣到一百美元，不過，他參考二手店裏類似機型的售價，把目標設定在一百三十美元。底線是談判理

圖表2.1
正面談判區

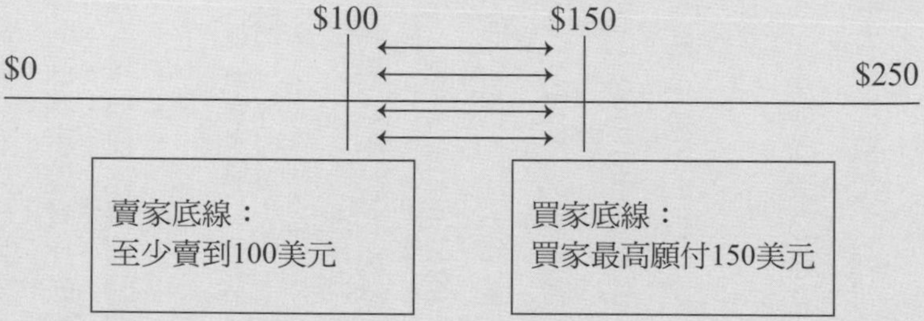

◆這是一個正面談判區的例子。賣家欲出售一台CD音響，一百美元以上才願意賣。而買家最高只願意付一百五十美元。視雙方談判情況，一百元到一百五十元之間，都可能成交。就正常來說，雙方只知道自己的底線，至於對方底線只能憑猜測。

論中不可或缺的要素，可是，訂定合理目標，並朝著目標談判，才是多數成功談判案例的關鍵因子。且讓我說明原因。

研究人員發現，人類在複雜、壓力大的情況下，專注能力有限，談判就是如此。所以，當談判展開後，我們只能把注意力聚焦在對自己具有最大心理意義的事情上。多數人一旦為談判訂好堅不可摧的底線後，它就成為討論過程中的主要參考點，並且以底線論成敗。[13]反之，如果用目標來當作參考點，會迫使你將未能達成目標的結果視為「失敗」。我們都知道，避免失敗的心態是很強大的動力[14]；若你只專注於底線，效果將大打折扣。

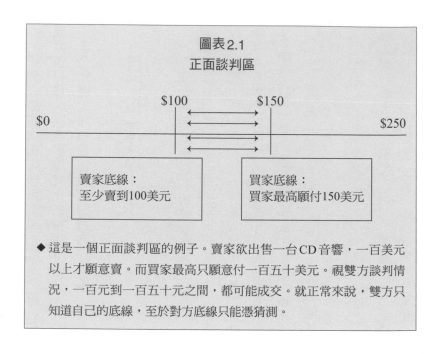

因此，假設你想出售一台二手CD音響，若一心想著只賣一百美元，能拿這筆錢來買別的東西就好，當對方的出價超過底線一美元，你馬上就會鬆懈下來。既然適合的買家已經出現，你就可以開始思考可以拿這筆錢去買什麼新東西了。如果買家夠警覺（多數人對金錢都很警覺），他就會感覺到你的鬆懈，並停止加價。如果你能專注於一百三十美元的二手店平均價格、而非你的底線，你就不會那麼快就停止努力。而如果買家也一心一意想著他一百五十美元的底線，則你很可能賣到更高的價錢。

讓底線成為談判中的主要參考點，會有什麼樣的後果？你這輩子的所有談判結果，都只會低空越過你的最低可接受程度。對於多數理性的人來說，底線是最自然的專注焦點。若無法說服對方符合我們的最低要求（多半是參考我們在談判之外的其他選項或需求而訂定的），我們就會感到挫敗；而只要超越了最低要求，哪怕只是低空越過，我們也會感到滿意。但若能有技巧地將專注焦點放在更遠大的目標，結果通常會好得多。可想而知，研究顯示，在其他條件不變的情況下，擁有較遠大目標（但依舊實際可行）的一方，談判績效遠勝過目標平庸的一方。⓯

若想避免讓底線成為參考點的陷阱，就要格外留意你的極限，但不要老是想著它們。反之，事先把底線準備好，把它放在一旁，然後奮力不懈地訂定你的目標。像盛田昭夫一樣，測試對方對你目標的反應。然後，若有必要，為了成交，可視需要逐步往底線下修。有了幾次經驗後，你應該就可以同時參考目標和底線，但又不會失焦。研究顯示，談判高手大多具備這樣的能力。[16]

既然訂定目標是有效準備工作不可或缺的一環，那麼該怎麼做呢？不妨依照以下簡單步驟：

1. 仔細思考你真正想要什麼——而且要記得，金錢通常只是手段，不是目的。
2. 訂出樂觀、但合理的目標。
3. 具體說明。
4. 專心致志。寫下目標內容，如果可以，和別人討論你的目標。
5. 帶著目標上談判桌。

你到底想要什麼

進行準備工作時，先好好思考你自己的基本需求和利益。在商業或消費性談判中，好價錢通常是個重要目標，因為它確切又可以計量，有助於你衡量成功與否。可是，人們很容易忘記價格往往只是達成目標的手段，而不是目標本身。談判的目標是獲得更多價值或利潤，而不是在價格上取勝。

這句話聽來矛盾，其實不然。如果你是買方，壓低價錢不會是最重要的考量，你會想確定你付的錢可以獲得某種程度的品質。而賣方則需要留意，這次交易是否能創造後續不斷的生意。訂單被取消或僅此一次交易，並非企業永續經營的大計，單一交易獲得好價錢並不是最重要的。

舉例來說，哥倫比亞廣播公司（CBS）的創辦人威廉．巴雷（William Paley），早年一直無法從廣播市場中獲利。他常常和地方電台協商播放CBS節目的價錢，而電台擁有決定權。他們並不需要從外面購買節目，而且通常也不會這麼做。由於巴雷深知節目的售價只是手段，不是目的本身，因而他徹底改革了廣播生態，創立了當代聯播網路。一九二〇年代末期，他開始**免費贈送**CBS製作的廣播節目，以換取在地方電台的黃金廣告時段播出。這項策略讓他進帳百萬。[17]後來，到了一九四〇年代，巴雷把唱片的公訂售價大砍一半，以同樣的策略橫掃美國唱片業。[18]

談判老手多半表示，價格是相對簡單的問題，遠不及控制、勢力、自我和名譽等較不顯著，但更具衝擊性的因素。第十章會提到《門口的野蠻人》（*Barbarians at the Gate*）一書裏描述的雷諾納貝斯克公司（RJR Nabisco）一舉成名的併購案，當時亨利．克萊維斯（Henry Kravis）的一個競價對手出價欲收購RJR，卻因為兩大投資銀行——德崇證券（Drexel

Burnham Lambert）和索羅門兄弟（Salomon Brothers）對於要刊在《華爾街日報》上的廣告，誰的公司名字要放在左欄無法達成協議，併購案因而破局。雙方都堅持自己是老大，應該放在左邊較重要的位置，沒有人願意屈居第二。[19]

制訂目標時，仔細思考你最重視的因素。當然，錢很重要，可是必須弄清楚你的潛在利益和需求。一旦談判啟動，很容易會全心鎖定像是價格這類競爭性議題，而忘了你真正想得到的究竟是什麼。

取法乎上，得其中也

訂定目標時，不妨放大膽量，極盡樂觀之能事，思考你究竟想看到什麼樣的結果。相關研究一再顯示，在談判桌上野心較大的人，如果真正堅信他們的目標，則表現往往優於那些目標平庸或「我盡量試試看」的人。

心理學家西妮．席格（Sydney Siegel）和勞倫斯．佛拉克（Lawrence Fouraker）在一項經典研究中，進行簡單的買賣談判實驗。他們讓參加實驗的談判者可以帶走所有獲利，而且，談判結果符合或超越預設目標的人，就可以進入第二回合「獲利倍增」階段。換句話說，席格和佛拉克不但對實驗對象提供了達成目標的具體誘因，而且還暗示達成目標是實際可行的

（否則為什麼要提供可以加分的第二回合？）。其中一組談判者只要達成一點一美元的中等目標，就可以進入第二回合。另一組談判者則被設定了較遠大的目標，六點一美元。雙方擁有相同底線：不接受會令他們損失的出價。結果，以六點一美元為目標的談判者創下六點二五美元的平均獲利，而以二點一美元為目標的談判者，平均獲利則為三點二五美元。[20]

我本人的研究也和席格與佛拉克的結果不謀而合。我們的做法不同，我們讓參與實驗者自己訂定目標，而且沒有讓每個人保留自己賺得的利潤，而是提供一百美元給表現最佳的買賣組合。不過，結果也是一樣的。事先將期望訂得最高的談判者談成的價錢，遠高於目標平庸的談判者。[21]

明明就可以放寬視野、提高期望，為什麼我們還會想要訂出平庸的談判目標呢？有許多可能原因。第一，很多人訂定中等目標是為了維護自尊。目標訂低一點，比較不會失敗，所以我們「加以修改」，自我安慰，只要達成底線就很不錯了。中等目標能讓我們避免遭受失敗的挫折和悔恨。

第二，我們對於談判的資訊不足，無法看出全面的獲利潛能；也就是說，我們也許未能全盤了解我們的賣點、沒有研究好適用標準、或者沒注意到買家有多麼想購買。說穿了，就是準備工作做得不夠。

第三，我們可能缺乏欲望。如果對方比我們更想獲得金錢、控制或權力，則我們比較不會為自己訂定較高目標。何必為了我們不在意的事情跟別人過不去呢？

研究顯示，即使多數人不願承認，但人們之所以訂定較低目標，自尊的因素扮演了極重要的角色。[22]曾有位談判專家指出，許多理性的人把「雙贏」（win-win）和「弱贏」（wimp-win）態度混為一談。「弱贏」談判者心中只有底線；「雙贏」談判者則一心想達成遠大目標。

我在談判研訓班上也獲得相同的結果。班上學生和主管們開始為自己訂定更遠大的目標、致力追求之際，常常表示他們對於自己的表現感到更**失望和挫敗**——即便從客觀角度來看，他們的成效越來越好。因此，我建議讀者分別在幾場談判中逐漸提高目標，慢慢增加風險和難度，以維持對於談判的熱忱。研究顯示，成功達到新目標的人，常會在下一次再提高目標。可是，一旦失敗，就會洩氣地降低目標。[23]

當你訂出樂觀、有挑戰性的目標後，再花點時間讓現實來考驗你的期望。**樂觀的目標必須要可行，才能發揮效用；換言之，你一定要真心相信它們可以達成，而且還要能符合某種標準或規範**。談判立場一定要有某個標準、標竿或前例做為基礎，否則就會失去可信度。我會在第三章詳述這一點。不管你的心態再如何調整，你那台五年的車絕不可能會有新車的價值。另外，目標還要能反映適當的關係，這將是第四章的重點。

前期工作準備完畢，你便可以進入談判流程，面對另一方提出的價值和優先事項。在尚未確定**對方**的目標和**對方**對於務實做法有何想法之前，你一定要全心守住自己的目標。對方會告訴你，你的樂觀目標是否可行，若不想因為堅守目標而傷了感情，你必須提出合理的原因來支持你的目標，以有禮的態度詳述你的想法，並對他或她的意見表示關心之意。

清楚具體

關於訂定談判目標的文獻都提醒我們，目標要盡量清楚具體。[24]無論是談判或在其他場合，思路清楚就能破除一切含糊之處。有了具體的目標，你便能進入好幾階段的心理層面，然後完成任務。舉例來說，求職的時候，你的目標不會只是「談個合理的薪水」。敦促自己訂出具體目標——例如要求比前一份工作多一成的薪水。你的具體目標會促使你開始考慮其他願意付給你目標薪水的工作機會，並讓你留意各種能支持這個目標薪水的市場標準。

有些目標需要特別小心，像是「我會盡全力」，或者最糟糕的，「我只是想看看我可以得到些什麼」。言下之意，就是「我不想冒著讓談判破局的風險」。害怕失敗的心態，或是避免感到沮喪和後悔的天生本能，都是很合理的心理自我保護機制。可是，有效談判者不會讓這些感受成為達成具體目標的絆腳石。

全心追求目標：寫下來，告訴別人

專心致志，目標才能發揮效用。想要提高你對於目標的心理依附程度，有幾個簡單的小撇步。首先，就像我剛剛說過的，你要先確認它有確實的論點做為佐證。自己要先相信，才能全心追求。

其次，若能花點時間設想你達成目標時的情況和感受，會有很大幫助。具象化能讓我們的心神鎖定在追求的過程，同時也會拉高我們的自信心和決心。[25]我有個優秀的企管研究生，他是印度來的年輕人，透過香港的一個工作機會來到美國。他坦白告訴我，他申請華頓商學院之前，曾特地到費城一趟，在賓州大學的建築物前照了一張相片。多年來，他一直把這張相片放在書桌前，做為申請入學的動力。他被學校拒絕過一次，最後終於如願被接受。他到了學校之後，來到同一棟建築前再照了一張相片，現在，他滿意地把兩張照片貼在書桌前。他將目前的成就歸功於他把目標具象化。同樣的具象化技巧也適用於談判目標。

第三，心理學家和行銷專家指出，**把目標寫在紙上**的動作，要比只放在腦中更讓人有努力的動力。寫下來的動作讓想法更加「實際」和客觀，使我們非得追求不可——至少我們自己會有這樣的感覺。依照心理學家羅伯特・西奧迪尼（Robert Cialdini）的說法，成功的推銷公司有時會要求旗下推銷員寫下他們的銷售目標，公司的訓練手冊也寫道：「把事情寫下來有一種神力，」能增進銷售人員的業績。[26]

你可以參考附錄B的〈資訊為本的談判計畫〉，開始練習寫下談判目標。我會在第七章詳述這份計畫表的使用方法。

若想讓自己更致力於追求目標，你還可以把目標告訴別人，並把寫下來的目標給他或她看。有別人知道這個目標，你就會有一種應該對他們負責任的微妙感覺，而研究也顯示，如果談判者事後必須對別人說明為何沒有達到目標，在談判桌上就會更努力表現。[27]勞工、運動和政治談判者往往把這種動力發揮到極致：它們有時候會先向媒體宣布其談判目標，讓大家（包括他們自己的委託人和對方）都注意到他們想要談出的結果。這種公開承諾是驅使自己達成目標的有力方式。

當然，追求目標時，也要像談判的所有其他層面一樣，自己要有判斷力。如果雙方都訴諸公開承諾，召開記者會，各自對支持群眾發表破釜沉舟的宣言，等於是把自己逼到無法逃脫的牆角。勞工罷工、政治對立和戰爭都是談判失敗的例子，而非成功的範例。

最後，如果目標中牽涉到任何資源投入會因為未達成目標而蒙受損失，則更有鞭策的加乘效果。例如，某家知名航空公司最近宣稱已簽約購買四百架新飛機，以擴大並更新機隊規模。他們還公開宣布，如果公司未能在成交截止日前與飛行員們達成令雙方滿意的薪資協議，他們就會被迫取消訂單。[28]此舉讓航空公司掌握三大談判優勢：公開承諾薪資目標；訂出確切可靠的與飛行員們協商的期限；還有，最重要的，航空公司（和飛行員）未達成薪資目標的損失。最後，這場談判成功地在交易截止日期前達成預設薪資協議。

帶著目標上談判桌

在談判桌上，你的目標很容易受到對方打擊。隨身帶著目標會很有幫助，如果你覺得自己一直屈居下風，不妨休息一下，看看你的目標，再重新上陣。把目標大綱隨身放在口袋或皮夾裏也很有用。不過，把它銘記在心也可以，重點是，不要在談判實戰打得火熱的時候，忘了你的目標。

電視鉅子巴瑞．迪勒（Barry Diller）在一九七〇年代初期競標電影《海神號》的電視播放權時，就曾經在這方面苦吞教訓。代表美國廣播公司（ＡＢＣ）的迪勒，最後以三百三十萬美元標到播放權——遠高於當時其他電影的金額——並且讓公司損失慘重。迪勒為什麼會付出那麼高的金額呢？他答應參與第一場（也是他的最後一場）電影播放權競標。在熱烈的競標中，他忘了他的首要目標——賺錢——而和競爭對手ＣＢＳ的高層陷入了「殺紅眼」的競爭當中。[29]

無論在實驗或實務當中，談判學家常常觀察到這種現象，他們把它稱為「承諾升高」（escalation of commitment）[30]。人們在競爭當中，為了能公開宣布獲勝，而忘了自己真正的目標，以至於付出過高的金額、浪費過多的時間、或犧牲太多其他利益。贏得勝利後，他們通常很快就後悔，並領悟到光是有目標還不夠——談判期間必須隨時謹記目標。在競標場合，得標者往往付出過高代價，經濟學家將伴隨而來的後悔心態稱為「贏家的詛咒」（winner's curse）[31]。

結論

準備工作的首要步驟是訂出具體合理的目標。清楚和樂觀是訂定目標時的關鍵態度。

首先，一個具體、有挑戰性的目標能夠激勵你。未達目標的提案都會被你視為「失敗」。而且，你腦中的直覺區——日常生活行事時，「內心深處」運作和學習的部分——會成為你的有力幫手，幫助你解決問題。你會變得更專注、堅持、鎖定成果，而且更有可能福至心靈，想出達成目標的絕妙論點和構想。你也能避免太早就退到底線。一般人多半著重底線，而非其他獨立的談判點，而「專注於目標」讓你擁有鶴立雞群的優勢。

其次，思路清晰能讓對方看到你的信心和決心，傳達出你對於自己和這筆交易擁有極高期望的訊息。明確知道自己想要什麼，以及為什麼你應該如願獲得，就能靜靜地散發出一種自信、自尊和決心，這些才是決定談判結果無與倫比的個人特質。

訂定有效目標　檢核表

- ✓仔細思考你真正想要什麼。
- ✓訂出一個樂觀、但合理的目標。
- ✓清楚具體。
- ✓寫下目標，全心承諾。
- ✓帶著目標上談判桌。

第3章

基礎三：權威標準與規範

聰明的律師知道，他的首要任務是讓對方相信他了解他們的論點……

——英國詩人柯立芝（Samuel Taylor Coleridge）❶

人們所為通常基於兩種理由——一種是好的，一種是實際的。

——J．P．摩根（J. P. Morgan）❷

清楚的目標可以成為談判優勢，除此之外，談判還利用了人類最基本的一種心理動機：需要在我們的世界和作為當中，維持（至少自己看來如此）一致和公平的表象。有效談判的第三大基礎就是與這種心理動機有關。讓我們先舉例，說明用既定的標準來維持一致性的需求，是如何影響到所有的談判。

兩隻小豬的故事

人類學家巴頓（R. F. Barton）在他一九三〇年的著作《微溫陽光》（*The Halfway Sun*）當中提到，他多年來跟菲律賓原住民生活在一起的故事。這個故事是關於兩個家庭為了幾隻小豬談判，可以讓我們學到標準和規範方面的寶貴教訓。

巴頓指出，伊富高族（該原住民族名）有位男子向鄰居借了兩頭豬。兩年後，鄰居要求歸還，因為他的兒子要結婚，他要送豬做為結婚禮物。兩人對於該還幾隻豬爭執不下。

族裏對於出借動物訂有標準「利率」，需根據出借期間，動物的「自然增加率」來還債。一般同意兩隻豬借兩年，應該還四隻豬——比原來數量增加一倍。

標準是固定的，問題出在執行上面。貸方希望婚禮辦得風光體面，堅持借方要還六隻豬。他辯稱，時間已經超過兩年，而且其中一隻豬是體型較大的特殊品種，利率應該要比較高。借方生氣地回答，誰都知道四隻才是正確的數字。

貸方的貪婪讓借方忍無可忍，因此雙方爭執擴大。借方憶起貸方的祖父幾年前也沒有償還他借的一隻雞。因此借方說，雞的自然增加率和豬差不多，因此，四隻減一隻，他願意還三隻豬——當作償還了那隻雞。貸方回答，五隻豬尚可接受，少一隻都不行。

雙方爭論不休、互相叫罵，最後，兩家請來了族裏一位極有地位的老者來斡旋。可是，就在這位老者開始奔走協商後沒多久，貸方的兒子潛入借方家裏，偷走了最貴重的寶物——一個古董銅鑼。整個談判過程立刻中斷。

現在，雙方的妻子也加入戰場。一般相信銅鑼裏有神明，能保佑借方一家人。銅鑼不見了，借方的妻子一刻也無法安心。貸方的妻子也看不下去了：她先生一心想要回幾隻豬，因此荒廢了農事。兩位妻子都要先生停止爭吵，解決問題。

最後，老者終於訂出協議。首先，貸方答應歸還銅鑼。然後，借方答應雞帳一筆勾銷，並歸還貸方要求的五隻豬。

可是這當中還有弔詭之處。借方歸還的五隻豬當中，老者只拿了三隻給貸方，自己留了兩隻當作斡旋的報酬。因此，在這巧妙的解決方案之下，借方付了貸方要求的利率（五隻豬），貸方獲得借方答應支付的利率（三隻豬）——差額全歸老者，做為調解費用。❸

從豬隻到價目表：「標準」扮演的角色

以上故事給了我們什麼啟示？現今人們不再忙著借貸豬隻，可是，無論來自於哪一種文化，我們還是常常需要針對權威標準和規範基礎進行協商。當談判各方偏離這些規範太遠，就有激怒對方、自找麻煩的風險，也會讓人覺得他們很不講理。

類似伊富高族自然增加率的這種標準，即便在現代社會裏，依舊扮演了重要角色。全球金融市場為借貸訂定了利率。二手車的買主會參考購車指南裏的平均車價——再根據車子的實際狀況、買家的預算、和賣家對現金的需求來議價。不動產經紀商嘴上也常掛著「可比交易」（comparable transactions，即比較市場上近期類似物件的成交價）。投資銀行家則根據貼現現金流和盈餘成數來評估一家企業的真正價值。

這些花俏、複雜的分析，說穿了不過是幫助買賣雙方決定價格的技巧。這些標準也像兩隻小豬故事中的標準一樣，它界定出談判的範圍，讓參與者能夠對設想的範圍表態，又不會看起來蠻不講理（至少自己不會這麼認為）。

在談判上舉足輕重的規範論據和公式，並不只限於像是利率或可比交易這類市場標準。小孩子討論誰可以玩某個玩具時，根據的是「先來先玩」、或是「剛才是你，現在輪到我了」

這樣的標準。企業主管討論公司策略時，會根據「獲利能力」、「標竿」和「效率」來討論他們的立場。裁員壓力出現時，公司根據「年資」和「生產力」等標準來討論員工去留。最後，達成協議最常見的策略則是一種分配法：均分差異（split the difference，意即雙方各退一步）。

找出適用的標準，並且事先做好功課，研究如何善用這些標準，你便能在談判過程中奪得「發言角色」。除了自己的理由之外，你還有其他論據來支持你的要求，讓你追求目標時更起勁，回應對方論述時也更有把握。如果通用規範有很大的解釋空間（大多數皆如此），則對方會從對他們最有利的方面來解釋。

總之，在準備階段，你必須盡量利用最令人信服的標準來支持你的目標。這類標準有哪些呢？就像本章一開始引用柯立芝的話，對方認為合理、或他自己以前也用過的論點，通常是最有效的。

一個心理學事實：我們都想要顯得理性

為什麼標準和規範——尤其是對方採用的標準——在談判中特別重要呢？因為，在其他因素不變的情況下，人們喜歡讓人覺得他們做決定時態度一致、又理性。

心理學家對於這種想要顯得理性的現象賦予名稱，稱之為「一致性原則」（the consistency principle）❹。社會心理學家發現，人類極想避免脫軌、乖僻和不自在的心理狀態，而當我們的行為顯然與前例、或廣被接受的標準和信念不一致時，就會出現這種心理狀態。

大部分的人們都有一種複雜的「一致性網路」（consistency webs），它與我們個性的許多層面連結在一起。我們不希望這些網路被侵犯，所以會讓我們的行為合理化，讓它們顯得（至少我們自己認為）和我們以往的信念相符合。若某項建議和我們以往採取的行動一致，我們就比較容易被說服。

在談判場合上，可以充分觀察到一致性原則的運作狀況。當對方說明的標準或規範符合我們自己之前提過的論述或採取過的立場時，我們會在有意或無意之間，出現想要同意對方的衝動。若對方正確地指出我們某個立場或論述不一致，我們會感到很不是滋味（雖然我們可能不會表現出來）。總之，標準和規範不僅僅是談判辯論中的智慧擔保，更可以是談判過程中，強大的刺激要素。

一致性原則和「規範性優勢」

一致性原則能讓你在談判中具有我所謂的規範性優勢（normative leverage）。規範性優勢是指巧妙地運用標準、規範和一貫定位，以獲得優勢或保護某一立場。當你主張的標準、規範和主題正好是對方視為合理，可以解決雙方歧見的，則你的規範性優勢就能做最大的運用。

如果你自訂需求、標準和應得權利，做為談判的唯一合理途徑，這將不利於雙方達成協議，反而會引起紛爭，引來質疑。因此，最佳做法是，預先設想對方會偏好哪些標準，然後用這些標準來擬定提案。就算做不到這一點，也要事先準備好理由，你的案子因為什麼特殊的情況因而屬於特例。非不得已，不要貿然攻擊對方的標準。

讓我們看看幾個例子。

假設你參與某醫院體制的預算協商。身為護理主管的你，想要獲得更多訓練和護理服務方面的預算；其他人則極力爭取增設外科部醫生的辦公室。如果醫院的高層之前曾經宣稱醫院營運極重「高品質病患照護」，則你在這場角力當中，就擁有規範性優勢。

只要你事先做好功課、蒐集數據、做個有效的報告，你的預算要求就會顯得更令人信服，因為它們和醫院公開宣稱的優先考量息息相關。反之，外科部的要求就沒有這層關係。行政主管會覺得受到之前政策說明的約束，因而做出符合政策的決定。雖然外科醫生在醫院裏舉足輕重，但只要你根據明定的優先考量好好準備你的論述，則你達成目標的勝算非常大。

如果醫院公布的是另一個目標——像是「吸引傑出醫生」——那麼，你就要先想好外科醫生們要求經費時會如何運用這項標準。你最好能證明，高水準的護理人員如何能比華麗的辦公室更能吸引更多傑出醫生。

再舉個更困難的例子。假設你是公司的部門主管，正面臨不可避免的裁員。每一部門必須裁員百分之十。你了解整個情況後，確定你的部門如果裁掉百分之十的人員，人手絕對不足。你當下可能會衝動地跑去找上司，告訴她若依規定裁員，你的工作就無法完成，然後要求讓你的部屬留下。

這麼做有說服力嗎？也許沒有。每個人都會去跟上司說同樣的事情，如果她答應每個人，公司裁員的目標就不可能達成。她會反駁你的「人手不足」理由是效率的問題，並要你回去想辦法讓更少的人做更多的工作。

你該如何取得規範性優勢呢？答案是，先想好**上司**認為哪些標準和規範適用於這種情況，並根據**她**的標準——不是你的——來申論。如果她很喜歡思考效率的問題，就來一段效率的論述。告訴她，你已經評估過你部門裏的分工情況，發現你的手下在執行第一、第二和第三任務時非常有效率，可是第四和第五任務就無法勝任愉快。即便裁員百分之十，如果上司能把第四和第五任務分配給其他更適合的團隊，則你們還是有能力執行更多的第一、第二和第三任務。

或者，你也可以說明把你的人員都留下，增加其他部門裁員人數如何能大幅降低整個企業的工作時間和成本。這不但能幫公司省錢——符合裁員的目的——也能提升上司本身的表現。

這類說明會花掉你一整天的時間嗎？當然不會。可是，和完全出自你個人的觀點相比，你因此更有勝算。事實上，這六大基礎沒有一項能單獨保證談判會成功，可是，面面俱到卻能明顯增加贏的機會。有效談判者會按部就班行動。

把你的需求定位在對方決策時使用的規範架構當中，不僅是表示對他的尊重，還能獲得他的注意和認同。談判成敗往往一線之間，凡是能有系統地提高利己勝算的行動，長遠來看一定值得。

小心一致性陷阱

談判老手深知人類擁有想要表現一致的心理需求，因此會盡量利用這一點。工於心計者不只會用對手的標準來定位自己的目標，還會設法引對手掉入我所謂的一致性陷阱（consistency traps）裏。一致性陷阱的目的在於先吸引你認同某個似乎無傷大雅的標準，然後要你承認某個案例標準的邏輯意涵——最後你才發現，這個意涵其實不利於你。這是一種聰明的施壓做法，你要先想好如何反擊。

討債公司、信用卡公司和高壓推銷公司在給行銷人員的說帖當中，都會利用一致性陷阱，要他們在晚餐時刻打電話給消費者時照著說帖唸。如果你學會如何看出端倪，對方使用一致性陷阱時，你就可以了然於胸。線索是，對方會先要你認同某個論點，然後再告訴你這個論點有多重要。「你想要省點錢嗎？」長途電話公司電訪員說。「想啊，」你回答。中計了！對方開始收網。「我們從您每月電話使用狀況看出，如果您加入本公司，可以省下一百多塊錢。現在就開始省錢怎麼樣啊？」一般自然的反應是說「好」。你得努力想出新理由或藉口來拒絕，而電訪員早就準備好回應各種答案。

在談判桌上，一致性陷阱是積極、好競爭的談判者最喜歡使用的策略。模式和電訪員用的一樣。工於心計的談判者先設法讓你認同某個似乎毫不相關的原則或標準。（「一家公司合理的價格應該要反映出同業價格，您同意嗎？」）接著，馬上設下陷阱，辯稱你的價格違背了你剛剛背書的原則。（「您同意同業價格是標竿，但你提出的售價卻多出了百分之三十。」）

要如何預防一致性陷阱呢？你一定要提高警覺。當對方開始提出引導式問題，在還不清楚他的意圖之前，先放慢步調。把問題丟回去，奪回主導權。在回答之前，要先問出這些問題為什麼重要。如果你被迫同意某個標準，盡量用自己的方式重新界定或敘述，並且使用最廣義的範圍，為稍後留下最大的解釋空間。「我同意同業價格和我們的討論有關，但我不確定該參考哪一個時間範圍或產業，」你可以對競爭性談判者這麼說。「你何不給我看看你手上的數據呢？」

就算你已經提高警覺，這種厲害角色還是不容易對付。你必須步步為營。如果你被抓到前後標準不一，則你有兩個選擇。你可以調整你的價格，以符合你之前認同的標準，或者，你可以堅守立場，勇敢承認之前同意那個標準是錯誤之舉。後者有失顏面，但是和不划算的交易相比，損失還是比較少。

利用觀眾

根據對方的標準和規範來建構你的提案，前提是，你的目標要能符合這些標準。要是無法符合，又該怎麼辦呢？要是對方的標準和你的立場完全相左，又沒有例外或其他解釋空間可以救你。你該攻擊他的標準，企圖改變對方心意嗎？你可以試試看，不過，對方很可能會謹守立場。

遇到這種困難的案例，你就需要訴諸外在的優勢，並尋求盟友——這個第三方必須是談判對手可以接受的人，而且也能認同你的標準。你找到這樣的人，還得做一番安排，讓這位盟友可以留在談判現場，並且能保護你。盟友是現場觀眾、也是證人，會確保標準獲得公平執行。基本上，你是利用觀眾的一致性原則來規避對手對你的目標提出反對。

甘地坐頭等車廂

要了解如何利用觀眾來落實標準，不妨透過實例。以下例子發生在現代印度之父甘地身上。這是關於他坐火車的故事，參考自甘地的自傳《我實踐真理的故事》（*The Story of My Experiments with Truth*）[5]。

甘地早年在南非活動，擔任律師，為南非的印度人爭取權利。甘地在英國獲得法律學位後，來到南非，準備利用他對於英國法律和英國社會標準的知識，協助爭取印度人的人權。

依南非法律規定，印度人（南非白人稱他們為苦力〔coolies〕）坐火車只能坐三等車廂。南非印度人不願挑戰這項規定，寧願「吞下歧視」，平靜地過生活。甘地來到南非沒多久，就因搭乘頭等車廂而被趕出車外，親自體驗了這項法令。這是他一輩子最屈辱的經驗，讓他難以忘懷。比較鮮為人知的是，甘地立刻找了第二次機會挑戰這項法令，從德本一路坐頭等車廂抵達比勒陀利亞。這一次，他成功了。他巧妙地利用觀眾，打敗談判對手。

在這場談判中，甘地的標準是「凡是穿著得體、行為端正者，無論種族，都可搭乘頭等車廂」。他推測鐵路公司的標準應該是「苦力必須搭三等車廂」。而政府法令偏袒鐵路公司。甘地循序漸進、達成目標的做法，是在最棘手狀況下，有效準備、運用策略的典範。

甘地的第一步是找出決策者，然後設法與他單獨面對面說明他要坐頭等車廂的要求。他找出了出發地德本站站長的名字，寄了一封信給他。甘地在信中寫道，他是堂堂的出庭律師，一向習慣坐頭等車廂。他說他隔天會親自到站長辦公室來取車票。甘地不讓對方有回信的時間，成功地躲掉對方以回信拒絕的可能性。站長非得和他面對面討論不可，甘地也知道，只要能親自辯護，他的勝算就會比較大。

隔天，甘地出現在站長辦公室，依他的描述，他穿著「無可挑剔的英式服裝」：長大衣和領帶❻。他想讓站長記住一個基本的事實——那就是，雖然站長和甘地不同種族，但他們同樣來自於同一社會階層。

「是你寄信給我的嗎？」站長問站在桌前的甘地。

「是的，」甘地說。「請給我車票，我會很感激你。我今天一定得到達比勒陀利亞。」

還好甘地堅持與站長見面，而且還真有點運氣。「我不是德蘭士瓦人（南非白人），」站長說。「我是土生土長的荷蘭人。我懂你的感受，我能體會。」

站長說他會開票——但有個條件，如果查票員質疑這張票，甘地不能把他牽扯進去。雖然此舉會讓甘地後來少了一個權威盟友，但他還是同意了。

「祝你旅途平安，」站長最後說。「我看得出來你是個紳士。」

現在，最難的一關來了。甘地得設法說服查票員，而查票員不可能來自一樣的社會階級，而且搞不好他還是個德蘭士瓦人，如此一來，甘地要進入頭等車廂可能不容易。

甘地就是在此時利用「觀眾」原理。他需要找個人認同他「衣著體面、行為端正者都可以坐頭等車廂」的標準，而且這個人還得是查票員覺得可以接受的人。

甘地走在頭等車廂走道上，最後，終於找到合適人選：有位英國人獨自坐在廂房，附近沒有任何南非白人。甘地坐下來，手上握著頭等車票，等待查票員到來。

查票員出現，馬上發現甘地是印度人，生氣地要他去三等車廂。甘地秀出手上的頭等車票。「這不重要。」查票員說。

此時，甘地的「聽眾」，那個英國人開口了。「你為什麼要找這位紳士的麻煩呢？」他問。「你沒看到他手上有頭等車廂的車票嗎？我不介意他跟我坐。」英國人轉頭對甘地說：「你就安心坐在這裏吧。」

「如果你想和這苦力一起坐，那不干我的事。」查票員氣憤地說完，就走出去，甘地搭頭等車廂到達目的地。

甘地用那位英國人當觀眾，（暫時）成功地挑戰南非法律不平等的標準。後來，他還利用輿論當觀眾，揭露英國對印度人的不平等待遇——最後協助印度獨立成功。

市場上的標準和規範

有了一致性原則，標準和規範才能在談判中發威。不過，有些標準和規範特別有用，尤其是市場交易中的標準和規範。強大的市場標準可成為談判上的靠山或焦點。菲律賓原住民借貸動物時的自然增加率標準就有這種力量——它提供唯一且明確的解決方案，讓紛爭無可商議。❼市場標準多半沒有那麼明確，它們還有商量的空間，讓雙方在固定範圍內討價還價。

商業界裏還有不少標準和做法可成為唯一明確的規範。例如，美國的房屋仲介業規定房仲可以獲取房屋售價的一定比例（百分之六）做為報酬❽。在出版娛樂業，經紀公司向客戶抽取固定比例的版稅（通常是百分之十五）。而美國的精裝書作者通常可獲得零售額百分之十五的版稅。

從財務角度來看，這些標準極為專制。房仲、經紀公司和出版商可以依情況不同來議價。可是，每一次交易都得經過一番談判，費時又費力。結果是：各個產業訂出了報酬標準，省去談判的麻煩。

接受制度化的談判標準，才有真正屬於業界或團體一員的感覺。想要挑戰標準，會給人一種藐視或冒昧的感覺。這種標準和歸屬感密不可分的關係，更鞏固了標準的地位——因為質疑標準會影響談判者在該團體的地位。這正是受這些有力標準保護的團體所樂見的。

如果你是市場新加入者，首要任務就是先研究普遍的標準和規範，並切實遵守。否則，人們對你的評價，好則笨拙，壞則不講理。同樣的，新進入一家公司或機關時，你也應該花點時間了解檯面下的傳統和規範，才能有效地協商改變的可能。

最後，你會有足夠的優勢或技巧提出跳脫組織標準的做法，而且還可能達成目的。不過，這種舉動成敗參半，最好由談判老手進行，菜鳥不要輕易為之。美國南部有句諺語：「豬長胖了就會被宰。」在兩隻小豬的故事裡，貸方最後得罪了妻子，真正到手的豬隻也少於原本說好的數量，這都是因為他太貪心，又想挑戰標準的下場。

如果不談制度化標準，市場談判中多數的規範都有商議空間，這叫做測距型標準（range-finding standards）。它們提供基礎，讓雙方開明地商討出最佳結果，但卻沒有明訂最後一定要達成什麼樣的協議。這類規範讓出價和要求合理化，並縮小議價的範圍。

很多買賣場合都會以「公平市價」（fair market value）為標準，而且市場也會提供豐富有用的數據，讓你為達成目標做好充分準備。通常，之前交易公開和非公開的資料來源非常重要，自然地，研究也證實這類數據對於談判結果有重大影響[9]。其實，在任何買賣當中，公平市價都是一種相對的觀念而已。

在比較難以量化的標準和規範上，這種道理更重要，像是醫院照顧病患的水準、或大學提供優質教學的保證等等。人們大可根據他們自己的目標來為這些標準做出不同的解釋，但我們可以蒐集數據，看出實際表現和機構標準之間的關聯。你的數據越完整，你的論據就越有力。

面對測距型標準時，可能犯的最大錯誤就是毫無準備就匆促上陣，想在標準的合理範圍之內談出對你最有利的結果。準備工作做得越好，你的提案就越能讓人覺得符合標準範圍，如此一來，你不但更容易談到理想價格，在其他非價格的重要議題上，也能談出亮麗的結果。

定位主題：「臨時美國行不通」

一致性原則在談判上發揮效用的最後一種有力方式，我稱之為「定位主題」（positioning themes）。定位主題通常是一段好記又響亮的標語，充分表達你想透過談判所解決的問題。在談判中，及早提出這樣的定位主題，能讓對方了解你的目的，以及你的多個談判定位有哪些共通關注和規範做為主軸。「我們家想添購第二台車，」你告訴車商，「我們想要可靠、小型、低價的車款。」

一個好的定位主題不僅能讓對方知道你的來意，還能協助你專注於你的目標。當談判進行得不順利，截止日又一步步逼近時，好的定位主題能讓你站穩立場，就像堅固的繩子拉住船隻，不讓它被強風吹走。

我來說個簡單例子，讓大家了解好的定位主題有多重要。

幾年前，快遞工會進行了罷工，抗議全美最大的到府快遞公司優比速（UPS），結果工會獲得壓倒性勝利。這也是美國多年來工會罷工成功的首例。

工會致勝原因是什麼呢？他們想出一個巧妙的定位主題，一有機會就不斷提到：「臨時美國行不通（Part-time America Won't Work）。」UPS的十八萬名員工和貨車司機當中，有很多都是臨時雇員。他們要求公司讓他們變成正式員工。這句標語不但道出了這些臨時員工的心聲，也受到全美被迫從事臨時工的人全力支持。工會的做法，讓外界覺得UPS從裏到外不斷增加臨時工。

UPS資方也想出「我們必須保持競爭力」的口號，企圖壓過工會標語的氣勢，可是，工會準備充分、不斷出擊，令UPS無法招架。「臨時美國行不通」的標語出現在各地：幾千張海報、報紙社論和報導、電視名嘴之口、還有網路。這句標語讓十八萬名UPS員工團結在一起——這可不是一件簡單的事——大家一起爭取輿論支持，罷工規模之大，影響了美國日常商業活動，對平民百姓造成極大不便。

工會極具說服力的立場，終於讓他們在談判桌上大獲全勝。公司同意加薪；並降低員工退休基金的強制提撥金額；還在幾年內，逐步將一萬名臨時員工轉為正式員工。罷工結束後，UPS副董事長兼策略專家約翰．阿爾登（John W. Alden）悔恨地表示：「如果我早知道……（我）就會從為UPS談判改成為臨時美國談判，我們就會採取不同的做法。」[10]

人們一般不會覺得標語和主題在談判中有什麼重要。可是，事實的確如此，無論是眾所矚目的UPS罷工，還是普通的談判都一樣。有說服力的需求和利益定位可以協助我們組織思想、發言一致，還能確保對方接收到我們的訊息。如果別人相信你的立場堅定，他們就會尊敬你，你也會因此獲得重要的規範性優勢。

權威的力量

除了一致性原則外，還有第二種心理層面，也能讓標準和規範更有說服力，那就是人類聽從權威（defer to authority）的傾向。談判時，這種傾向能多方面影響協商過程和結果。標準和規範之所以能左右談判，部分原因是因為它們蘊含權威訊息，指示市場、專家或社會來訂出公平和合理的價格或做法。除此之外，我們在談判桌上多半扮演多重的社會角色，我們會覺得自己的行為有必要符合我們對這些角色的期許——這當中也包括遵從地位崇高或廣被認同的人士和原則。

心理學家早已發現，人類有一種堅定不移的天性：我們傾向於聽從權威。有些文化非常強調服從權威，但就連非常獨立的美國人，也會在許多情況下聽從權威。聽從權威多半很有用。如果我們一天到晚質疑上司對辦公室裝潢的品味，不服從隨處可見的**故障**和**請勿進入**的警示，這個社會將會大亂。

可是，在兩種情況下，權威會成為談判桌上的障礙。第一，別人可能會用權威的大帽子提出不平等條件，誘使我們遵從。第二，我們聽從權威的天性有時會阻礙我們堅守自己合理的利益。讓我們分別看看這兩個情況。

談判老手會利用許多計謀，把人們遵從權威的天性，結合到對標準的運用上面。他們的合約充斥著艱深難懂的法律專有名詞，讓它看起來很符合權威標準，還請來專家進行說明，說這是交易的例行公事。你有沒有在談判桌上聽過別人用公司政策或標準程序這類標準來解釋他們的立場？這種以標準為基礎的論述如果能融入權威，就會更有效力。

豪伯．柯恩（Herb Cohen）在《*You Can Negotiate Anything*》一書中以風趣的口吻說明如何操弄人們遵從權威的天性。[11]電視節目《隱藏的攝影機》（*Candid Camera*）利用偷拍技術，以觀察一般美國人在設定的情境下之反應。該節目曾在賓州費城和德拉瓦州威明頓市之間的高速公路上設置了一個大型看板廣告，看板上寫著「**德拉瓦封閉**」。製作人還派了一名員工在看板附近提著手電筒，要行經車輛減速。

隱藏攝影機拍下車內人們的反應。有些人逕自開過，根本不管看板上寫什麼。但有些人停下車來詢問，工作人員只簡單地指著看板。有位駕駛更是驚慌地懇求：「什麼時候才恢復正常？我住在那裏，家人都還在裏面！」這就是印刷文字的力量——尤其是貼在公布欄的時候。

下次有人要你在你不了解的合約上簽字，或者聽到所謂的「專家」說著你聽不懂的話，就要記得這個有趣的故事。對方可能告訴你「德拉瓦封閉」，希望你不假思索就接受他不公平或不必要的要求。

我們遵從權威的傾向，也可能阻礙我們提出協商或在公司裏適時表達觀點的能力。舉例來說，護士有時可能盲從醫生的判斷，像是把耳朵藥水點入眼睛裏這種明顯出錯的藥單，他們也可能照樣執行。⓬凡是在工作時需要穿制服，或者在層層授權的機構裏上班的人，都要隨時小心，遵從權威有時會阻礙自身職務順利進行。

還有更嚴重的情況，我們想要遵從自己的社會角色和慣例做法，有時會干擾我們的溝通能力，讓我們無法有效協商。⓭有個悲劇案例發生於佛羅里達航空公司正副機長的對話，那是個寒冷的下雪天，飛機正準備從華府的國際機場起飛。對話內容被飛機的「黑盒子」錄下來，對話在飛機失事時中止，後來黑盒子也被找到。

（飛機在停機坪，等待起飛。此時降下大雪。）

副機長：看到後面都結冰柱了嗎？

正機長：是啊。

（飛機繼續在停機坪等了一陣子。）

副機長：天哪，這真是，除霜的動作一點用都沒有。它只是讓你有安全感，就這樣而已。

（又過了一段時間，雪繼續下著。）

副機長：我們等了那麼久，該重新檢查這些機翼了。

正機長：我們就要起飛了。

（飛機開始滑行到跑道。）

副機長（注意到引擎儀表的讀數）：看起來不對勁，對不對？（停頓。）啊，這不對勁。

正機長：是，是對的。八十了（儀表的讀數）。

副機長：我不認為這是對的。（停頓七秒。）啊！也許沒錯。

正機長：一百二十了。

副機長：我不確定。

（飛機離地、努力想要爬升，並開始朝著波多馬克河墜落。）

副機長：賴瑞，我們要墜機了，賴瑞。

正機長：我知道。

（撞擊聲）⓮

副機長未能克服遵從權威的心態，結果發生悲劇。七十四位乘客中，有六十九位喪生，包括正副機長。政府調查失事原因，證實副機長是對的——儀表讀數不正常，機長應該取消起飛。為避免這類意外再度發生，有些航空公司讓機組人員進行特別訓練，教導他們用更直接、有效的方式來溝通安全相關問題。

如果你在談判展開或發言之前感覺到有「遵從權威」的衝動，在決定遵從之前，不妨先仔細檢視局勢。確保你的遵從或妥協有利己的理由做為依據，而不是單單屈就於對手的職銜或地位。

結論

關於標準、規範、定位主題和權威方面的爭論，在談判桌上隨處可見。但是，本章舉出的案例當中，幾乎都顯示公平一致標準的另一個重要性：除非議題不太重要、或案件的社會性特別強烈，否則光靠著權威標準和響亮的定位主題，很難在談判桌上發揮長效。

當成敗影響甚鉅的時候，人們不會只因為被發現立場前後不一，或發現另一方很有道理，就做出妥協。人們之所以願意妥協，是因為他們經過仔細評估後，發現影響不大，而且可以幫助他們離目標更近。就像本章一開始引用摩根的話：人們所為通常基於兩種理由——好的和實際的理由。

話又說回來，有理的論述若能支持你的立場，就像是拿到了入場券，能順利地讓你的要求合理化，吸引對方注意。不過，光靠論述還不足以達到談判目標。你的要求還得落在對方能力和利益的範圍內，而且，你還得讓別人信服你想要使用的標準。到最後，決定適當價格的因素只有兩個：買家願意付多少錢，以及賣家願意接受多少錢。

在兩隻小豬的例子當中，談判裏相當重要的因素是古董銅鑼遭竊。由於這銅鑼被視為祖宗牌位，此舉就像是擄走借方的兒子做為人質一樣，它提高了借方解決紛爭的急迫性。可是，這宗竊案也讓貸方在長老面前顏面盡失。兩個因素都促成最後協議的達成，借方依要求償還五隻豬，而貸方最後只得到三隻豬。

甘地和南非查票員爭論的故事我還沒講完。英國人出現，讓甘地有了優勢。查票員進退兩難：他可以把甘地丟出車廂外，讓外表高貴、可能還握有權力的英國人難堪；或者，他可以先不處理，然後舉發有人非法賣頭等車票給苦力。總之，查票員還是基於自身的利益，才會接受甘地的說詞，避免衝突麻煩。

取得規範性優勢　檢核表

- ✓研究可行的標準和規範。找出對方認為合理的選項。
- ✓準備佐證數據和論述。
- ✓事先設想對方會提出的論述。
- ✓準備定位主題，也想好對方的定位主題。
- ✓如有必要，可以找個支持你的觀眾在場聆聽你的論述。

第4章

基礎四：關係

善待別人、別人也會善待你——至少有百分之九十的情況會如此。

——小羅斯福（Franklin D. Roosevelt）❶

你離開時，應該留下好名聲。

——肯亞俗諺❷

談判跟「人」有關——他們的目標、需要和利益。因此，在談判桌上與別人建立起關係、交情的能力，就成了有效談判的第四大基礎。私誼在人與人之間能創造出某種程度的信任和信心，能夠緩和緊張，促進溝通。

關係能協助我們達成目標，也可能促使我們修改目標。例如，我們提供專業服務，如果對象是好友，則索取的費用就不會比照大企業客戶。我在本書前言提到鄰居的女兒為籌措學校球隊的經費，而向我推銷水果的例子。我究竟是為了什麼而跟她買？是基於我們兩家人的交情。

人類關係的核心其實是一種很脆弱的東西：信任。有了信任，交易就能談成。沒有信任，交易較難協商、較難執行、也很容易反覆不定。

談判時，創造與維持信任的祕訣是什麼呢？那就是人類行為中一個簡單但有力的原則：互惠規範（norm of reciprocity）。

互惠規範

艾爾文．古德奈（Alvin Gouldner）曾把互惠的義務描述成「欠別人的責任」。而相欠不是因為我們是人類、是團體中的一份子，也不是因為我們在團體中擁有某個社會地位，而是

因為之前做過的事。我們會欠別人，是因為他們之前為我們做了什麼事，是因為之前和他們互動時發生過的事。」❸

心理學家和人類學家研究互惠規範，證實它是促成大大小小各種交易的力量。人們多半會回寄聖誕卡給先寄卡片過來的人，收到慈善機構的小禮物就會慷慨捐獻，或對於先讓步的人也會做出讓步。

關於受過的恩惠，我們會長記在心。夫妻都是上班族，通常需要彼此互相支持對方的工作。一九八五年時墨西哥市大地震，衣索比亞人慷慨解囊，為什麼呢？為了回報墨西哥在一九三五年義大利侵略衣索比亞時拔刀相助。❹

短期的恩惠我們也會銘記在心。在一般的商業談判中，我們每分每秒都在算計。「我已經表達了我的需求，」我們可能會說，「現在讓我們聽聽你們的需求。」或者，「我剛剛已經讓步一次，」我們爭辯，「現在該你讓步了。」

老派經濟學家往往不了解交換關係中，像互惠這種規範所扮演的角色。他們以為每個人每次談判都會努力為自己爭取最多的利益。❺在這方面，談判高手和企業人士懂得更多。他們深知，以互惠為基礎的穩定關係和可靠互動是經濟繁榮和生活滿意度的重要來源。和商業夥伴建立一盎司穩固的關係，勝過一千磅的正式合約和擔保債券。而且，成為值得信賴的人不但能贏得更多生意機會，也能為我們自己贏得自尊。

摩根交到一個好朋友

從美國商業史舉個簡單的例子，能夠幫助我們了解互惠在談判中的角色。這個例子是關於兩位美國偉大的企業大亨：安德魯．卡內基和J．P．摩根。

卡內基是十九世紀末的鋼鐵大王，他在自傳裏提到他和銀行家摩根的故事，說明摩根是如何在兩人事業發展之初，與他建立起「特殊」的合作關係。❻

一八七三年金融危機期間，卡內基急需現金來償債。摩根感覺到不對勁，便問卡內基，之前摩根家族和卡內基的合夥案，他是否有意出售手上持股。

苦於現金短缺的卡內基很快回覆，表示他願意「出售任何東西以換得現金」。摩根要他開價，卡內基說，他願意以六萬美元出售——五萬美元的合夥「帳面餘額」加上一萬美元的獲利。摩根同意了，於是兩人達成協議。兩位大亨在商場上交易動輒數百萬，六萬美元實在不算什麼，但在一八七三年，這也不是小數目——相當於今日的好幾十萬美元。

隔天，卡內基致電摩根，表示要來拿錢。令他驚訝的是，摩根居然奉上兩張支票——除了說好的六萬美元之外，還有一張面額一萬美元的支票。

摩根見卡內基驚訝不已，便表示他查過合夥案帳戶，發現卡內基少算了一萬美元——帳面餘額是六萬美元，而非五萬美元。所以，摩根依約付給他六萬美元的餘額，再加上一萬美元的獲利。卡內基覺得很為難。

「唉！這對你也不是小數目，」卡內基說完，便把一萬美元的支票還給摩根。「你能接受我誠心歸還這一萬美元嗎？」

「不了，謝謝你，」摩根回答，「我不能收。」於是，卡內基收下了七萬美元。

摩根挽救了卡內基價值一萬美元的錯誤，此舉讓卡內基銘感五內。他在自傳裏寫道，當下他就決定「我一定忠心對待摩根父子和他們整個家族。從此以後，我是他們最堅貞的朋友。」[7]

摩根大可用六萬美元買下卡內基的股份，這是絕對合法的，可是他卻不這麼做。為什麼呢？因為，他看到這是一個大好機會為他和卡內基的關係建立一個特殊基礎——這麼做，遠「勝於」商場上契約式的「人人為己」的模式。

留意此處的動態關係：摩根並沒有刻意熱情地對待卡內基，讓卡內基喜歡他。他只是利用這個機會，故意將金額分開、送上兩張支票來強調他的善意，讓卡內基明白他是個值得信賴的人。一八七三年後，兩人繼續在商場上叱吒多年，彼此的互信多次為他們創造龐大利潤，相較之下，當年的一萬美元實在是區區小數。

「最後通牒賽局」：測試公平的觀念

歸根究柢，談判中的互惠規範可以簡化成三個步驟的行為守則。第一，你自己要可靠，值得信賴。自己做不到，就無權要求別人。第二，別人對你公平，你也要對人公平。這個簡單的原則能促成最有效的談判關係。第三，當你認為別人對你不公平時，你應該讓對方知道。受到不公平對待而隱忍不說，最後就會爆發出來——導致憎恨心態，關係破裂。

且讓我說明在談判中將這三大守則視為「公平行為法則」是多麼有用。談判研究人員一再使用一個簡單的實驗，證明人們對談判關係的平等和公平觀念有多敏感。這個實驗叫做最後通牒賽局（ultimatum game）❽。內容如下：

假設你在酒吧裏，坐在一個陌生人旁邊。有個人走過來，拿了一百美元給這個陌生人，並告訴你們兩個，只要你們講好如何分這一百塊錢，就可以把講好的金額拿走。遊戲規則是：你旁邊的陌生人只能開價一次，從零到一百塊都可以，你只能接受或拒絕——不能討價還價。如果你接受，就可以按照兩人說好的方式來分錢。如果你拒絕，你們兩個人一毛錢都得不到。玩過一次以後，此人又給了你身邊的陌生人一百美元，要你們再玩一次。

現在，假設陌生人提出以下條件：他拿九十八元，你拿兩元。你會接受還是拒絕？儘管兩塊錢聊勝於無，但這場實驗至少會進行兩回合以上，很多參加者都會拒絕只拿兩元這種明顯不公的分法。❾事實上，一直到可分得百分之二十五、甚至百分之三十都有人拒絕。為什麼呢？因為這些分法都不公平，說「不」無異是懲罰對方不公平。的確，你拒絕接受兩塊錢，是有點可惜——但對方卻損失了九十八元。很多人都認為犧牲兩元來捍衛「公平」是很值得的。

兩次之後，我們發現，我們在第一回合的行為會影響對方在第二回合對待我們的方式，因此，我們會更要求公平。假設你在第一回合接受陌生人只分給你兩元的不合理條件，現在，陌生人（你對他已經不陌生了）又拿到一百元，你認為他願意分你多少錢呢？可能還是兩塊錢。可是，如果你第一次拒絕呢？他第二次會提出分多少錢給你？應該會超過兩塊錢吧——搞不好還會加到五十元。你在第一回合堅持公平的態度，為你們倆未來的合作建立了公平互惠的規範。

現在想像另一種情況，陌生人一點都不貪心，第一次就很公平地提出分你一半。幾乎每個人都會答應吧！五十元顯然很公平，理當獲得正面回應。你和陌生人可以一直玩下去，直到提供錢的人累了決定回家為止。

最後，假設陌生人願意把一百元分給你五十五元，又會如何呢？基本上，這就是摩根在一八七三年經濟恐慌期間，對安德魯·卡內基所做的事情。你可能也會像卡內基一樣，想要把多得的五塊錢還給你那慷慨的新朋友，以求公平。可是，這遊戲並不允許你這麼做，所以你要嘛拒絕，不然就必須收下五十五元。

你可能也對你們兩人的關係有了不同的看法。摩根挽救了卡內基一萬美元的錯誤後，卡內基一心想要回報，但一時之間又沒有機會，因此他決定將摩根視為一輩子的好朋友。

這些啟動互惠心理的案例給了我們顯而易見的啟示：握有決定權並不表示你非得用它才行。事實上，更聰明的做法是，跟隨摩根的腳步，把握機會為未來關係建立基礎。慷慨招致慷慨。公平招致公平。不公平則會引來嚴重抗議。這就是關係中的互惠規範。在談判的資訊交換和妥協階段，你也可以依賴互惠規範。一定要彼此輪流。你施了恩惠後，要等對方回報，然後你才再施恩惠。互惠是讓你在談判桌上展現適當行為的可靠指南。

規畫談判時的關係因素

人類複雜又難以捉摸。不管你和對方的關係有多穩定，每次談判時，都一定要緊緊抓牢信任的問題。也就是說，想要做好有效的準備工作，你就得養成習慣，把審視兩人的關係視為必要步驟。

該怎麼做呢？有個真實的個人經驗可供你參考。那是關於華頓高階主管談判研訓班上的一位美國企業家——且讓我叫他巴瑞，我曾針對他參與的一宗複雜的全球交易提供建議。為了保密，我改變了幾個事實，但整個故事如假包換。

三十五歲的巴瑞在位於俄亥俄州、市值達兩千五百萬美元的家族化工公司擔任董事長兼執行長。他是個精力旺盛，企圖心很強，而且非常好勝的人。在他的領導之下，公司蒸蒸日上。

巴瑞打電話給我，是因為他和一家瑞士大企業談到合資的可能性，需要談判方面的建議。瑞士公司想使用巴瑞的公司研發出來的一種特殊化學配方，來創造一條全新的產品線，其全球潛在銷售量非常可觀。合作如果談成，這筆交易將是巴瑞公司最大的生意，立刻賺進一億美元以上的利潤。

巴瑞很希望談成這筆生意，但談判卻進行得很不順利。他急於想知道他是否應該對他們公司的化學配方先開價，還是等對方先提出他們的估價。

巴瑞給了我一份資料，裏面包括他和瑞士公司的往來信函和他在多次面對面會談中自己的紀錄。然後，我們又針對整個情況進行長談。這筆生意涵蓋許多有趣的商業條款、價格議題和可能的架構，不過，在我全盤了解情況後，我發現，這當中最重要的策略還是和雙方的關係有關。

首先，巴瑞和他的對口——年紀比巴瑞稍長的一位瑞士籍主管——在此之前完全不認識。我瀏覽兩人書信往來，發現瑞士主管——且叫他卡爾——總是使用「我們可以一起努力」這樣的夥伴之間的措辭，這一點讓我很訝異。相反的，巴瑞的回覆卻充滿競爭、自衛的意味，著重在未來可能的紛爭以及瑞士公司可能偷走巴瑞的科技等這些問題。我在班上已經觀察到巴瑞屬於競爭型——這次他也不例外。

而且，巴瑞的筆記也顯示在很多次會面當中，他都沒有辦法讓卡爾談到細節。巴瑞懷疑瑞士公司有所隱藏，另有所圖。

我不能完全排除蘇黎世方面有令人懷疑的可能性，但是像巴瑞這樣喜好競爭的人很難相信別人。雖然在商場謹慎為上，但言行一致者也大有人在。我要巴瑞仔細描述卡爾在兩人閒談和社交場合上的行為。然後，我合理地猜測卡爾是真正的問題解決者，如果巴瑞能給他機會，他可以既公平又有創意。

我建議巴瑞卸下心防，把卡爾當成盟友，不要懷疑他是小人。

我懷疑，巴瑞覺得對方刻意拖延，可能只是因為卡爾想要建立更好的關係，以做為長期合作的基礎。巴瑞眼中只有這筆生意，沒有注意對方想要跟他做朋友的暗示。

看清這一點，是很重要的一步，不過，這筆交易中，最重要的關係議題尚未出現。在我和巴瑞的幾次談話中，他提到了某些事情，引起我想要了解他自己和公司大老闆（巴瑞的父親）之間的關係。巴瑞吐露了一大堆沮喪和緊張情緒。我這才發現，公司創辦人、也就是巴瑞的父親已經上了年紀，但是在公司的策略性議題上，依舊握有掌控權。這筆交易就是典型的例子。

巴瑞的父親一直沒有正面回應這筆交易，只對於這道配方提出一些誇張又不切實際的期許，希望這道配方賺進的利潤能夠在「我死後，足以照顧你母親的生活，」而且還暗示他不相信巴瑞能談出最有利於公司的交易。

當然，巴瑞和家人關係的複雜及重要性因此浮上檯面。顯然地，就算瑞士公司提出很吸引人的條件，也可能因為巴瑞的父親害怕失掉對公司的掌控權而告吹。我和巴瑞仔細評估後，都認為如果他不先釐清和家裏的關係，他和瑞士公司成功合作的機會微乎其微。

有趣的是，巴瑞的父親一直避免認真討論這筆生意，而巴瑞自己也遲遲不和父親提出日益嚴重的控制問題。企業裏的家庭關係可能是最大的依靠，也可能是威力最大的地雷。巴瑞的家庭已經發展出一種很複雜的躲避機制，以盡量降低掌權的父親觸動地雷、一發不可收拾的可能性。

接下來的一個多月，交易開始有了進展。巴瑞特地跑了歐洲一趟，和卡爾相處了好幾天——這一次，他暫時先把生意放一邊，放手讓兩人發展友誼。訪問結束前，兩人一起吃晚餐，卡爾居然無意間透露了他們願意出價的可能範圍，這讓巴瑞非常意外。幾經討論後，兩人逐漸談定了比巴瑞原本預期還要高的價格。

在此同時，巴瑞也和幾位家族成員及一位值得信任的財務顧問討論了他父親對於這筆生意的閃躲態度。巴瑞發現，控制權的問題一直懸而未決，他和他父親一樣要負最大責任，這次，他下定決心要著手解決這個問題。他母親私底下也認同他的決定，讓他多了一位盟友。

總之，巴瑞的談判問題其實牽涉到檯面上和檯面下的關係處理。只有在他開始把「人」的問題當作財務議題一樣認真看待後，事情才開始有了進展。許多重要的談判也是如此。

個人關係 vs. 工作關係

摩根和卡內基一起走過一八七三年的經濟恐慌後，兩人的關係有了相互信賴的基礎。可是，個人關係等同於工作關係嗎？巴瑞和卡爾之間又屬於哪一種關係呢？工作關係和個人關係其實有很微妙的差別，但對於談判是否順利進行卻有極大的影響。

我曾為了某個談判研究計畫，訪談了一家投資銀行的總裁。此人在掌管銀行之前就已經是很成功的企業家，談過幾千筆生意。我問他，談判最令他緊張的是哪一方面。

他猶豫了一會兒，然後回答：「走進談判現場，看到某個朋友坐在你對面。」

他的答案讓我意外。「這會有什麼問題呢？」我問道。「這不是能幫助你們更了解彼此嗎？」

「我的工作，」銀行家回答，「是幫客戶賺最多的錢。看到朋友坐在對面，會讓你擔心別的事——友誼。擔心可能失去朋友的時候，是不可能把工作做好的。」

研究結果證實，銀行家對於和朋友談判的看法是對的。事實上，談判雙方的私交越好，他們就越可能盡量避免衝突，而各退一步達成最基本的協議。

幾年前，有三位教授做了一項談判研究，觀察相戀的男女如何談判。❿他們給每一對男女一樣的談判問題——購買三項電子產品，然後轉售——參加者除了有七十四對男女朋友之外，還有三十二組互不認識的男女。

和陌生男女相比，熱戀中的男女採取的談判風格明顯「心軟」得多。他們一開始訂出的目標就比較低；會做出最大的妥協；較少和對方爭吵；而且在談判立場上，也更常說實話。簡言之，和陌生男女相比，熱戀男女比較善待彼此，並用直接、簡單的妥協來達成協議。

不過，他們也為他們的「心軟」風格付出了代價。談判時，他們不像陌生男女可以成功發掘出潛藏的互利權衡。為什麼呢？因為他們面對所有問題，都一心想著簡單、平等的妥協，在解決問題和找出優先事項方面，成績遠不如較具競爭心態的陌生男女。我們會在第九章談到，有效溝通者雖然在乎「公平」，但也堅持追求他們的目標。他們會催促對方協助找出最佳解決方案，而不光是滿足於最簡單的妥協。

第二項研究證實，朋友在談判時也會對彼此「心軟」。⓫實驗的內容是，參與實驗者對於買或賣二手電視機或演唱會門票等物品，研究他們如何開價。在這個實驗中，求售的物品都會先公布公平價格範圍（例如會告訴參與者，演唱會門票的價格介於十到二十四美元之間）。在實驗中，參與者會透露出他們在買賣時與對方議價的激烈程度。有些是和朋友買賣；有些則是和陌生人買賣。

研究結果和我們所想的一樣：關係因素有很重大的影響。賣東西給朋友時，開價往往貼近「公平價值」範圍的最低水準（像是價格位於十到二十四美元之間的演唱會門票，只開價十五點五美元）；向朋友買東西時，出價則接近範圍的中點（例如十七點五美元）。而且，談判的氣氛會因此比較輕鬆，不會討價還價。而面對陌生人時，開價極高（演唱會門票開到二十四美元），出價極低（出十四美元買票）。可想而知，參與者一定會經過一場激烈的議價。

在談判中使用分配規範時，我們與他人的關係如何，影響重大。密切的關係會觸動「對等」或「平分」規範。和陌生人交涉時，我們則可以預期會展現更多競爭、自私的行為。

可是，難道人與人的關係沒有中間地帶——介於朋友和陌生人之間？[12]有的。在這兩個極端之間，還有所謂的工作關係，也就是每天在職場上都會遇到的交換關係。這類關係立基於信任和互惠的程度，以及雙方都追求自己最大利益的謹慎假設。工作關係比友誼來得正式；風險相對高的時候，比較能經得起衝突的考驗；而且它的建立並非倚賴情緒支柱和「喜歡」的感覺，而是一連串交換中明顯的互惠行為。我猜摩根和卡內基兩人之間所擁有的，就是非常可靠的工作關係。

建立工作關係的心理策略

我們該如何建立起工作關係所需要的信任呢？有用的策略很多，但要記得，最大關鍵還是要真誠。人們如果覺得對方想要操弄他們，就不會友善回應。

相似性原理

從最表面來看，有個簡單的心理學事實：我們往往會比較相信和我們很像的人——行為像我們、興趣和經驗和我們類似、以及屬於同一個團體。

還記得第三章甘地在南非搭頭等車廂的故事嗎？站長開了頭等車票給甘地。「祝你旅途平安，」站長最後說，「我看得出來你是個紳士。」

甘地和站長並沒有私交來讓開票的事順利一點，可是，他確實利用了基本的相似性原理（similarity principle）。[13]在談判中，相似性原理可用於溝通方式、外表和團體會員身分等等。我在指導巴瑞如何改善與卡爾的關係時，重點放在讓他改用和卡爾一樣的合作方式來溝通——強調這筆生意的正面之處，詳細討論雙方的共同利益。等到巴瑞壓抑住自己的競爭心態，開始用合作的態度來溝通，這筆交易就開始有了進展。第八章將談到資訊交換期間如何建立關係，我會再詳細介紹這個相似性原理。

禮物和恩惠的角色

在工作關係中，若想要巧妙地促進信任，還可以利用另一個經得起時間考驗的方法，那就是送給對方一個可象徵善意的東西。回想一下本書一開始提到的兩個例子。第一例是ＨＢＪ出版公司和大眾戲院的交易。你應該還記得，談判一開始，就有個驚喜：ＨＢＪ的執行長朱萬諾維奇送給大眾戲院的史密斯一個極有意義的禮物：刻有ＨＢＪ字樣的手錶。更重要的是，他還透露了一些資訊——承認朱萬諾維奇覺得大眾戲院是他公司「正確的」買家，此舉帶有風險，卻讓一切更有意義。

第二個例子——坦尚尼亞阿魯沙族兩位鄰居解決土地糾紛——談判一開始，雙方都提出嚴厲的要求和指控。以阿魯沙族的語言來說，雙方在「對山說話」。可是，談判以交換禮物歡喜收場：一隻小羊和自製的啤酒。

在這兩場談判中，禮物都成為幫助建立信任的重要溝通方式。它們象徵著雙方潛在的關係。ＨＢＪ手錶為兩位原本是陌生人的商人開展關係；小羊和啤酒則幫助兩位鄰居重新恢復長期關係。

摩根拯救卡內基價值一萬美元的錯誤，這份恩惠也是一種禮物。而且摩根的恩惠也像禮物一樣，啟動了互惠規範。

行為經濟學家指出，餽贈——尤其是不相干的陌生人之間——往往帶有願意發展未來關係的象徵意義。從原始社會餽贈家畜、到HBJ這類企業併購，道理都是一樣。⓮對人贈禮、釋出善意和體貼等，都是建立和維繫密切人際關係的方式——在談判桌上，即使雙方的關係偏重在工作上，而非私人交情，這些動作還是有一樣的影響力。

信任和關係網路

在談判桌上建立信任的第三種方式，是透過關係網路的運作。這種網路往往能幫我們接觸到我們想要影響的人，向他們展現我們的可信度。如果和談判對口有共同的熟人，光是這一點就能讓兩人多一個相似之處，成為建立信任的最低條件。如果對口認識的人能保證我們值得信賴，就會讓他們更相信我們會公平處事。

許多國家的文化對於關係網路的運作有非常嚴謹、具體的觀念，遠超過西方人的想像。⓯日本人在商場上初次與人見面，有非常正式的交換名片（日文叫做meishi）禮儀。雙方鞠躬後，用特定的方式、小心恭敬地接過對方名片。雙方根據這種相互尊重的態度，展開建立關係的流程。⓰

我在日本研究談判時，發現日本公司會派年輕的主管出去幾天，盡量在業界換得越多名片越好。為什麼呢？因為交換名片後，雙方以後就可以自由聯絡，不會尷尬。在日本甚至還有送禮顧問，幫助人們挑選適合各種商業場合的禮品。餽贈後，談判只是一個持續往來的事件，不用再擔心信任問題。⓱

在中國，建立關係網路的儀式雖然沒有那麼正式，但卻一樣重要。中國人對於人際網路有個專用的名詞：guanxi（關係）。⓲某個亞洲主流商業刊物寫道：「聯繫是亞洲商業界常態。有了好**關係**，大門自動打開，生意水到渠成。沒有**關係**，最簡單的交易也可能告吹。」⓳

中文的**關係**一詞，有非常強烈的家族歸屬意味。但它的用法已經從家族核心向外延伸，廣義地指所有承諾互惠利益和義務的關係。

關係究竟如何運作呢？某家美國報紙最近刊登了一則典型的故事。有位年輕的華裔美籍第三代女士辭去了波士頓高薪的工作，來到中國廣州尋找機會。她教了幾位「中國雅痞」（崇洋的年輕人）幾個月的英語會話之後，決定自己開一家酒吧型餐廳，讓住在廣州的美國人能在友善熟悉的氣氛下，享用美式臘腸比薩、啤酒和自製乳酪蛋糕。

她擁有足夠資金，可是她也像所有在中國做生意的外國人一樣，向當地官員申請營業許可證時，遭遇困難。她後來表示：「（中國）法令的依據端視當天誰是承辦員而定。」

於是，她打電話給她的**關係**——她有幾個「雅痞」學生在廣州市政府上班。她不需要掏腰包賄賂他們或私下送紅包，只要找他們幫忙就可以了。他們很喜歡這個美國朋友，而且也認為這是進入她「人際網路」的大好機會。於是，他們和他們自己**關係**裏的幾位官員打點了一下，官僚的巨輪就動了起來。她的餐廳也順利開張。[20]

亞洲商業界非常重**關係**，有個叫做《亞洲國際商業》（*International Business Asia*）的雜誌每年都會出版一本《關係名錄》。這本名錄列出亞洲最具人際關係影響力的重要人士。「雖然（名錄中的每一個人）在商場上都有出色的表現，」該雜誌指出，「但他們的成功紀錄讓他們得以接觸最佳生意機會和政治圈。」[21]

美國人對於使用「關係」而達到目的的人會有點不齒，也會質疑這種做法。我們在公開社交場合和演說中推崇別人時，往往基於對方的成就，而不是他認識哪些人。在西方媒體裏，中國的**關係**觀念常常被暗指為腐敗、不名譽的生意手法。亞洲人和拉丁美洲人所認為的「禮物」，我們有時卻視為「賄賂」或「佣金」。他們認為政府官員是小心行事，我們卻認為那是違反法律。

可是，我們美國人也用自己的方式來運用關係的力量，只是沒有那麼明顯而已。我畢業後曾在一家募資顧問公司工作，該公司也會出版類似美國版《關係名錄》的東西。他們會整理出全美所有大型基金會和非營利募款機構的理事、董事和執行董事名單。這份名單列出我們可以從公開來源獲得的所有個人資訊：眷屬姓名、學歷、參加的俱樂部和其他所屬團體、興趣和嗜好等等。

這些基金會募集的資金都是用於人道救援，像是饑荒、人權和癌症治療等等。可是，這本名錄每年都銷售一空，因為它透露了這些有權分配資金的決策人士的**關係**網路。募捐者可以看出她們自己的機構**關係**網路和捐贈者的網路有哪些重疊之處可以使力。這是接近資金來源的策略性規畫的開端。至於美國其他的**關係**例子還包括大學校友會網路、透過社區活動來建立關係、透過小孩和家庭認識共通的熟人等等。

關係的陷阱

從以上的介紹當中，可看出關係足以影響談判成敗，可是，它們也引來極大的風險。正直又講理的人特別容易在談判桌上掉入「狡詐專家」佈下的陷阱。利害關係較低的時候，被陷害還可以安慰自己學了一次教訓：從錯誤中學習，下次小心一點。可是，當利害關係很大的時候，你就經不起一次教訓了。以下是需要小心的常見陷阱。

太快相信

合作型的人以為多數人都和他們一樣，正直又誠實。為了不想顯得貪婪或可疑，他們會在談判時過早承擔大風險。像是，談判對方一開始就要求一大筆金額或要你承諾績效，但他又不保證會履行自己的義務。

此時，你可以放慢腳步，逐步建立信任。如果能利用你的關係網路來了解對方，就更好了。要是做不到，則承擔大風險之前可以先冒個小風險，看看對方在其他能展現信任的小事情上是否互惠。如果他們通過測驗，就可以做為你下一個動作的參考基礎。

互惠陷阱

狡詐專家會玩弄互惠規範，讓正直的人心生不必要的義務感。我們在日常生活中常會遇到詐騙集團。像是有人在機場送你一朵花，然後要你捐錢給某慈善機構。這時你想把花還回去，他們卻堅持要你收下。你很生氣，但又覺得你有責任。說穿了這只是設計好的互惠陷阱，引誘你捐出遠高於花朵價值的金額。

在談判桌上，要小心那些稍微讓步、卻要你做出更大回報的人。同樣的，有些人自己口風很緊，卻要你全盤托出你的財務報價和成本結構，這種人也要慎防。

這樣的交易顯然不公平，可是很多人太看重互惠，反而變得只重互惠形式，而不重互惠內容。對方一旦施點小惠，我們就覺得非得回報不可，而且有時也忘了先停下來思考一下他們的建議做法是否周全或適當。

如果你感到有互惠的壓力，覺得不對勁，先休息一下、思考全局，然後再行動。你是真的虧欠對方，還是你即將掉入互惠的陷阱？

在利害關係重大時和熟人談判

我們之前提過，風險越高，朋友和情人就越談不好。關係密切的人往往依賴平分的規範來行事。如果讓他們來玩一百元「最後通牒賽局」，他們一定屢屢對分為五十／五十。

可是，當利害關係重大時，即使是密友或好同事，也可能激出狡詐手段，商業界有太多合夥關係破局就是最佳證明。假設最後通牒賽局的最後一回合當中，獎金突增為一千萬美元。由你朋友決定要分給你多少。你覺得他會不會受不了誘惑，認為只給你一百萬、甚或五十萬就已經夠優渥，自己保留九百萬，就算和你撕破臉也值得？也許不能說是天性使然，但的確有很多人會屈服於這個誘惑。

當利害關係升高時，關係密切的兩人最好尋求協助，以解決棘手的分配問題。公平規範（像是「投入多的拿的多」或「風險高的拿的多」）可能要比簡單的五五平分是更適合的分配方法。

就算雙方都有善意，平分規範還是留下了一大塊未被利用的價值區域。積極的解決問題風格有時會比簡單的妥協更能善用這些機會。讓關係考量凌駕談判，可能會掩蓋掉這些潛在的好處。

因此，當利益攸關重大時，最好授權專業顧問來進行談判。如果這種做法聽起來太傷感情，也可以找一位雙方都信賴的顧問居中斡旋。中立的第三方可以確保交易能夠發揮最大創意，又不會危害雙方當事人未來的合作關係。

結論

關係因素是你能否成為談判高手的重要變數。以下整理出祕訣，讓你每次談判都能從關係中受惠。

關係因素　檢核表

✓透過關係網路獲得更多接觸機會，並獲得可靠名聲。

✓利用餽贈、施恩、透露資訊或讓步等作為，和談判對手建立起工作關係。

✓小心互惠和關係陷阱，像是太快相信別人、別人讓你感到有罪惡感、或把大生意和私交混為一談等等。

✓謹遵「互惠原則」：

- 力求自己可靠，值得信任。
- 公平對待對你公平之人。
- 對方對你不公平時，要讓對方知道。

第5章

基礎五：你的對手的利益

我們並不指望晚餐來自屠夫、釀酒商、麵包師傅的施捨，而是出於他們自身的利益考量。

——亞當．斯密（Adam Smith, 1776）❶

若說成功有任何祕訣，應該是了解別人觀點，從別人和自己的角度來看事情的能力。

——亨利．福特（Henry Ford）❷

有效溝通者通常有一個非常重要的特性：從對方的觀點來看事情的能力。想要談判成功，就得學會找出在對方的利益當中，如何可能幫助你達成你的目標。然後，你要找出對方可能說「不」的理由，以便盡量消除他的反對。了解對方真正想要什麼，是資訊為本的談判法所不可或缺的，而且做起來並不如想像中簡單。

有一間美國醫院在幫一家外國製藥廠進行臨床試驗時，請我提供建議。這些試驗結果會成為向美國食品藥物管理局（FDA）申請新藥許可時的主要參考。但是國外製藥廠拒絕採納FDA對於臨床試驗的執行建議——FDA要求接受新藥試驗的病患需要填寫一份詳細的同意表格，可是國外公司堅持要使用他們自己的表格。這件事若談不攏，將威脅到整個計畫，因為如果表格不對，FDA最後可能會拒絕接受任何的研究發現。

更奇怪的是，醫院和這家外國製藥公司利害與共。兩者都希望計畫成功收尾，賺進幾百萬美元，也贏得在業界的好名聲。

這場談判的所有跡象都顯示這將是一場災難，最後，我問醫院的研究主任，製藥公司裏一直說「不」的決策者究竟是誰。這個問題讓研究主任把注意力從「客戶公司」轉為特定人士。結果，他發現，所有決定都來自於一位在國外學醫，從未在美國行醫的醫生。然後，我又問道，這位醫生說「不」的可能原因是什麼。

突然間，一切都明朗了。首先，這位外國醫生全憑著和他們國家類似FDA的機構的交涉經驗，以為主管機關不可能因為表格這種事情就推翻整個研究。接著，代表醫院方面進行談判的是一位中階專案經理，他不是醫生，所以也得不到那位外國醫生的信任。醫生一向重視專業和輩份，那位外國醫生所處的文化更強調這一點。最後，醫院的研究主任懷疑外國公司提供的表格可能比較容易吸引病患首肯——至少那位外國醫生可能這麼覺得——而這是這項研究當中的重要因素。

我單就這些方面提出了一些建議做法，而它們與雙方衝突完全無關。現在，問題轉變成一個說服的過程。由一位可靠的專業人士（最好是對方國家熟悉美國藥物核准流程的人）來告訴製藥公司那位外國醫生，ＦＤＡ對於程序做法非常嚴格。醫院剛好在國外有醫界的熟人。巨輪開始轉動，談判障礙移除，醫院也著手擬定進一步的策略。

找出對方的目標

美國有一家成長快速的銀行，執行長曾提到準備談判的最佳方法：「你得跳脫自己的欲望和需求，全力發掘對方最重視的事情。而且答案多半不是賺個幾十億美元這種答案。」❸企業家赫贊加也採取類似的做法。有個同事曾向我描述過赫贊加的準備過程：「他之所以成為併購大亨，是因為他知道如何待人。他常常研究或思考他的談判對手，而且會為對方著

想，因而一夕之間改變想法……」❹

有效的談判者需要許多種才能。從有效領導者身上，他們學到立志追求具體遠大目標的習慣。從優秀律師身上，他們學到根據標準和規範來發展論述的技巧。從成功的銷售人員身上，他們學到了重視關係、從對方的角度來看事情的能力。研究顯示，了解談判對方觀點的能力可能是最重要，也是最難實行的技巧。

為什麼替人著想會那麼困難呢？原因有三。第一，多數人或多或少束縛於人類常有的限制：我們用自己關注的鏡片來看世界。如果我們贊同縮減政府的福利措施，我們就會特別留意人們濫用社福系統的新聞。如果我們贊同政府擴大福利政策，就會特別留意遊民的問題有多嚴重，以及縮減福利之後情況將如何惡化。

談判理論家將這種心理現象稱為偏袒認知（partisan perceptions）。❺這也是那家執行新藥臨床試驗的醫院所面臨的主要問題。他們假設他們是「對的」，客戶公司是「錯的」。他們需要退一步，為未能了解客戶心態負起責任。只要談判中遇到問題，通常都是雙方一起造成的。❻

第二，即使是最親切的人上了談判桌，也會變得有點好勝。檯面上擺著互相衝突的需求，我們自然而然會在準備時只重視自己的考量，並用競爭濾網將對方所說所做的過濾掉。醫院主管以為雙方在研究上有利害衝突，但又想不通究竟是什麼。等到我問了開放性問題

「他們為什麼說不？」，他們才開始發現導致問題的個人考量因素。

談判學者馬克思・巴札曼（Max Bazerman）在一連串的研究當中，發現人們在談判場合有專注於競爭層面的傾向。巴札曼等人的研究結果指出，人們通常以為談判主要是為了瓜分既定尺寸的大餅。不過，若能找出雙方的共通點和互不衝突的利益，通常有「把餅做大」的機會。❼在第一章換位子的實驗當中，合作（或稱為問題解決）的做法就是把餅做大的最佳範例。問題解決者不拘泥於顯而易見的平分一千元的方式，想出了如果兩人動作夠快，就可以各得一千元的可能性，因而為雙方創造了價值。我會在第八章和第九章說明談判流程中，能幫助你為雙方創造更多價值的部分。

第三，一旦討論展開，談判流程本身通常不利於找出共同利益。莉・湯普森（Leigh Thompson）教授和她的同事，想要了解在複雜的談判當中，人們是否還能找出共同的優先事項和利益。結果令人意外：至少在實驗當中，約有百分之五十的情況，參與者都沒有辦法找出談判雙方共同的目標。❽

無法找出共同的目標，主要是因為在談判過程中，雙方都虛張聲勢，得到他們想要的同時又假裝是做出妥協。其他原因還包括人們對於自己的真正利益和動機並不清楚。❾例如，在先前的例子當中，人們根本想不到外國醫生會說：「我不聽信你，是因為你缺乏適當的文化和地位表徵，不符合我要求的標準。」美國方面得花點想像力才能發現這個問題。他們需要分析他們自己的沮喪情緒，看清外國醫生顯露的不自在，多想幾個可能性來解釋他的行為。很多人都不願意多做這些額外的步驟。

有這些障礙橫阻在前，也難怪人們很難在談判中著重對方的利益。到底值不值得多花時間去找出雙方的共通點呢？研究結果強烈建議這麼做是值得的，前提是，熱心配合對方需求時，也不能忘了自己的目標。

談判老手的規畫行為

第一章提到瑞克漢和卡萊爾觀察英國談判專業人員的表現，研究結果也證實以下論點：談判者越有經驗，就越能在事前規畫時設想出雙方可能的共通點，其中也包括可行的和解方案。❿這項研究非常難得，因為研究人員得以參與真正交易的實際規畫過程，他們觀察了五十六場規畫會議、五十一位談判者。這些觀察對象全都擁有豐富的談判經驗和技巧。研究人員另外也找了在同事眼裏表現一般的談判者，一樣也參與他們的規畫過程，最後，再和談判高手的做法互相比較。

請注意：平庸組和高手組都花了比較多的時間在他們自己的目標、以及雙方可能相互衝突的利益上面，而花較少的時間在為雙方尋求更大的共同利益。可是，高手組花了四成的時間來研究雙方互惠或互補利益——雙方共通或至少不衝突的觀點，是另一組的四倍。至於平庸組只花了一成的時間討論彼此的共通點，其他九成的時間都在研究該如何應付像是價格、權力或控制等衝突的立場。⓫

由於談判高手著重共通點，使得他們與平庸組還有個地方不一樣。高手組在規畫期間，想出的可能協議方案是另一組的兩倍之多，而且他們也更努力設想出對方會提出哪些方案。兩組唯一的相似之處是他們的學歷——擁有企管或法律學位的人都不多。簡而言之，想成為談判高手，並不需要多高的學歷，反倒是經驗、判斷和想像力比較重要。實驗研究證實，能更準確判斷對手利益的人，要比只注重自己目標的人更成功。⓬

既然重視對方利益對於創造有利交易的機會如此重要，又該如何做到呢？以下步驟能幫助你留意對方的需求，以及如何利用對方的利益來達到你的目標。

1. 找出決策者。
2. 尋找共通點：對方重視的利益如何能幫助你達成你的目標？
3. 找出可能阻礙協議的考量：對方為什麼會說「不」？
4. 尋求低代價做法：解決對方問題，也讓你更接近自己的目標。

找出決策者

欲了解對方的需求，你必須先知道談判桌的對面——那個決策者——是誰。公司機構有自己的政策、目標和關係，可是，就像之前提到的醫院和臨床試驗客戶談不攏的例子一樣，**負責談判的是人**。決策者的需求，包括他們的位階、自尊和個人利益等等，才是談判的主要動力。人們往往忘記了要在談判前先多了解這些重要人士，這一點讓我很意外。

商學院裏，每一位申請進入兩年企管碩士課程的學生，都擁有相同的目的：畢業後找個好工作。研究所第二年，大家就開始忙著面試、四處奔走「複試」，通常在下學期就已經有幾個屬意的工作機會了。

每年都有許多學生向我表示，他們對於求職的最後一個階段感到緊張。他們想知道該如何應付像是薪資、紅利、搬遷補助等談判問題。

我總是先問他們：「你的談判對象是誰？」得到的答案多半都是公司主管之類的，像是人力資源主任或招聘協調人員等等。這些都是執行高層任用決定的人。然後我再問：「那家公司裏，除了招募人員之外，有沒有更高層的決策主管知道你，然後想雇用你？」此時他們眼睛發亮，驚覺他們需要在談判中採取主動，找到那個能做決定或影響決策，而且實際需要他們效勞的人來談判。

我在幾年前輔導的一位企管碩士生在一家南美洲的公司找到工作，這家公司以前從未雇用過企管碩士，這位學生成功說服他的新雇主幫他清償助學貸款，做為福利的一部分。他的做法是，安排在機場休息室與這家公司的大老闆會面，他提醒大老闆他自己也有過申請助學貸款的經驗，以說明貸款償清如何能讓他專心工作。他的訴求很有說服力，因為他花費心力安排與最高決策者會面，並且訴諸於對方的經驗和利益。

尋找共通點：對方重視的利益如何能幫助你達成你的目標？

了解對方的地位之後，再仔細想想他或她的需求和考量是什麼。你們有沒有任何共通的考量？達成你的目標會帶給對方什麼好處？

探究對方的考量有個好方法，那就是透過一種叫做「角色交換」的技巧。假設你要和老闆商談加薪。在角色交換中，你假裝是老闆。然後，請你的另一半、同事或朋友來扮演你。簡單向朋友說明問題後，便模擬加薪談判情況。你坐在「老闆」大位，問問自己：「幫助這位員工達成目標，對我又有什麼好處呢？」當角色扮演達到自然的結論時，寫下老闆認為你加薪有理的原因。和同事討論你的結論，看看是否能發掘老闆真正的想法。

共同利益往往是個穩固的基礎，可以促成一份極有說服力的提案。事實上，就連極具爭議的情況也潛藏著令人意外的共同或非衝突利益的核心。

我認識一位企業主管，最近和新英格蘭的幾家醫院談合併，陷入非常棘手的談判。初次會談中，其中一方帶來一把大斧頭放在談判桌上，他們說：「這顯示我們有破釜沉舟的決心，一定會打敗競爭對手。」這顯示美國醫療機構市場競爭慘烈，但也迫使談判立刻進入正題。

再講個消費者常見的情況。我們多半以為，賣商品或服務給我們的廠商在價格議題上，一定和我們的考量互相衝突。我們想少付點錢，廠商卻想要我們多付點錢。話是沒錯，但也不盡然。令人意外的是，很多消費品廠商還有其他更勝於較高售價的考量：他們想讓你滿意。這正是你和廠商共有的利益，你可以利用這一點來要求對方做出讓步。

我有個談判學生最近做了一個有趣的實驗。他在課堂上聽我介紹共同利益之後，便打電話給他訂閱的所有雜誌，要求對方給他折扣。請注意：他並沒有威脅要停止訂閱；他只要求給他最優惠的折扣。有幾次他需要跟主管談，但最後全部如願獲得折扣。雜誌社都希望他成為滿意的長期訂戶。

他在班上宣布他的成功時，另一位學生表示他也做過一樣的實驗，不過，對象是梅西百貨（Macy’s）。他急著要買領帶，於是到他常去的一家梅西百貨公司。他想起我在必修課時提到「議價」，便指稱領帶有點皺，希望能給他打九折。櫃台小姐有所顧慮，表示公司規定不給折扣，可是，我這位學生持續發揮談判技巧，很快就達成目的。第三位同學馬上舉手表示，他太太曾經擔任布魯明黛百貨（Bloomingdale's）的樓層銷售員，公司告訴他們，如有需要，為了讓顧客滿意，許多高價位商品可以打九五到八五折。

學期結束前，全班居然展開競賽，看誰知道最高招的折扣故事。冠軍是，有位女士在一家小型婚紗精品店買婚紗，獲得了三百五十美元的折扣。

在企業對企業的買賣關係中，也可以運用同樣的顧客滿意原則，來獲得更大的報酬。《商業週刊》（*Business Week*）最近的報導指出，企業顧客越來越懂得議價，要求訂定「不漲價」的長期合約、免費售後服務和更新、以及優惠貸款等等。在競爭激烈的市場中，讓顧客高興的共同考量是價值的重大來源，該報導也引用了令人注目的標題：「開口要求，就有折扣。」[13]

這些故事給我們什麼啟示？首先，在美國，很多東西似乎都有兩種價格（其他國家也是）。原價給那些不喜歡討價還價、很容易滿足的顧客，優惠價給那些願意要求的顧客。你屬於哪一種？

其次，你的滿意度可能還有再提高的空間，因為你不知道對於許多公司來說，你的滿意其實是雙方共通的考量，並沒有衝突。事實上，生產優良產品的優良公司多半都很重視你的滿意度。而且你要知道，你不需要用強硬的態度力爭。只要有禮貌地說：「如果你能……，我將會是個非常滿意的顧客。」

如果雜誌社、百貨公司和其他服務廠商都與他們的顧客擁有重要的共同考量，那麼，你每天面對的人和工作的公司，還會有多少這樣的例子呢？新找到工作後，你想晚一點再開始上班嗎？也許你的新雇主需要再等一段時間才會有辦公桌空出來，或者希望先壓低這一季的薪資開銷，剛好也希望你晚一點開始。何不問問看呢？你想要你的新客戶早一點付那筆巨款嗎？也許對方的採購部門希望在新的預算週期開始之前，趕緊消化預算。他們也許很樂意先付款。不問，就永遠不會知道。

共同利益是談判中的萬靈丹，是紓緩雙方爭議的潤滑劑。潛藏在所有談判當中的共同利益理當是你擬定提案的基礎。

找出可能阻礙協議的考量：對方為什麼會說「不」？

若想妥善因應對方的反對，做好周全準備，你還必須找出可能致使對方拒絕的衝突或附加考量。談判時能以共同利益為主軸當然最好，可是你還需要設想拒絕的情況，才能有效回應。

在進行角色交換的練習時，你應該花點時間思考對方有什麼理由會拒絕你的提案。答案應該對於談成生意有突破性的幫助。

當然，對方會說「不」的原因多半是因為，你在對你有利害衝突的議題上無法給他們太多好處：你的價格過高，或出價過低。這些都是可預期的反對，你的回應必須根據籌碼（第六章）、普遍標準（第三章）、或關係（第四章）。

不過，有些拒絕理由是你完全料想不到，甚至是沒有放在眼裏的，發生這種情況的比例相當高。這類理由常常和談判者自己的自尊、地位或其他非財務的需求有關，而不是檯面上的制度或金額問題。等你把這些理由也放在檯面上，你就可以著手解決問題了。

舉例來說，幾年前，美聯銀行（First Union Corporation）以一百六十多億美元收購了中州金融集團（CoreStates Financial Corporation），成為美國史上最高額的銀行合併案之一。[14]談判尾聲，儘管美聯銀行的艾德・克拉齊菲爾德（Ed Crutchfield）竭力配合，但中州集團執行長泰瑞・拉爾森（Terry Larsen）顯然對這筆交易有所保留。長期以來，拉爾森帶領中州集團，在賓州、紐澤西州和德拉瓦州深耕行善，現在他擔心的，就是這家來自北卡羅來納州的銀行會中斷這些慈善事業。這將對這些社區造成很大的傷害，也會陷拉爾森於不義。

兩家公司有不同的慈善政策，可是他們都一樣支持善舉。克拉齊菲爾德發現這個問題後，表示願意提撥一億美元設立獨立基金會，交給拉爾森負責。合併後，基金會將成為原來中州集團地區的慈善資金來源。這額外的一億美元只是一百六十億美元收購價的零頭，卻促成了收購成功。有了基金會的提議後，拉爾森成為收購案的鼓吹者，並在中州董事會上力促此案。最後交易成功。

尋求低代價做法：解決對方問題，也讓你更接近自己的目標

盡量找出較不明顯的拒絕理由後，就要尋求能解決對方問題，也能更接近你的目標的低代價做法。同樣的，一般人都會用自己的標準來思考對方拒絕的原因，像是金額、權力、降低風險等等。但談判高手會努力克服這種心理，另外尋找其他的利益來促成結果。

「跳脫框架」的低代價做法有打破談判瓶頸的效用，我最喜歡的例子，就是加州海岸市的垃圾清運合約。⓯總部位於亞利桑納州的垃圾公司派出一位名叫凱莉．沙爾柏的年輕女士，來洽談加州海岸市的垃圾清運合約。她無畏其他垃圾公司激烈的競爭，以及可能的競價大戰，成功說服市政府接受她每噸四十三美元的報價，更難得的是，她的價錢還比同業高出五美元。她是怎麼做到的呢？

沙爾柏閒暇時間喜歡衝浪，因此她很清楚海岸市賴以維生的觀光事業和房地產正緩步下滑。她公司的垃圾掩埋場位於亞利桑納州的沙漠，若說沙漠有什麼資源最為豐富，那當然就

是**沙子**了。沙爾柏溢價奪得海岸市合約，是因為她答應她們的垃圾車不僅清運城裏的垃圾，回程時還會載來滿車的乾淨沙子，來填補逐漸消失的沙灘。市政府官員原本想尋求便宜的垃圾清運服務，但沙爾柏還是用高於同業的報價贏得合約，因為她讓對方相信，她了解該市正面臨的海灘和觀光問題。

沙爾柏的故事還帶給我們另一個啟示。如果你能看出對方的考量，就能夠知道如何滿足他們的需求。我們會在下一章看到，對方對於你手上的條件需求越大，就越覺得放你走是極大的損失，這將是你讓對方同意你條件的一大王牌。

結論

找出對方的考量聽來簡單，其實不然，因為我們的基本談判態度是一大阻礙。人們多半以為對方的需求和他們自己的相衝突。而且也只把問題的範圍侷限於自己所擔心的事情，忘記了對方會用他們自己的角度來看問題。

為克服這種心理，談判高手會保持高度好奇心，找出對方真正的動機。的確，研究也顯示，他們比一般談判者花了四倍的時間進行策略性思考，了解對方的世界是什麼樣子。

我們要效法的事情很簡單：找出能激勵對方的共同利益，讓他認同你的提案，並事先研究他們可能說「不」的原因。把這些預先設想的問題整理出來，帶上談判桌提問。先從雙方共同的領域開始談，然後一一探測對方反對的原因，用代價最低的妥協來應對。等到進入你們真正互相衝突的重要問題，你才會有談下去的氣勢，也才能準備好繼續探究下一個主題：你的籌碼。

探究對方的利益　檢核表

✓找出決策者。
✓對方重視的利益如何能幫助你達成你自己的目標？
✓對方為什麼會說「不」？
✓有什麼低代價的做法能破除對方的反對？

第6章

基礎六：籌碼

對方想要或需要達成協議的一切原因，都可以成為我的籌碼——只要我能知道是哪些原因。❶

——鮑柏・伍爾夫（Bob Woolf）

說好話、加上一把槍，效果遠大於光說好話。

——向美國黑幫老大艾爾・卡彭（Al Capone）致敬❷

現在，你應該對於理解談判更有自信了。你已經了解了個人的談判風格、目標、關係和利益。可是，高風險談判的重要因素還有待探討，那就是有效談判六大基礎中的籌碼。籌碼不僅是你達成協議的力量，更能促使協議**符合你自己的主張**。研究顯示，普通談判者只要握有籌碼，表現就可以優於沒有籌碼的談判高手。[3]握有籌碼的一方勝券在握；沒有籌碼的一方則往往緊張得不知所措。讓我先用幾個簡單的談判例子，來說明什麼是籌碼。

案例一：改變需求的平衡

美國某大航空公司曾一度面臨大難題。[4]它的機隊已經老舊，需要購買幾架最新客機。難題是什麼呢？該公司為了一宗併購案才剛負債累累，無力購買新飛機。當時，美國飛機製造業幾乎由波音（Boeing）和麥道（McDonnell Douglas）兩家公司所獨占，他們都無意和一家幾近破產的公司做生意。

不過，經過幾個月，該航空公司執行長驕傲地宣布，他們簽了一筆十億美元的合約，即將買入五十架新客機。他是如何達成這個了不起的目標的呢？

答案是：全球**第三大**飛機製造商——歐洲的空中巴士（Airbus）集團有新客機求售。空中巴士已經有一整年連一架飛機都沒賣出去了。更重要的是，空中巴士高層認為美國市場對於他們的未來發展非常重要，因為美國的買家向來經驗老到，是其他國家的航空公司參考的對象。

這家航空公司的執行長相中空中巴士後，便排除一切困難，安排了非常創新的借貸合約，借貸對象包括一家美國銀行、兩家法國銀行、奇異電器（General Electric，該公司負責製造空中巴士的引擎）和空中巴士公司本身。法國政府甚至也貢獻了相當於幾百萬美元的出口信貸來補助這筆交易。簡言之，空中巴士不只提供了這名執行長需要的飛機，還**借錢給他們來購買**。這名執行長（東方航空的法蘭克・波爾曼〔Frank Borman〕）並未拘泥於知名廠商，而找到了需要買家的程度更甚於他需要飛機的賣家。他在交易中改變了需求的平衡，使它對自己有利，因而籌碼大增。

案例二：對方的自我也是籌碼

參與談判者的自我（ego），也能像企業的生意需求一樣，成為談判籌碼，這樣的例子在娛樂業多不勝數。彼得・古柏（Peter Guber）是好萊塢近年來最知名（或是最聲名狼藉）的電影製作人。他在事業的早期就做了一筆十分划算的交易，讓他獲得了尼爾・鮑佳（Neil Bogart）旗下業務蒸蒸日上的卡薩布蘭卡唱片公司（Casablanca Records）百分之二十的股票，而他付出的代價只是他下一部二流片，《大白鯊》第二集《大白鯊二：神出鬼沒》電影百分之五的利潤。古柏究竟是如何促成這麼划算的生意呢？[5]

鮑佳也和許多好萊塢人士一樣，渴望成為真正的「電影大亨」。有個業界人士說：「尼爾一心想要進入電影界，不惜一切代價。」古柏知道鮑佳的電影大亨夢，便讓他參與《大白鯊二：神出鬼沒》的拍攝與發行，藉此要求分食卡薩布蘭卡唱片公司的大餅。鮑佳的自尊需求提供了雙方交易成功的所有動能。這項安排對古柏來說是一舉兩得，因為，雙方合作後，《大白鯊二：神出鬼沒》的主題曲由卡薩布蘭卡公司最有人氣的歌手之一，唐娜．桑瑪（Donna Summer）主唱。由卡薩布蘭卡公司發行的電影原聲帶，更是大賣了兩百萬張。

案例三：競爭壓力

德州休士頓一家公共事業公司——休士頓電力公司——每年要付給伯靈頓北方聖大菲鐵路公司（Burlington Northern Santa Fe）一億九千五百萬美元來運輸煤炭到他們的大型發電廠。[6]電力公司的採購部門主管珍妮．麥肯（Janie Mitcham）受夠了對方的漫天開價和惡質服務，可是，她能怎麼辦呢？有鐵軌連接到發電廠的，只有伯靈頓北方這家公司，而且也只有他們有能力運載發電所需要的大量煤炭。她試過訴諸公平和關係，想說服對方降價，但對方的回應只是不置可否。

後來，她突發奇想：他們可以自己蓋條鐵路，從電廠連接到十英哩以外的聯太鐵路公司（Union Pacific）的軌道。在此之前，她做了最後一搏，企圖說服伯靈頓北方降價，並且向他們提及了她的新構想，可是，伯靈頓北方絲毫不為所動。他們的主管認為，這真是個笨拙的威脅，蓋條鐵路至少得花兩千四百萬美元。就連麥肯自己的同事都心存質疑，說她的構想是「鐵路白日夢」。

可是，麥肯不死心。她獲得上司的許可與支持，訂好了計畫，並開始鋪設她那條十哩長的鐵路，人們稱之為「珍妮鐵路」。這可不是兒戲。伯靈頓北方不但告上了法庭，還向鐵路工會遞狀；她總共得挖掉三十萬立方英呎的土、繞過墳場和古蹟、還得容忍附近居民的抗議。可是，最後她還是完成了。「珍妮鐵路」夢想成真——聯太公司用低於伯靈頓北方公司百分之二十五的價格，獲得了這筆生意。她每年為公司節省了一千萬美元，未來幾年，至少每年還能再省下五千萬美元。

現在，麥肯開心地運用她新獲得的權力籌碼。事實上，最近聯太公司有幾批煤炭未準時運到，她便將一部分的運量**簽回給伯靈頓北方**，致使聯太公司主管親自造訪，向她賠不是，並承諾改善。總之，珍妮．麥肯跳脫框架思考，創造出解決問題的新方法，因而獲得優勢。「珍妮鐵路」開創了競爭機會，**同時**給了她面對新舊廠商的談判籌碼。

籌碼：需求和恐懼的平衡

第五章提過，談判高手會特別留意對方的需求和利益。可是，要知道，他們這麼做是有目的的。他們不是為了要解決對方的問題才談判。他們談判是為了達成自己的目標。而在談判桌上達到目標最可靠的方式，就是利用各方都想要的、但只有談判「天生高手」才看得出來的籌碼。籌碼來自於談判桌上需求和恐懼的平衡。

儘管這一點非常重要，但很多人弄不清楚籌碼究竟是什麼，更遑論要善用它。而且，人們常常不懂籌碼是談判中**動態**的要素、而非靜態，它是會隨時改變的。

想要測試你對於籌碼的了解程度——且稱之為「籌碼智商」，最好的方法就是模擬一個棘手的、高利害關係的談判情況，隨時自問：「誰握有籌碼？」以及「在這樣的籌碼狀況下，雙方接下來該怎麼做？」若能了解籌碼如何在這樣具體的情況下發揮效用，你就可以開始分析生活和工作談判中有何籌碼。

為了說明籌碼的動態變化，讓我舉個連談判專家都會冒出一身冷汗的例子：人質挾持事件。很多人會覺得與挾持者談判的做法不值得鼓勵，但批評者自己不是人質，難免會說風涼話。而且，人質事件雖然是特例，但是，無論是日常生活或商場，凡是看起來由一方操控全局、你的行動受其支配的情況，都可以應用這個案例當中的教訓。❼閱讀以下故事時，仔細觀察警方是如何慢慢扭轉一個原本毫無掌控權的情況，從三個方面來發展致勝籌碼：對方的要求（說出口的和未說出口的）、讓對方漸入頹勢的力量、以及對方所尊重的規範或價值。

哈納斐人質事件

一九七七年三月，十二名自稱是哈納斐穆斯林（Hanafi Muslims）這個鮮為人知教派的狂熱份子，持重裝武器占領了美國華府的三棟建築，殺死了一名電台記者、槍傷多人，還挾持一百三十四名人質。這三棟建築包括市政廳、猶太兄弟會全國總部、以及位於麻薩諸塞大道上的回教清真寺暨文化中心。

哈納斐穆斯林的頭子，哈瑪斯—阿布杜—卡里斯（Hamaas Abdul Khaalis），最近才剛被另一個犯罪集團鎖定目標攻擊。當時規模最大、最具影響力的黑人回教團體，由以利亞·莫哈麥德（Elijah Muhammad）為首的伊斯蘭國（Nation of Islam），派出殺手進入卡里斯位於華府的家裏，殺了他五個小孩和幾名女人。伊斯蘭國幾位成員接受審訊後，有五位坦承犯案。可是，卡里斯依舊懷恨在心，他率領人馬闖入猶太兄弟會時表示：「他們殺了我的孩子，擊斃我的女人。現在他們得聽我的——否則人頭落地。」

華府警方封鎖了這三棟大樓，聯邦調查局（FBI）全力戒備，媒體也湧入現場守候，此時，卡里斯宣布了他的要求。

他要求三件事：立刻將安東尼・昆（Anthony Quinn）主演的電影《上帝的使者》（*Mohammed, Messenger of God*）自全美的戲院下片；歸還謀殺審判庭上，卡里斯因藐視法庭被罰的七百五十美元；以及交出承認殺害卡里斯子女的五名殺手，由他處置。被圍堵在這三棟建築內的哈納斐穆斯林成員持續挾持人質，並表示他們隨時準備殉道。

讓我們趁局勢僵持不下時，先暫停新聞畫面。假設你是ＦＢＩ和華府警長的顧問，你必須決定下一步該怎麼辦。該採取什麼行動呢？衝進去、救出人質，甘冒人質被殺害的風險？用五名伊斯蘭國殺手交換一百三十四名人質？致電電影《上帝的使者》發行商，請他們下片？無論你的答案是什麼，都得視你如何評估雙方此時在衝突中各自擁有的籌碼。且讓我們評估全局。

誰掌控現狀？

首先，最好要知道是否有人掌控現狀，誰又亟思改變現狀？籌碼通常操之於掌控權最大，對現狀最感到自在的一方。攻擊事件發生之前，現狀不利於哈納斐穆斯林，他們是附屬於黑人穆斯林運動的邊緣組織，偶爾受到掌權者的監控。

人質事件改變了現狀。現在，由哈納斐穆斯林掌控全局。事實上，哈納斐穆斯林所採取的行動極具策略性，這正是槓桿公式的重要部分。這些事件並非臨時起意或笨拙的搶劫行動。卡里斯特別用挾持人質來獲得籌碼——獲得他渴望的目光，以及取得可以交換的條件。卡里斯願意殺害別人、犧牲自己，可是，他挾持人質的目的既非謀殺、也非自殺；而是尋求可達成特定目標的籌碼。

因此，哈納斐穆斯林掌控現狀，至少暫時取得優勢。接下來呢？雙方火力強大，極具殺傷力。讓對方失勢的方法就是奪走他們所擁有的——在本例中就是人命——這是籌碼的重要來源。

威脅：必須有憑有據

時暗時明的威脅也是許多談判當中的要素。事實上，只要你一提出會危及現狀的方案（不管他們是如何界定現狀的），對方通常就會感受到威脅。談判中利用威脅無異於玩火——人人都覺得危險。資方與工會談判時，明白表示不會提高員工的健保福利，就可能招致嚴重抗議。只要資方取消任何既有福利，都會面臨大罷工的風險。

關於威脅的第二重點：有憑有據的威脅才能發揮效用。也就是說，談判對方也得認同你的威脅會讓他們失勢，而且他們得相信你執行威脅的機會頗高。如果執行威脅對你自己也造成同樣傷害、甚至更為不利，那麼，這項威脅便無法取信於人。❽

哈納斐穆斯林事件中，哪一方提得出有憑有據的威脅呢？哈納斐穆斯林立刻就證明他們的威脅不是兒戲。他們殺死了一名記者，並傷害許多無辜。

可是，警方卻有可靠性的問題。如果他們動用武器，就會危及人質性命，三棟建築裏的人質甚多，他們不願意冒這個險。這一點大幅削減警方的威脅籌碼。

而且，哈納斐穆斯林宣稱他們隨時願意犧牲，更加提高了他們的優勢。他們當中，至少有些人是真心願意犧牲。這為什麼重要呢？警方不能使用武器，就少了一個削弱對方士氣的籌碼。可是，哈納斐穆斯林的武器卻仍然可以殺害人質、攻擊警方。

問題還不僅如此，除了各種相關法令之外，政府對於人質事件中使用威脅及動用武力的規定，以及一般商業談判規則都讓警方綁手綁腳。❾例如，警方總不能闖入卡里斯家裏也挾持人質吧！法律制裁和死亡威脅也都沒有用。現在使用這些威脅都太晚了。最後，像是斷水斷電把歹徒逼到絕境的做法也行不通，因為人質也會受到影響。總之，警方想要讓卡里斯失勢，能力非常有限。

哈納斐穆斯林控制了現狀，在威脅籌碼中占有絕對優勢。如果你首先想到的是派特種武裝部隊（SWAT）衝入建築，救出人質，再仔細思考一下：此時此刻並不適合動用武力。

不過，警方的武力還是有點用處。把哈納斐穆斯林占據的建築包圍得水洩不通，至少能獲得某種程度的掌控權。卡里斯會漸漸發現他自己也成了人質。在歷時三十八小時的僵持當中，卡里斯甚至還要求警方到他家裏，確認他的妻子和家人都安然無恙。

綜觀人質危機初期的籌碼狀況，最適合的行動是反直覺的：你要承認劫匪的力量，透露你已經放棄取得控制權，還有，聽來也許奇怪，你要伺機和對方建立合作關係。

時間是哪一方的考量？

在這種情況下，還有什麼是我們可以釐清的籌碼動態呢？時間也是個好問題。哪一方不趕時間？你也許認為時間對於哈納斐穆斯林有利，並不盡然。卡里斯需要時間來傳達訊息、思考下一步，可是，他也知道他不會一直占有優勢。

心理學家發現人質事件中一個關於時間的事實：人質性命分秒必爭。有經驗的人質談判高手指出，如果人質能安然度過頭十五分鐘，那麼他們最後保住性命的機率就很高。❿

為什麼呢？首先，時間對於歹徒的「誓死」決心很傷。就像某位評論家說過的：「時間越久，必死的信念越味如嚼蠟。」⓫

其次，就算歹徒堅持下去，也可能與人質發展出關係，要冷血殺人就更不容易。前幾年祕魯利馬的日本大使館發生的人質事件，似乎就發展出這種關係，最後，一百四十名警員衝入大使館，攻下十名暴徒，解救七十二名人質，終結了長達四個月的人質危機。政府出兵攻進大使館的最後一刻，祕魯農業部長指出，看守他的人本來拿著來福槍對著他，然後慢慢放下武器，轉頭走出去赴死。⓬

回到先前的人質事件，時間是對警方有利的。可是，要如何讓卡里斯這樣的宗教激進份子吃時間這一套呢？建立溝通管道。

卡里斯自己早有溝通管道。他要他的女婿找來非裔美籍的電視記者來宣布哈納斐穆斯林的要求。這名記者持續擔任整場危機的傳話角色，警方錄下了他們所有的對話內容後，仔細加以分析，以規畫下一步。

創造動能：略施小惠

有了溝通管道後，警方從卡里斯的要求當中，找到可以先滿足的部分，設法建立籌碼。請留意「可以先滿足」的這個條件。人質事件當中最弔詭的事情，就是歹徒會提出很多不切實際的要求。例如，卡里斯希望能親手處決殺了他孩子的五名伊斯蘭國殺手。當局是絕不可能答應的，因此只好採取拖延戰術，商談其他可能做到的要求。其目的是讓卡里斯興味盎然——好讓他繼續說話。

卡里斯也和許多談判者一樣，有明確的要求，也有潛藏的需要。他的行動和沉默也傳達了如同話語一般的訊息。通過幾次電話後，當局開始列出卡里斯可能會重視的幾項妥協做法。

為推動談判順利進行，警方策略性地答應兩項卡里斯的要求。第一，他們要全國電影院停止放映《上帝的使者》。第二，他們派市政府一位官員，送了七百五十美元的支票到卡里斯家裏，再由卡里斯的妻子透過電話確認。警方利用這些讓步來爭取時間，建立他們的可靠性。然後，再研究下一步該怎麼做。

有件事令人好奇，卡里斯自己也是穆斯林，為什麼會占領清真寺暨回教中心呢？警方監聽卡里斯的電話，發現卡里斯一直夢想擔任黑人穆斯林的發言人，但回教團體卻不給他這樣的職位。當卡里斯要求聯絡同樣是回教國家的巴基斯坦，請該國大使和他討論宗教問題時，當局看到了機會。

當晚和隔天，巴基斯坦大使在埃及與伊朗大使的陪同下，一起透過電話和卡里斯討論了回教教義和許多宗教訓誡。巴基斯坦大使對於卡里斯的博學印象深刻——他把可蘭經讀得相當透徹。更重要的是，現在警方確認卡里斯喜歡在重要人士面前扮演回教宗教領袖的角色。

警方這才發現，卡里斯闖入猶太兄弟會大樓時曾大叫說：「**現在他們都要聽我說話了。**」當時他已經透露了這重要的需求。

創造出「不成交，對方會損失很大」的景象

棘手的談判中，光是讓對方看到你能滿足他的需求，這還不夠。他很有可能漠視你的妥協，並且再提高他的要求。為取得真槍實彈的籌碼，你還是得讓對方相信，如果談判不成，他將會有具體的損失。哈納斐穆斯林事件繼續發展，談判的重點逐漸從人質轉為卡里斯對回教教義的興趣、和他的自我形象與自尊。當局希望卡里斯能了解，若想實現當黑人回教領袖的夢想，則他最好讓危機成功收場，而不是弄得不可收拾。

危機第二天，卡里斯要求和巴基斯坦大使在猶太兄弟會大樓的一樓面對面談話。警方一陣騷動。該如何回應呢？再送一人進入哈納斐穆斯林武裝占領的大樓裏，只會讓人質危機更增添外交風險。不過，巴基斯坦大使覺得他和卡里斯已經建立關係，願意冒險一試。最後，警方提議三位大使在兩位沒有武裝的警官陪同之下，一起進入。這次的會面考驗著現場每個人的誠信，即將成為談判中的轉捩點。

警官、大使和卡里斯在一樓走廊一張摺疊桌旁坐定。大使和卡里斯討論回教教義長達三

個小時，並且特別強調回教思想悲天憫人。接著，第三天午夜剛過，巴基斯坦大使請卡里斯釋出善意，先釋放三十名人質。

「何不把他們全都放了？」卡里斯說。這是一大突破。

隨著情勢紓緩，他們開始討論釋放人質的問題。卡里斯想保住顏面，因此要求他在定罪之前，可以先無條件釋放，在家等待審判。卡里斯表示，只要當局同意這個要求，這場危機立刻可以結束。

這意外的要求充分顯示籌碼在談判尾聲是如何左右最後行動。雖然卡里斯表示願意終結危機後，明顯處於下風，但他的手下依舊握有當局想要的——人質。卡里斯主動表示，只要警方做出這個小小的讓步，他就可以交出一切。他「交貨」的權力讓他在交易中占上風。如果警方不答應，他還會願意交出人質嗎？他並沒有交代這一點。這證明了成交之前，面對面溝通的力量是如此強大。警方相信卡里斯會說到做到，他也相信警方會信守承諾。

警方致電司法部長和一位當地法官，經過熱烈爭論後，最後決定同意卡里斯的要求。於是，哈納斐穆斯林平和地放下武器，凌晨兩點十八分，人質自行走出大樓。讓部分人士意外與不滿的是，警方信守承諾，隔天早上便讓卡里斯返家，軟禁在家等待審判結果。不過，他倒是沒有再捅婁子，幾個月後，法官對他和他的手下都判了謀殺、綁架和傷害罪。卡里斯此生將在監獄裏待到九十六歲。[13]

是什麼改變了槓桿公式，讓卡里斯態度軟化呢？首先，儘管他虛張聲勢，他還是慢慢看出繼續下去他只有死路一條。多數綁匪都會有相同的覺悟，尤其是那些倉皇擄人後，發現出路全被斷絕的匪徒。

其次，警方巧妙地運用談判過程，讓卡里斯覺得他的需求很重要。他不再使用強硬手段。警方把有失顏面的七百五十美元罰款還給他。也許最重要的是，幾位回教大使讓他覺得自己就像回教黑人全國發言人一樣。他開始想像自己在世界上扮演重要角色，連入監也無所謂。同時，激烈的攻擊行動可能已經滿足了他的憤怒和報復的需求。等到他在猶太兄弟會大樓會見幾位大使的時候，他已經完全不提要親自處決殺害他孩子的兇手了。

許多人不認同哈納斐穆斯林人質事件的結束方式。當時，政府官員對於隔天早上讓卡里斯無條件回家，而不是立刻入獄的做法尤其不滿。儘管三位大使在兄弟會大樓承諾答應卡里斯的要求，但在那種半脅迫的情況下所做的承諾，並沒有什麼約束力。而且不立即把卡里斯送進監獄，也立下了危險的前例。

可是，誰能料想匪徒究竟會自制，還是會對人質大開殺戒？遇到這種事情，也許不能談是否有前例的問題。而且，我們現在知道，歷經三十八小時之後，所有人質全被釋放，而且匪徒也全數入獄，而且要待上很長一段時間。在此次複雜混亂、人命關天的事件當中，負責決策的領導者做了絕佳示範，顯示他們對於優劣成敗的權衡和談判的過程擁有深度的了解。

三種籌碼類型：正面、負面和規範型

讓我們離開哈納斐穆斯林的故事，回到究竟什麼是籌碼的問題上。思考籌碼的方式很多，有個常見的做法，是從替代方案來看。在《哈佛這樣教談判力》（*Getting to Yes*）一書中，作者羅傑・費雪（Roger Fisher）、威廉・尤瑞（William Ury）和布魯斯・派頓（Bruce Patton）提到談判各方所擁有的「談判協議的最佳替代方案」（Best Alternative to a Negotiated Agreement, BATNA）。作者指出，「你的BATNA越高竿，力量就越大。」[14]

他們用了一個簡單的求職談判例子來說明。如果你和潛在雇主談判工作報酬，手上有另外兩個工作機會，要比沒有其他選擇更有力量。如果對方拒絕你的要求，則在第一種情況下，你的BATNA就是從另外兩個工作機會當中擇一接受；而在第二種情況下，你的BATNA就是沒有工作可做。

BATNA的籌碼概念之所以有道理，是因為你如果另有好選擇，談判時就會更有信心。可是，替代方案不等於籌碼。卡里斯並未因為挾持人質而獲得更佳的替代方案。相反地，他挾持人質讓警方的替代方案相形失色，並引起注意力。而警方解決問題的替代方案——直接攻擊哈納斐穆斯林——著實遜色，而且無法改變局勢，即使後來隨著談判的進展籌碼也獲得了改善。

想要了解籌碼，不妨思考看看，如果無法達成協議，哪一方的損失最為慘重。在費雪、尤瑞和派頓使用的求職談判例子當中，如果求職者很想在這家公司上班，即使他同時還有其他工作機會，談判籌碼也不會增加，雇主知道這一點，而且公司政策也嚴禁新進者協商薪資福利。如此一來，求職者若一味堅持要求而導致談判不成，就算他還有其他兩個工作機會，他還是最大的輸家。因此，想要了解籌碼，最基本的做法，還是要研究哪一方比較需要達成協議來成就目標。⓯

完善的籌碼分析需要哪些要素呢？哈納斐穆斯林的例子展現了三種不同類型的籌碼：滿足對方需求的相對能力、奪走對方既有事物的力量、以及第三章提到的一致性原則的運用。我將這三種籌碼分別稱為正面、負面和規範型。逐一檢視之際，也別忘了在每個轉折點持續評估談判失敗對哪一方傷害最大。

正面籌碼

商場中以第一種籌碼最常見，那就是以需求為主的正面籌碼。每一次對方在談判桌上提到「我想要」，你應該能聽到天平上，你這一方又有法碼鏗鏘掉入的美妙聲音。談判時，你的職責是找出對方想要的每一件事情，然後一一分析急迫性。套句唐納·川普說過的話：

「籌碼就是擁有別人想要的事物；若是別人需求的東西更好；最好是別人不能沒有的東西。」⓰

珍妮·麥肯自己鋪鐵路的偉大事蹟說明了籌碼和需求的密切關聯。在麥肯小姐鋪設鐵路之前，她的公司只能依賴單一家鐵路公司來運送煤炭。她需要這條鐵路，對方也知道，因而一直收取高價。等到鐵路蓋到競爭同業家門口，發電廠對單一家鐵路公司的依賴大幅降低，還提高了鐵路公司爭取他們為顧客的需求。麥肯的故事顯示較優的BATNA**有時**能夠增加你的力量——改變了各方依賴對方供應需求的情況。

至於哈納斐穆斯林的例子，每回卡里斯提出警方做得到的要求，警方就爭取到時間和籌碼。等到警方逐漸了解卡里斯的心理需求比較大，他們的籌碼就更增加。最後，他們還滿足了卡里斯最大的渴望：身為回教領袖的自我感覺。需求達成後，卡里斯突然發現他更想從警方手中獲得另一件事情：毫髮無傷地終止危機。此時，警方已經完全扭轉籌碼形勢。

負面籌碼

第二種籌碼屬負面型，基本上帶有威脅色彩。卡里斯讓大家知道他有力量讓對手失勢，藉此吸引注意。哈納斐穆斯林屬於極端案例，用的是非法的威脅手段，可是，只要一切合法，同樣的原則也可以應用在商場上。

由於威脅常引起敵意、抗拒和憎恨，因此談判高手使用它們時會特別小心。他們和卡里斯不一樣，會用暗示的方式讓對方失勢，而不是大聲叫囂。

讓我講個房地產暨賭場大亨唐納・川普的故事，來說明商場老手如何做出能夠維持合作關係的「文明」威脅。當年川普正在規畫他位於紐約市的地標性大樓——第五大道的川普大樓，他需要旁邊知名珠寶店蒂芬妮（Tiffany & Company）所在的較小型經典建築授與空中權（air rights）。川普願意支付五百萬美元，但他怕蒂芬妮會基於維護第五大道建築設計完整性的理由而拒絕他。[17]

蒂芬妮的經營者華爾特・荷敏（Walter Hoving）是不折不扣的老古板紐約客，川普與荷敏敲定了會議，商談空中權事宜。為了準備這場會面，川普特別請他的建築師製作了兩種不同的川普大廈模型。

川普在會議上介紹這兩種模型。第一種是一棟優雅的五十層樓建築，川普表示這將會是最能搭配高檔珠寶店的鄰居。如果蒂芬妮願意交出空中權，川普就會蓋這棟建築。第二個模型是個醜陋得嚇人的建築——川普表示，如果蒂芬妮不願合作，紐約市區公所就會強迫他蓋這樣的建築。這棟建築面對蒂芬妮的方向，有許多裝有鐵網的小窗戶。兩座五十層樓的模型併排放在荷敏的辦公室裏。要蓋哪一棟，全看荷敏的決定。他理解箇中暗示，同意了川普的條件。

威脅性的籌碼會引人注意，是因為好幾世紀以來的精明談判者都知道，心理學家也不斷證明：**可能失敗要比可能獲得在心中造成更大的陰影**。⓲可是，我也要在此提出警告：**敏感的威脅就像捧著炸彈一樣**。你必須特別小心地處理威脅，否則你自己也會受傷。就像養育小孩不得不祭出處罰標準，但以威脅為主的親子關係注定失敗。警方用強大武力包圍劫匪占據的大樓，因而控制了哈納斐穆斯林危機局面，可是，不去動用這些武力，才能成功解決問題。此外，如果別人威脅你，如有必要，你也要以眼還眼。尤其是酷愛競爭的人有時需要先見到「針鋒相對」、不相上下的威脅力量後，才會心甘情願根據交易本身的價值來好好談判。

規範性籌碼

最後一種籌碼是規範性籌碼，它源於第三章討論的一致性原則。這種籌碼來源在哈納斐危機當中以多種方式呈現。首先，在巴基斯坦大使的鼓勵下，卡里斯道出了對可蘭經的知識與熱情，導致最後提出釋放人質的悲憫做法。多數宗教文獻——包括可蘭經——都重悲憐輕仇視，重愛輕恨。卡里斯在危機第三天做出關鍵決定時，巴基斯坦大使已經藉由可蘭經的經文提醒卡里斯，一個真正有遠見的回教領袖會以身作則，實踐回教德行，不會是一個傷害無辜的冷血殺手。

第二，當卡里斯提出留在自家等候審判定讞的要求時，警方才發現他們陷入了一致性陷阱。警方答應他的要求，等於直接回應他釋放人質之舉，更重要的是，這是經過三個小時討論可蘭經和道德意義後所做的決定。警方若食言，這三位地位重要的回教大使將有失顏面，他們的性命也將受到威脅。警方覺得，即使他們在法律上沒有遵守諾言的義務，但基於道德層面，他們非做到不可。

籌碼是融合各種想法的複雜綜合體。它包括雙方未達協議所錯失的機會、動搖各方現狀的威脅、以及當行為不符合前例或專業標準（在自己看來）而傷及名譽的可能性。

有個簡單、好記的測驗可以評估籌碼：**問問自己，在進行評估的此刻，哪一方會因為交易不成而損失最大？損失最大的一方籌碼最少，損失最少的一方籌碼最多；如果雙方因交易不成的損失都差不多，則他們握有的籌碼也不相上下。**

這種思考籌碼的方法指出了更複雜的提高籌碼方式，而且這種方式將遠超過只改善你的BATNA。你的目標是改變情況（或者至少改變對方對情況的看法）讓你的損失程度較低、或對方的損失變多、或兩者皆有。這些目標不難達成，只要你更了解對方真正的需求、獲得讓對方失勢的可靠力量、根據對方不得不認同的原則和規範來定義你的需求、採取行動迫使對方不得不妥協，以及，最後，改善你的BATNA，也就是尋找不需要對方配合的替代方案來解決你的潛在問題。

聯盟的力量

若想同時獲得這三種籌碼，重要方法之一，就是利用關係和共同考量，幫助你創造出有效的聯盟（coalitions）來支持你的談判立場。當你和認同你談判優先考量的人建立起共同動機，你便能獲得這三大重要優勢，而且明顯受到尊重。

首先，在參與者超過兩方的情況下，團體動力會移往最先吸引多數認同的一方。一項針對美國陪審團的調查顯示，第一次陪審團評議票數最高的判決，往往會成為無異議通過的最後判決。[19]

商業性質的會議也有這種情況。一人提案，有人附議，就算明顯還有其他選擇，但全體很快便會一致同意。若能在會議之前，先花點時間籌組聯盟，會更容易讓你的看法為全體接受。如此一來，當聯盟的成員輪流發言支持所認同的目標時，你的立場便能累積動能。

其次，聯盟能帶來力量是透過社會科學家所說的社會認同（social proof）現象。[20]情況不明的時候，人們會參考別人的做法來行事。如果你在大街上發現有人望著天空，你恐怕也會抬頭。然後，你後面的人跟著抬頭，一個接一個。如果議題很複雜，人們希望專家指引，則談判也會出現這樣的情況。你的聯盟能提供指引，吸引他人跟隨。

最後，聯盟之所以能增進籌碼，是因為它提供更好的替代方案，或讓對方的方案失色，或兩者皆有。例如，一九九〇年代中期，美國畜牛業者差點無法生存，因為牛肉價格過低，中西部的業者要不是因為拉不下臉，否則有百分之八十五的業者都有資格申請政府補助。[21]他們的問題出在哪裏？少數幾家大型農企公司控制了肉品包裝業和屠宰業。獨立牧場每賣一頭小牛就損失三十美元，而肉品包裝業者每殺一頭小牛就賺三十美元。

北達科塔州的獨立牧場開始結盟自救，自己經營肉品包裝，並合夥成立了「北方平原優質牛肉」公司。之前這些獨立牧場彼此競爭，把牛隻賣給大型屠宰場，他們缺乏籌碼。如今他們團結起來，自己屠宰自己的牛，讓消費者甘心掏腰包購買高品質的品牌牛肉。簡言之，他們創造了另一種銷售系統，在過程中，還提高了面對大型屠宰場和連鎖餐廳的籌碼。合夥公司成功獲得了全美幾家知名牛排連鎖店的合約。大型農企公司開始緊張起來。

常見的錯誤籌碼觀念

對於不常談判的人來說，籌碼是個困難的題目，因為我們都有既定的世界觀會影響談判的做法。例如，我們以為，凡是握有經濟、社會和政治權力的人就一定有優勢。大企業、高層官員和富人總能為所欲為。因此，我們也認為這種人在談判時握有籌碼。

面對這些想當然爾的狀況時，我們以為權力關係已經固定，只能默默接受。當我們賣的是隨處可見的商品，市場買家又不多的時候，為何還要浪費精力來準備談判呢？只要買家開價，我們說「好」，就可以了。一切都是固定、不可改變的。

最後，我們多半相信我們對於周遭的影響力和影響我們的事實有關。我們沒有工作；因此我們在求職談判中立場較弱。我們是某個重要電腦零件的唯一供應商，因此我們占上風，可以隨便開價。

以上三種關於籌碼的觀念和假設錯得危險。危險是因為隨便一個有技巧的對手就可以因此而占你便宜。這些誤解也會導致弄巧成拙的策略。我將利用以下一些篇幅，說明這些方便的世界觀為何不能用在談判場合，以及什麼樣的假設才能保護你的利益。

誤解一：權力等於籌碼

不對。籌碼重處境優勢，而非客觀權力。即使傳統權力很小的一方，只要身處對的情況，也可能擁有許多籌碼。讓我們來看幾個例子。

第一個是和小孩談判的情況。假設你有個五歲的女兒，今天晚上的主菜是最自然健康的食物：花椰菜。你女兒一口都不想吃。

「吃掉你的花椰菜，親愛的，」你溫柔地說。你女兒看著你，正色地說：「不要！我討厭花椰菜！」

誰有籌碼？

你也許年紀長、有錢、有權又強壯，可是，在眼前的情況下，你女兒擁有許多籌碼。為什麼呢？**因為吃花椰菜的是她，而且只有她**。她控制了你想要的事物，而且，這個時候，就算她說「不」也沒有任何損失。不過，事情還沒完，她可能感覺到這件事對你很重要，可以提高她的地位。你可能願意提供條件換得她的合作。

這種關於籌碼的重要理解不但可以用在小孩身上，也可以用來對付頑固的政客、難搞的海關人員和吝嗇的預算管理師。無論你的地位有多重要，當這種人一手控制了你想要做的決定，你就得小心翼翼地應付他們。

回到晚餐桌上。要如何讓女兒吃花椰菜呢？你可以跟她講道理，可是，你女兒不大可能會在乎營養。所以，無論用什麼規範性籌碼，都沒什麼用。

另一種選擇是用賄賂讓她合作。提出她喜歡的具體事物，像是甜點或糖果等等，可以在她腦海形成吸引人的景象。如果談判破裂，她心中的喜悅也將不復存在。答應給她糖果也許能幫你增加一點籌碼。

不過，凡是做父母的都知道，對小孩用這種籌碼是有風險的。用賄賂的方式讓小孩做應該做的事情會寵壞她，讓你的人生更悲慘，而不是更輕鬆。

用威脅的方式怎麼樣呢，譬如打她屁股、把她關在房間、或不讓她吃甜點？以你的體型和音量，要威脅很簡單，不過用在花椰菜這種問題上卻很危險。如果她是因為你的威脅而妥協，你將會付出代價。她會慢慢地吃花椰菜，能多慢就多慢，還會不時瞪你一眼。華頓主管談判研訓班上，曾有人告訴我，他有一次採用威脅策略，結果那天他的小孩晚餐吃了四個小時。晚餐變成意志力比賽。還有更糟糕的，要是她覺得你只是騙她，而迫使你非執行你的威脅不可呢？你要把她關進房間裏，但她還是沒有吃花椰菜啊！結果，你不是得擴大爭執，就是得承認失敗。

結論呢？以傳統的力量來看，你的孩子也許看起來幼小軟弱，但她在以上情況是握有籌碼的。因此，你的做法應該是承認她偏食——讓她可以選擇另一種健康蔬菜、減少花椰菜量、加點調味醬、或者把花椰菜煮進其他菜裏。要做更稱職的父母，就必須了解你孩子在這種情況下握有籌碼，設法迎合她的喜好，尤其要讓她覺得可以決定自己的事。在工作上，這種方法也可以用來應付像是頑固的政客、海關人員和預算主任等掌控你的工作是否能順利進行的人。

第二個獲得籌碼的例子發生在紐澤西州的大西洋城。這個故事和蒂芬妮的空中權一樣，又和唐納・川普有關——只不過他這次沒有那麼成功。

有個上了年紀的寡婦薇拉・可金（Vera Coking），在大西洋城的黃金地段擁有一棟出租公寓。她一輩子就靠這棟房子賺取微薄的生活費。大西洋城賭場生意越來越興盛之際，多位開發商都有意買下可金太太的房子來蓋賭場。

第一位找上門的是《閣樓》（*Penthouse*）雜誌的發行人鮑伯．古喬內（Bob Guccione）。據說他在一九八〇年代出價一百萬美元要買下這塊地，但可金太太拒絕了。古喬內最後連賭博執照都沒有申請到，只好放棄蓋賭場的計畫。第二位來接觸的是唐納．川普，他無意付一百萬美元給對方，只想按合理的市價與對方協商。他當然也出局了。川普最後在附近蓋了川普廣場賭場飯店（Trump Plaza Hotel and Casino），並在飯店計畫擴張的時候，又和可金太太談判了一次。她要求一百萬美元，他拒絕了。

經過十多年耍詐、訴訟、訴諸媒體未果，川普終於放棄，繞過可金太太的公寓，從三邊擴張。川普要求清除這棟有礙觀瞻的公寓，大西洋城當局也介入調解。可金太太不為所動。她請來律師為她辯護，並繼續享受著她「川普眼中釘」的名聲。她的事情最後吸引某家法律基金會的注意，該基金會一向支持私有財產權的保護。同時，卡通漫畫家蓋瑞．杜魯德（Garry Trudeau）把川普在大西洋城的土地糾紛畫成漫畫系列、登在報紙上，讓川普成了貽笑全國的人物。[22]

薇拉．可金年紀大、又獨居，可是，她握有籌碼。為什麼呢？她擁有房子的合法產權，而川普需要她這塊地，她知道，而她顯然不急著脫手。她控制著川普的需求，而且，至少在她看來，就算說「不」也毫無損失。事實上，心理學家可能會認為，她利用這個情況來獲得她這輩子最想要的無價之寶：關注。

所以，籌碼並不等同傳統的社會或經濟力量。仔細檢視你面臨的狀況，自問：我控制了對方想要的什麼東西，對方又控制了哪些我想要的？如果交易不成，誰的損失最大？千萬不要用財富或地位來界定籌碼。

誤解二：籌碼是固定不會改變的

錯了。籌碼是動態的，不是靜態的。談判進行中，籌碼隨時在變。因此，有些時機適合你提出需求，並堅持達成。

哈納斐穆斯林的例子充分顯示這一點。卡里斯需要挾持人質，才能吸引別人聽他說話。警方需要回教大使和卡里斯發展關係，才能誘使他用釋放人質來效忠自己的信仰。卡里斯也很聰明，他趁他還能以妥協為籌碼時，提出軟禁在家等候審判的要求。

這些情況看來顯而易見，但很多聰明之士未能參透時間和籌碼之間的關係。舉例來說，求職者應該趁「黃金時刻」來談判搬遷費、紅利和公務車等額外福利。這個時刻是在公司答應任用**之後**，他們接受工作**之前**。

在這段籌碼高峰期間，雇主已經正式答應任用，但求職者還是有說「不」的自由。雇主所承受的潛在風險大於求職者，還大幅提高求職者的地位。相較於雇主答應雇用之前、求職者答應接受之後，這段黃金時刻是雇主最關心求職者需求的時刻。

當然，就算在黃金時刻，雇主也不見得會答應增加交易條件。工作機會還是由雇主控制，有時候，如果因此破局，求職者損失更大。不過，分析籌碼時，時機是很重要的考量。趁手上籌碼最多的時候提出要求，則成功的機率將大幅提升。

誤解三：籌碼和事實有關

不對。籌碼是根據對方對情勢的**判讀**，而非事實。聖經裏，約書亞攻下耶利歌城，憑的只是幾個號角和火把，而非武力強大的軍隊。耶利歌領導者認為他們將損失慘重，所以才投降。在哈納斐穆斯林的例子中，卡里斯受到等同回教領袖一般的對待，即使事實不是如此，他還是願意投降。而警方即使無法開火，還是動用了強大的火力來包圍現場。只要對方認為形勢有利於你，形勢便有利於你——至少當下是如此。

可是，看法決定籌碼也可能對你不利。你也許會誤判情勢，以為對方比你強。或者，你也許真的處於有利形勢，但是對方不相信。如此一來，你必須設法提高你的價值、重要性或力量。有些事情，像是你的工作能力或你產品對於顧客的真正價值，是很難立即獲得證明的。若是如此，你可能需要從低薪的實習生做起，或者提供免費試用品來促銷。從消極層面來看，你可能需要設法證明你的能力，來影響對方的現狀。你必須確保對方看出真正的籌碼情勢，以防他們因為誤解而做出不智之舉。

家庭、公司和組織內部的籌碼

在家庭、公司或組織內部，籌碼的運作方式和在競爭市場中不一樣。擁有相同關係網路的各方互相依賴，因而使得談判或說服更加弔詭。你還是會因為掌控對方需求而獲得籌碼，損失較小的一方也較具有優勢，可是，由於你還得兼顧維持和強化關係的需求，有些重要的籌碼原則會反向運作。

例如，在市場交易中，善用離桌走人這一招通常具有加分效果。我們討論過，擁有一個好的替代方案可以降低你對另一方的需求程度，就算最後交易不成，損失也比較小。可是，在家庭和公司裏——至少健全的家庭和公司是如此——離桌走人的做法並不適當。這種行為讓人覺得像是威脅，會讓說話者顯得苛薄、不理性。在這種情況下，人們比較依賴規範性籌碼，訴諸家人或同事認同的價值和規範。他們會盡量用這些標準來說明提案，並輔以客觀數據和資訊，就像我在第三章提過的一樣。

同樣的，在市場交易中，透露急迫性會削弱你的籌碼。你讓對方看出你極需他的同意，而且如果他拒絕，你將損失慘重。不過，展現出熱忱和堅持能幫助你在家庭或組織中達成目的。當你十萬火急地說出你的觀點——尤其是你又不常這麼做，那些和你關係密切的人都會仔細聆聽。

讓我舉個簡短但重要的例子。一九四〇年五月，就在美國加入二次世界大戰的前夕，美國陸軍參謀長喬治・馬歇爾（George C. Marshall）來到白宮，與羅斯福總統及幾位資深內閣官員開會，討論徵調軍隊和設備加入歐戰的可能性。當時國內瀰漫濃厚的孤立主義氣氛，羅斯福根本不希望美國加入歐戰，因此無意討論是否準備好參戰的問題。更沒有人想到向日本宣戰的可能性。

馬歇爾是個保守、自制的人，從來不情緒化。可是，那一天他不知哪條神經不對勁。他先是安靜端坐著，後來發現總統心不在焉，於是他請求讓他發言三分鐘，總統答應了。

於是，馬歇爾站起身，說出了在旁人眼中算是他這輩子最慷慨激昂的一段話。馬歇爾一一說明補給不足、武器系統不完善、以及軍隊人數過多，並強調如果美國參戰，必須要能痛擊希特勒這個高超的戰爭機器，一字一句如瀑布傾瀉。馬歇爾滔滔不絕——早就超過了他所分配到的三分鐘。當時也在現場的財政部長亨利・摩根索（Henry Morgenthau）在日記裏寫道：「（馬歇爾）就站在總統面前。」[23]話說完，羅斯福完全改變立場。美國開始認真準備參戰，戰爭爆發後，羅斯福並任命馬歇爾擔任最高統帥。

這個例子也許很戲劇化，但意外的是，這卻是許多組織內稀鬆平常的情況。急迫性能吸引人們注意，若再加上專業，效果更佳。㉔展現熱切態度、再輔以堅不可摧的事實，能夠把抽象的論點變成與大家切身相關。這種態度很有說服力。

據我所知，並無相關研究說明急迫性和熱切態度為何能在組織內奏效，不過，我有一套理論。我認為，一起共事或同住的人會細心留意別人態度的強烈程度，以決定優先順序。展現急迫性——尤其是平時溫和的人——強烈顯示「我必須贏得這一點」。人際紛爭可能會瓦解一個原本和樂融融的團體，所以當有這種傾向出現時，人們多半都會順從。

整體來說，「激烈」態度的籌碼最適合組織裏那些講理、溫和的人來使用。如果你平日說話委婉，當你態度強硬時，通常能特別引起別人的注意。相反的，那些平日就愛抱怨、嫌東嫌西的「吵人精」，再大聲說話也不會贏得額外籌碼。人們多半會不加理睬。

結論

籌碼是談判中的重要變數。受到不成交影響最小的一方通常有本錢堅持某些條件。你可以透過許多方式來增加籌碼，像是找出不靠成交也能達成目標的可行替代方案、設法掌控對方需要的資產、籌組聯盟、營造出不成交將有失對方顏面的局面、讓對方知道你有讓他失勢的力量等等。

另外還要留意對籌碼常見的誤解。即使是最沒有權力的人也可能握有籌碼。而且，籌碼來自於人們對事實的判讀，是個動態因素。最後，在組織中，展現必勝決心要比漠不關心更有效果，這和多數市場交易中的籌碼運作方式正好相反。

籌碼　檢核表

- ✓哪一方會因為不成交而損失最多？
- ✓時間是哪一方的考量？
- ✓我能不能改善替代方案，或讓對方失勢？
- ✓我能不能掌控對方需要的事物？
- ✓我能不能讓對方支持對我有利的規範？
- ✓我能不能籌組聯盟，讓形勢有利於我？

第二部

談判過程

- 第一步：準備好你的策略
- 第二步：交換資訊
- 第三步：開場與讓步
- 第四步：結束與取得承諾
- 與魔鬼談判，又不出賣靈魂：談判的道德
- 成為一個有效的談判者

第7章

第一步：準備好你的策略

在棘手的談判中，播種不一定立刻收割，但要做好準備，讓果實逐步成熟。

——法蘭西斯．培根公爵（Sir Francis Bacon, 1597）❶

堅硬的肉需要銳利的牙齒。

——土耳其俗諺❷

我們花了很長的時間來了解有效談判的要素。第一部分介紹了有效談判的六大基礎，我們討論了：

- 各種談判風格
- 擁有具體目標和期望的重要性
- 權威標準和規範如何界定出談判區域
- 關係如何影響談判
- 如何利用對方的考量，邁向成交
- 籌碼是什麼，以及如何使用

這六大關鍵要素絕對能讓你做好談判致勝的準備。此外，這六大要素各自有更深層的心理學基礎，未經訓練的人是看不出來的。以下表格整理出這些動機影響因子，它們是談判的情緒動力來源。

圖表7.1
談判的心理學立基

基礎	心理學立基
1. 談判風格	來自家庭、性別、文化和經驗的態度
2. 目標和期望	對於什麼是可能得到的、以及你想獲得什麼的信念
3. 權威標準和規範	一致性原則和順從權威的傾向
4. 關係	互惠規範
5. 對方的考量	自尊和私利
6. 籌碼	迴避損失的心態

談判的四階段

本書第二部分，我會介紹這六大基礎及其心理學立基如何幫助你在談判過程中循序漸進、達成目標。第三部分的內容規畫顯示一個簡單又重要的事實：談判是一場四幕的舞碼。從本章開始將依序介紹這四個階段。我們先從日常生活的例子來了解這四個階段的順序。

假設你開車來到十字路口。你看到有另一輛車也在同時間來到十字路口。你會怎麼做？有經驗的駕駛多半會減速，先評估一下狀況。接下來，會和另一位駕駛藉由眼神接觸來溝通。有了眼神交流後，其中一位駕駛會揮手指向十字路口，做出全世界通用的「你先行」的手勢。也許兩位駕駛同時揮手。猶豫片刻後，其中一位駕駛會先開過，另一位再過。

請注意這個四階段流程：準備（減速）、資訊交換（眼神接觸）、提案和讓步（揮手）、以及承諾（開車過馬路）。這看起來似乎是特例，但是，無論是非洲鄉下的土地紛爭（第一章阿魯沙的例子）、英國勞工談判、抑或是美國的商業併購，人類學家和社會科學家在許多情況下都觀察到這四個階段。❸這四個階段位於談判表面之下，人們很少提及，也往往看不到。

當然，在複雜的協商現場，這些步驟的順序和速度或有不同。人們可能在讓步的階段遇到僵局，因而回去重新交換資訊。有時候交易進行得很快——議題「A」和「B」很快就獲得對方承諾，但議題「C」卻還處於資訊交換和讓步的階段。

來自不同文化的人歷經這四個階段的速度也不一樣。西方工業化國家以任務取向的談判者通常會倉促地結束資訊交換，急著「切入正題」，盡快開場並討論讓步。然後再花時間交換、測試和討論提案。

亞洲、非洲、南美洲和中東的重關係的談判者則喜歡慢慢交換資訊，在談判正式展開前，先建立起某種程度的互信。建立關係後，明確的讓步階段會進行得很快。我認識一位顧問，為了一筆沙烏地阿拉伯的生意，花了十天的時間參加各種外人看來非常無聊的正式晚宴和社交活動，而最後，只和對方喝了一杯咖啡，就簽成了價值數百萬美元的合約。其實，在之前那段時間，一段規畫縝密的建立關係的舞碼正在表象之下輕輕舞動。等到這個階段完成，真正的交易只要幾分鐘就成交了。

無論文化背景如何，各地的談判高手都像是舞藝精湛的舞者。他們隨時警覺對方的速度，在過程中努力維持和對方一致的舞步。

簡單介紹後，讓我們正式開始吧！本章先討論談判過程的第一步驟——準備策略。

準備步驟一：評估情境

要做到周全準備，就得針對你面對的情境擬出具體計畫，即使是簡單的談判也不例外。基本上，談判的情境有四種，分類的依據是：你所認知的（一）雙方未來關係的重要性（雙方為達成目標，需要對方提供協助和合作的程度有多少？）；以及（二）利害關係的衝突強度（雙方對於這筆交易中的金錢、權力或位置等有限資源想爭取到什麼樣的程度？）。❹每一場談判——無論氣氛多和諧或多對立——都摻雜了雙方對實質問題或多或少的衝突，還混合了對於人們應該如何對待彼此的敏感度。

人際關係方面的考量可能比利害關係考量高或低。情境矩陣（Situational Matrix，圖表7.2）結合了這兩種因素的相對高低，組成四種情境類型：沉默協調型

圖表7.2

情境矩陣

利害關係的衝突強度（你的認知）

雙方未來關係的重要性（你的認知）		高	低
	高	I：平衡考量型 （生意合夥、結盟或合併）	II：關係型 （婚姻、友誼或合作團隊）
	低	III：純交易型 （離婚、售屋或市場交易）	IV：沉默協調型 （公路十字路口或飛機座位）

（Tacit Coordination）、純交易型（Transactions）、關係型（Relationships）和平衡考量型（Balanced Concerns）。

讓我們從最簡單的（第四象限）逐步介紹到最複雜的情況（第一象限）。

第四象限：沉默協調型

所有談判中最基本的情況位於矩陣的右下方：第四象限「**沉默協調型**」。第四象限對利害關係的衝突低，未來人際關係發展也有限。之前提過兩位駕駛來到十字路口的例子，就屬於第四象限。雙方在十字路口沒有衝突的必要（如果處理妥當，不需要爭先恐後），而且兩人之後再遇見的可能性極低（未來人際關係不列入考量）。**沉默協調型**的情況多半只需沉默地避免衝突，不怎麼需要談判。

第三象限：純交易型

現在往左移到第三象限，「純交易型」。在這種情況中，利害關係遠比未來人際關係重要得多。陌生人之間買賣房子、汽車和土地，被併的管理團隊會被逐出門的企業合併案，以及許多透過市場進行的買賣都屬於**純交易型**。

我們很容易把**純交易型**想成「討價還價」或「贏家通吃」這種雙方之間的關係並不重要

的簡單狀況。**純交易型**的確可以這麼簡單，但多半時候並非如此。若雙方都想成交，則談判情況本身就會在談判雙方之間創造出一種工作關係。在西方，除非交易雙方是常常合作的專業機構，否則這種關係通常只限於禮貌上。在某些文化中，就算只是**純交易**，交情（至少表面如此）依舊不可或缺。在利害關係甚高的**純交易**中，老謀深算的談判者會如何對待對方呢？讓我們來看看以下故事。

摩根先生，你一定搞錯了

我這個關於**純交易型**的故事發生於美國企業界的「鍍金時代」，涵蓋了三位重要歷史人物：華爾街大亨J．P．摩根（我們在第四章提過他送了兩張支票給安德魯．卡內基的故事）；標準石油公司（Standard Oil）創辦人，老洛克斐勒（John D. Rockefeller, Sr.）；以及洛克斐勒的年輕繼承人，小洛克斐勒（John D. Rockefeller, Jr.）。[5]

一九〇一年，摩根非常想要買下富含鐵礦的梅薩比（Mesabi）礦場。摩根積極爭取，最後成立了美國鋼鐵公司（U.S. Steel Corporation），而此區礦場也成為該公司重要的製鋼原料來源。

這塊地屬於老洛克斐勒所有。此時他正打算退休，講明了無意再做像是梅薩比礦場這樣的大型買賣。他一再拒絕和摩根討論這件事，而且他個人也不是很喜歡摩根這個人。

可是，摩根要定了梅薩比礦場。不斷糾纏之下，老洛克斐勒終於同意在他位於紐約市的豪宅與他會面。會議中，摩根要他開價，老洛克斐勒猶疑了一陣，便要摩根去找他新顧問團隊的其中一人，也就是他二十七歲的兒子小洛克斐勒。

摩根嗅到了大好機會，立刻邀請從未謀面的小洛克斐勒到他華爾街的辦公室商談此事。幾個禮拜後，小洛克斐勒不請自來，出現在摩根位於華爾街的辦公室。

一位助理引領小洛克斐勒進入摩根的辦公室。這可不是一間普通的辦公室；這是全球最重要金融帝國的大本營。摩根希望洛克斐勒確實了解這一點。

摩根低頭看資料、還故意和顧問交談，似乎根本沒有注意洛克斐勒的到來。摩根一直忽略他，而洛克斐勒也耐心地站著。等了好久，摩根抬起頭來，看著眼前這位年輕人。

「那麼，」摩根怒問：「你開價多少？」

小洛克斐勒刻意回瞪著這位大人物。

「摩根先生，」他平靜地回答，「你一定搞錯了。不是我想賣地。我知道你很想買。」

兩人對看著。摩根先眨眼，他很欣賞小洛克斐勒的強硬態度，語調因而軟化。兩人開始討論買賣的一般細節，發現沒有人願意先開價。摩根的朋友艾伯特・蓋瑞（Elbert H. Gary）法官曾私下建議他，七千五百萬美元應該是他對礦場的「最高出價」。不過，摩根這個聰明過人的談判者當然不會提出任何具體的數字。

小洛克斐勒發現了摩根的不自在，最後提議請人來協調，訂出礦場的公平價格。他們都同意由亨利・克雷・弗里克（Henry Clay Frick）——摩根和老洛克斐勒都信任的人——來擔任這個角色。

弗里克接受所託，很快便發現摩根無意付出七千五百萬美元以上的價格。弗里克把這個數字告訴老洛克斐勒後，了解洛克斐勒也無意答應摩根的出價。

「老實說，我最反對買方明白訂出最高價格，」老洛克斐勒對弗里克說，「我無法在這種基礎上跟他交易。感覺很像最後通牒。」

弗里克和老洛克斐勒討論礦場的價值，最後同意八千萬美元是公平的價格。弗里克把這個數字回報給摩根和蓋瑞法官。蓋瑞法官要摩根拒絕，因為這遠超過他們的最高價格。

可是，摩根知道自己的困境。他不能因為八千萬美元就放棄這座礦場，他也知道洛克斐勒並不是非賣不可。況且，連中立的弗里克都支持洛克斐勒的開價。

「發函表示接受吧。」他告訴蓋瑞。

交易談成了。

結果，摩根還撿到了便宜。礦場挖出了價值數億美元的鐵礦。

因此，**純交易**是指利害關係遠大於人際關係的情況。雙方需要協調會面、探討問題，並且有效溝通。不過，就像洛克斐勒父子和摩根的例子一樣，雙方不需要為了未來的合作可能而做出任何通融。當下的籌碼最重要。

第二象限：關係型

這個情況和第三象限正好相反。在第二象限中（矩陣的右上方），人際關係非常重要，談判的事物反而是次要的。這一格叫做**關係型**。擁有健全婚姻關係的夫妻、在運作健全的團隊裏工作的員工、以及某些招募工作，都屬於這一類。

當人際關係是最重要的因素時，我們應該努力善待對方，仔細留意談判的規則和限制。為說明這極為重要的概念，讓我們再以歷史為師。這個故事是關於二十世紀最偉大的科學家亞伯特・愛因斯坦（Albert Einstein）。故事從愛因斯坦的求職過程展開。

除非你認為我能再省吃儉用

一九三〇年代初期，一家新成立的研究機構——紐澤西州的普林斯頓高等研究所積極網羅世界級學者，籌組全球第一個「智庫」。中心人員不從事教職，而是進行基礎研究，一起用餐、一起討論，並且發表論文。

該中心的新所長亞伯拉罕．弗雷克納（Abraham Flexner）請愛因斯坦加入他們的團隊。當時，住在歐洲的愛因斯坦正好在尋求新職，因此表示很有興趣。兩人進一步討論，最後，弗雷克納問愛因斯坦要求多少薪水。

愛因斯坦回答，年薪三千美元應該就夠了，除非，弗雷克納認為他還能再「省吃儉用」一點。主任的反應是什麼呢？他把愛因斯坦的要求乘以三倍，給了他一萬美元的年薪。兩人又討論了搬遷和養老金等福利，最後，據說愛因斯坦接受的薪資福利價值高達一萬五千美元——這在大蕭條重擊的一九三〇年代是巨星等級的待遇。❻

愛因斯坦的故事顯示以人際關係為重的談判狀況。弗雷克納的問題是，該如何讓一位如同「皇冠明珠」的教授感到備受禮遇，自在地待在這個機構。至於愛因斯坦的薪水多寡反而是次要的。弗雷克納對愛因斯坦的慷慨奏效了。愛因斯坦成了高等研究所的指標人物，吸引更多傑出的學者加入，紮實地建立起世界級的水準。

第一象限：平衡考量型

矩陣的左上方在四種情況當中最為有趣和複雜。它叫做**平衡考量型**。在這個象限中，未來人際關係和眼前利害關係同樣重要。第一象限就是許多求職紛爭、家族企業問題、合夥、併購（被併的管理團隊繼續存在）、與廠商長期的關係、策略聯盟和公司內各部門的關係所面對的場景。

在這些情況當中，你想要有所收穫，但又不想危及未來的關係。你希望先把未來關係放在第二順位，但又不想因此付出太高的代價。我用美國的開國元老班傑明．富蘭克林（Benjamin Franklin）的故事來說明**平衡考量**。

富蘭克林的用餐協議

富蘭克林才華洋溢，他同時也是個精明的談判者。也許正因如此，他不但是傑出的外交官——在美國歷史的重要時刻代表美國駐任法國——還在一七八七年的制憲會議上擔任主席，化解與會人士的歧見，成功起草美國憲法。

富蘭克林早年便展現這方面的才能，屢次為爭議性問題找出巧妙的解決辦法，其中一個例子發生在一七二二年，是關於蔬菜的談判——最後有錢大家賺，皆大歡喜。❼

富蘭克林十二歲的時候，搬去波士頓跟同父異母的哥哥詹姆斯同住，當詹姆斯的徒弟，在印刷廠見習。詹姆斯未婚，因此兄弟兩人在宿舍用餐。詹姆斯每月付費，請宿舍準備三餐。

這樣的生活過了四年，富蘭克林——如今是精力旺盛的十六歲少年——讀到一本關於素食主義的書，深受它的健康概念和哲學所吸引。他開始拒絕吃肉。

富蘭克林本人倒是甘之如飴，但是宿舍廚子氣極敗壞地向詹姆斯抱怨，說他必須額外準備素食。其他學徒也開始不滿，叨念著富蘭克林後來自己所指的飲食「怪癖」。詹姆斯生氣了，情況迅速惡化，眼看著衝突就要在家裏和學徒之間上演。

為解決問題，富蘭克林提出一項協議。他說，他不再和其他學徒一起用餐，讓詹姆斯可以不用幫他付一整筆餐費，只要詹姆斯把他的餐費的半數給他即可。富蘭克林可以用這筆錢來買蔬菜，自己做飯。

富蘭克林在他的《自傳》裏提到，在所有人當中，這項安排對他自已特別有利：

> 我高興地發現，詹姆斯給我的錢，我可以存下一半，做為買書基金；除此之外，我還得到另一個好處。我哥哥和其他學徒下班後直接去宿舍用餐，我一人留下來，享用我的輕食……在他們回來念書之前，工廠是我一個人的。

總之，富蘭克林堅持吃素，反而找到了讓大家都更好的方法。詹姆斯省下了富蘭克林一半的餐費，富蘭克林得以如願繼續吃素，自己存下百分之二十五的餐費，還賺到了安靜閱讀的機會。

這個故事不像洛克斐勒和摩根八千萬美元的交易，有那麼高的利害關係。也不像高等研究所成功請來愛因斯坦，牽涉到重要的人際關係。可是，這筆餐費對於詹姆斯和富蘭克林都同樣重要，加上富蘭克林堅持吃素，已經威脅到家庭和諧，危及詹姆斯這間小小印刷廠內部的微妙關係。

富蘭克林的「用餐協議」巧妙地維持了和平，大家的裏子、面子都顧到了，而且創造出兄弟兩人可以平分的經濟利益。這是個發人深省的談判案例。

準備步驟二：搭配情境、策略與風格

這些案例顯示，不同的情境需要不同的策略和談判技巧。你很可能在某些情況下表現較佳。圖表7.3能幫助你找出適合每一種情境的最佳策略。

如果這些策略你都能運用自如，就可以依照這個表來選擇使用。如果有些策略你用不習慣，則你最好請別人協助你一起準備。

整體來說，合作型的人重關係、不愛衝突，很適合在**關係型**和**沉默協調型**兩種情況下進行談判。競爭型的人則擅長以利害為重、人際關係不重要的**純交易型**談判。**平衡考量型**的情況則需要綜合合作型和競爭型的特質，另外還要再加上一點想像力。富蘭克林提議把要付給廚子的餐費分配一下，就是面對**平衡考量型**情況時，典型的創意反應，果斷、公平、合理又體貼。

在**平衡考量型**的情況中，執行問題解決策略需要什麼樣的特質呢？首先，態度堅持、但不具侵略性。富蘭克林從頭到尾都沒有放棄吃素的主張。他繼續吃素。合作型的人有時就做不到這一點，他們很容易順從別人的需求，放棄自己的目標。同時，競爭型的人又一心只顧自己的堅持，不體諒別人的利益和感受。

其次，問題解決策略要發揮效用，需要想像力和耐心。也就是說，直接妥協是問題解決的最大障礙。如果還沒有徹底研究所有方案，就貿然採取折衷辦法，則會錯失讓雙方需求完全達成的機會。

事實上，如果仔細研究圖表7.3，你

圖表7.3
情境矩陣：策略指南

利害關係的衝突強度（你的認知）

雙方未來關係的重要性（你的認知）		高	低
	高	I：平衡考量型 （生意合夥、結盟或合併） 最佳策略： 問題解決或妥協	II：關係型 （婚姻、友誼或合作團隊） 最佳策略： 遷就、問題解決或妥協
	低	III：純交易型 （離婚、售屋或市場交易） 最佳策略： 競爭、問題解決或妥協	IV：沉默協調型 （公路十字路口或飛機座位） 最佳策略： 迴避、遷就或妥協

會注意到，儘管每一種情況都可以使用妥協策略，但它不是第二選擇，就是第三選擇。除非時間緊迫，或者有其他策略做為主軸，否則最好不要把妥協當作所有談判情況的通用策略。

準備步驟三：從對方的觀點來檢視情境

圖表7.2和7.3當中影響談判的兩大因素分別是：談判者所**認知**的「利害關係的衝突強度」與「雙方未來關係的重要性」。這是因為談判情境是人們觀察而來的，並不是客觀的現實。每個人對於情境的「認知」不同。準備談判時，你不僅要考慮自己的觀點，還要參考對方的觀點。

舉例來說，有一方可能認為人際關係重於一切，而另一方可能認為利害關係才最重要。由於認知不同，雙方的行為也會完全不同。

談判當中的資訊交換階段（見第八章）有個重要功能，就是探究對方對於情況的看法。如有必要，你還需要說服對方了解你對於情況的看法。

如果你在百貨公司買了電子產品，想要退貨而遇到店員刁難，把這件事當作純交易來處理，你的第一步應該要指出你和該百貨公司長期的關係（見第四章）可能因此被店員（或他的主管）破壞，則他的態度可能會因此軟化。如果過去沒有關係，著眼於未來關係可能也一樣有效。

在這個例子中，如果對方派出的是談判代理人，還得多考量另一個層面的觀點。百貨公司委任的代理人和百貨公司本身的看法可能不一樣。例如，在勞資談判中，專業的工會談判者通常會比一般的工會成員有更多的**平衡考量**看法。因為專業工會談判者常常和管理階層談判，必須和對方維繫有用的合作關係。

相反的，個別的工會成員與管理階層接觸機會不多，也不會上談判桌。他們因為是從工廠勞工這種更遙遠的觀點來看事情，因此對於工會和公司之間的關係常常會抱持質疑態度，會將薪資談判視為第三象限的**純交易型**情況。為了縮小認知上的差距，工會談判者有時需要用誇張的手法來展現強硬態度，讓勞工看到他們把公司逼到了極限。聰明的公司談判者了解這些裝腔作勢的需要，不會把它們視為是個人行為。

準備步驟四：決定如何溝通

準備工作的第四步是訂出和對方溝通的最佳方式。這個問題有兩個層面。第一，你該直接和對方溝通，還是透過代理人？如果你是極重合作的談判者，面對的又是一個談判無賴，則你最好雇用冷靜的代理人或律師來代你發言。第二，如果你決定自己上場，是應該面對面溝通、透過電話、還是利用電子郵件這類網路媒介？買新車時，如果你不想被銷售員的壓力所影響，你可以先決定好要買哪一款車，然後透過網路來議價。在現今社會，多數複雜的交易不可避免地會牽涉多種溝通方式，所以聰明的溝通者都會預先規畫在不同的談判階段使用不同的溝通方式。

我前不久才遇到這類問題。我太太和我剛賣掉了房子，搬到附近市郊。我們在賓州大學附近這個住宅區已住了十五年以上，跟鄰居都已經很有感情，特別是，有很多鄰居是我們兩人的同事。我們在賣屋時，真心希望，如果有可能，再為這個人情味濃厚的街道找個合適的家庭。另外，我們也希望賣到好價錢，盡可能不用支付百分之六的公訂仲介費。於是，我們研究了我們這一區近期成交資料和售屋廣告，付給仲介一小筆錢來做專業評估，並請鄰居介紹有意購屋者。

不到幾天，住附近的大學朋友介紹了一個人給我——大學裏有個新來的年輕教授，帶著妻小準備搬到附近。一週後，他們從新英格蘭過來，仔細檢查（還有精明的岳父岳母幫忙）水管、屋頂和暖器系統，決定要出價。在我們看來，我們馬上就覺得這個家庭非常適合這個社區。有趣的問題出現了：我們的背景有許多重複和共同的關係（對方對於要和一個談判「專家」交手，絲毫不敢掉以輕心），最佳的談判方式是什麼呢？

我們之前面對面接觸很融洽，因此，我建議我們透過電子郵件。電子郵件的談判充滿危險性，稍後會詳細介紹。可是，它還是有一些好處，我認為在這種情況下它可以讓對方安心：它能讓對方有足夠的時間慢慢比較每一份提案，為出價和還價建立清楚的紀錄，還能避免我方在面對面會談或電話中耍手段的機會。

所以，我們就決定這麼做，一切進行得很順利。我們身為賣方，在第一封電子郵件裏，就寄上了我們的開價，還附加了附近的售屋廣告和成交紀錄以供對方比較。他們回覆時，提出了經過徹底研究的合理還價。經過幾個禮拜，談判範圍已經大幅縮小。最後，我打電話給對方，提出最後五千美元的差價由雙方各吸收一半——他們接受了。這筆交易唯一意外的插曲出現在幾週之後，這對夫妻雇了一位律師幫他們處理買賣文件。這位急躁的女士是按小時收費的，她竭盡一切手段在雙方和平的氣氛中製造麻煩。不過，我們偶爾會直接打電話給買方保持聯繫。交易完成，現在我們開心地拜訪舊家、參加年度社區派對，我們和大家的關係還是一樣和諧。

溝通問題一：該不該請代理人？

從我的賣屋例子當中，你可以看出我不是很喜歡請代理人，除非他們的貢獻價值超過收費。可是，我之前也說過，如果雙方的談判風格或專業落差太大，則雇用代理人是明智之舉。此外，這世界上有許許多多的房屋仲介、財務顧問、律師和各類經紀人，可以擔任稱職

的中間人。所以，不管你喜不喜歡，你還是需要常常面對他們。❽

請代理人的最佳理由是經濟考量：他們有時候能幫你爭取到更划算的交易。要不是我太太和我剛好遇到買方較少的情況，否則我們很可能會請房屋仲介，利用他的行銷和廣告力量，我們上班時可幫我們帶人看屋，保護我們不直接接觸到無禮、討厭、魯莽的買方。我們也可能會請個好律師來幫我們談判。❾律師不僅能在談判桌上提供談判經驗和有用關係，也能帶領雙方安然度過潛藏（而且具毀滅性）的法律和商業風險。事實上，在紐約或加州矽谷這些菁英地帶執業的傑出律師，大多都是全世界最老謀深算的商業策略家。他們不僅協商法律條款，還在複雜的全球條件下，為交易創造出最大價值。最後，有些代理人為整個產業扮演「守門員」的角色。例如，龍頭出版商只看知名作家經紀人的提案，對於其他著書計畫根本不屑一顧。在娛樂和運動界，經紀人也一樣扮演著很重要的角色。在這些案例當中，延請代理人都是理所當然的做法。

不過，請代理人加入團隊之前，你得先小心核算一下額外成本。這些成本包括：

- **代理人收取的費用**。盡可能與對方議價。
- **代理人自己的盤算**。你一定要知道你的代理人如何收取酬勞，以及他為誰工作。在房仲業裏，賣方代理人的報酬來自於佣金，而且是為賣方工作。這有兩點重要意涵：第

一，收取佣金的代理人會努力衝成交筆數，而不是讓買賣雙方同時受惠。確實，研究也顯示，當房仲賣的是自己的房子時，把房子留在市場上的時間會比幫你賣房子時還要久。❿而且，還要小心思考是否要把自己的底線透露給代理人知道。收取佣金的代理人為了達成交易，幫你談判時，會更快洩露底線。至於收取時薪的代理人則正好相反。就像我們賣費城的房子時，買方請來的律師一樣，計時收費的代理人可能會用拖延戰術以便多收點費用。

- **觀感不佳**。代理人有時會興風作浪，壞了談判雙方的關係。有些律師會對談判雙方都不在意的法律條文窮追猛打，創造出不好的感覺、緊張和不信任，成了「交易破壞者」，而非「交易促成者」。如果你的代理人行為失當，你得請他走人，親自上陣，讓一切回到正軌。
- **溝通不良**。溝通過程每加一層，誤解的風險就會增加。若雙方都委託代理人，扭曲的風險便急遽增高。若你想透露重要訊息給對方，但又必須透過他的代理人，則最好要求和對方直接會面（有代理人在場），或者利用書面訊息傳達。
- **自利偏誤**（self-serving bias）。房屋仲介有自信絕對能賣掉你的房子，律師很確定能幫你打贏官司。研究顯示，代理人通常對自己的能力過度自信，如果結果證明他們是錯的，你就有麻煩了。事先做一些調查，而且盡量多多詢問其他人的意見。

- **時間**。俗諺有云：「如果上帝有代理人，那麼祂現在都還在創世階段。」委任代理人會拖延事情，尤其在時間至關重要時，會讓你平白付出極高的代價。

溝通問題二：面對面、打電話、還是寄電子郵件？

傳統的談判是面對面，但如今在這網路世界中，我們還需要使用許多其他的溝通方式。一般而言，面對面會議讓每個人有最大的溝通「頻寬」，得以咀嚼言外之意、追問問題、獲得意見回饋，發展出能降低談判障礙的真正關係。⓫我們想要表達的訊息，有一半是經由非語言的方式傳送的，因此，只利用書面或聲音的方式，就會喪失很多溝通管道。頻寬僅次於面對面的溝通管道就是視訊會議，這種方式因為恐怖主義高漲這類地理風險以及科技進步，而越來越普遍。接著就是打電話，它讓你能利用說話的語調和速度來溝通。排名最後的就是電子郵件和簡訊這類電子溝通法。

若以方便性為主，則排名剛好相反——會面最難安排，而電子郵件只需「一指神功」。所以我們難免會傾向於使用頻寬最窄的溝通管道（電子郵件）。⓬

我在之前的賣屋例子中已經點出了用電子郵件做為談判管道的好處⓭，包括有：

- **方便**距離遙遠的雙方。

- **有時間思考**下一步。
- **容易傳送大量數據**來佐證提案。
- **製造公平競爭的環境**給經驗程度不同的雙方。
- **迅速動員大規模聯盟**，利用電子郵件群組名單找出志同道合的支持者。

另外還有一個與個性有關的好處。不善談判的人喜歡利用像電子郵件這樣的方式，因為它能減低面對面爭執或衝突的風險。

電子溝通的方便性實在太吸引人，所以一定要留意它的陷阱。研究人員一再從實驗中證實這些問題的存在。包括：

- **提高陷入僵局的風險**。電子訊息沒有語調、表情和抑揚頓挫，要比面對面說話更給人侵略性和對峙的感覺，因而可能引起收信者的情緒，氣沖沖地回覆。問題就從這裏開始惡化。有許多關於電子郵件談判的詳細研究也證實了這一點。[14]研究人員讓史丹佛大學和西北大學一群企管碩士生進行談判。其中一半學生只獲得對方的姓名和電子郵件地址，就要他們開始談判。另一半學生則掌握了對方的照片以及興趣、家庭、工作計畫和戶籍等詳細資料後，才開始談判。在後一組當中，有百分之九十四輕鬆達成協議；而前一組只有七成勉強完成談判。

- **不小心誤觸點擊**。電腦螢幕前非正式的私密環境讓人放鬆，我們忘了我們的訊息很容易被複製，意外寄到不預期的人手上。我以前有個學生用電子郵件談判薪水時就不小心犯了大忌。他要求加薪的信件內容語氣傲慢，而且顯然在大家合作的案子當中獨攬功勞。這封信在他公司高層之間廣為流傳，最後他也遭到被解雇的命運。
- **延遲**。關於電子溝通的研究顯示，同樣的問題，用電子郵件來溝通要比面對面或聲音溝通費時更久。溝通管道越窄，透過它獲得資訊的時間就越長。相對於促成交易，使用電子郵件來解決紛爭時，延遲以及可能造成的誤解特別會引起問題。
- **癱瘓團體決策**。當團體與團體之間透過電子方式來談判時，所做出的決策通常會比面對面的情況更兩極化。缺乏社群感知以及利用非口語的溝通管道，似乎會使我們更不容易妥協。

如果電子談判是你唯一的選擇，有三個簡單步驟可以讓你免於麻煩。第一，**徹底思考後再點擊**。負面情緒高漲的時候，千萬不要寄發任何訊息——隨時警惕，你一旦寄出訊息，除了收信人之外，還可能會有許多其他人看到內容。

其次，在所有訊息中，都要盡量設法**閒聊一下**，提出要求之前，也一定要把原因說清楚。聽起來也許虛假，但它能軟化那種對峙的感覺。就連信件一開始熱情地寫著「嗨！約翰，」也比只寫「約翰」要好得多，能夠軟化你給對方的印象。

第三，在冗長的談判過程中，和對方**偶爾通個電話，如果可以，安排幾場會面**。這些接觸能協助傳達電子郵件做不到的關係訊息。企業也發現，執行複雜問題的跨部門計畫小組如果只用電子溝通方式，則完成任務的時間會久得多。解決辦法是，除了電子溝通之外，再搭配幾次視訊和至少一次的面對面會議。

即時訊息（IM）則是電子郵件的另一個有趣的版本，而且在企業溝通和實體交易上越來越常見，特別是在多方參與的時候。現在，企業高層也很流行用即時訊息和多方交談，這種電子通訊無疑已成為越來越受歡迎的正式商業溝通形式。

和電子郵件不同的是，即時訊息讓各方同時立即對話，也可以另闢隱私對話框，阻止其他人看見內容。此外，即時訊息也像電子郵件一樣，可以為所有溝通內容建立完整的紀錄，這樣的功能就連視訊會議都比不上。可是，即時訊息也會像電子郵件那樣給人對峙的感覺，需要更加小心。你的一字一句會立刻成為歷史紀錄——訊息送出之前，通常無暇挑出錯字或情緒化的字眼。

最後，針對即時訊息和電子郵件的研究顯示，競爭型的談判者使用即時訊息時，會事先準備好精細複雜的論點來支持他們的立場，在快速來往的即時訊息環境下，常使對方無言以對，被迫妥協。⑮相反的，電子郵件能讓速度較慢的一方有機會思考，想出有技巧的回覆方式。

總之，利用即時訊息談判需要特別小心，周全準備，謹慎應對。

整理成綱：你的談判計畫

了解情境分析的基本原則，也能預期對方可能使用的各種策略後，你需要將這些知識和談判六大基礎的資訊結合起來，整理成談判計畫。我在書中提供了一個簡單表格（見附錄B），供你整理你蒐集到的資訊。談判過程中，要隨時參考、更新這項計畫。

你在準備期間獲得的見解是資訊為本談判法的關鍵。不過，周全的規畫只是個開始。準備工作最大的用處之一，是列出你預計在談判早期提出的具體問題。畢竟，你的計畫是來自於你對於對方的需求和想法的假設。下一章將談到，談判的開場階段讓你有機會實際用對方直接提供的資訊來測試這些假設。

結論

本章介紹了周全準備的要點。首先，使用情境矩陣應該能確定你面臨的是哪一種基本情況。哪些策略最適合用於這種情況？

接下來，你得把你的情境分析和你的風格偏好結合起來，以了解自己是否適合處理眼前的問題。如果你基本上不喜衝突，除非對方也像你一樣，否則面對**純交易**情況就會比較棘手。如果你非常好勝，就比較不擅於面對需要圓滑手腕的**關係型**情況。

第三，試著想像對方是如何看待全局。他們重視彼此關係嗎？利害關係對他們是否如對你一樣的重要？情境分析能讓你事先設想對方可能會用什麼樣的策略。

第四，找出最適合和對方溝通的方式。有必要委託代理人嗎？如果你親自上陣，是應該面對面、打電話、還是透過電子郵件？

最後，把你對於情況蒐集到的資訊，和你對於談判六大基礎的理解結合起來，訂出具體詳細的談判計畫。利用這份計畫列出要問對方的問題，趁著早期討論階段提出，以測試你的假設是否正確。

如果你認為你無暇勝任所有準備工作，別忘了，就算是趁上場前只花幾分鐘複習六大基礎和情境矩陣，也能有很大的幫助。事實上，研究顯示，要成為有效談判者最重要的步驟是養成準備的習慣。加州大學洛杉磯分校傳奇的籃球教練約翰・伍登（John Wooden）曾說過準備工作的重要，令我印象深刻：沒有準備就是準備失敗。

現在該是步上談判互動階段的時候了。帶著你的談判計畫，跟我一起進入步驟二——交換資訊。

第8章

第二步：交換資訊

開門見山地提出要求，不如先迂迴探測對方的意向。

——法蘭西斯．培根公爵（Sir Francis Bacon, 1597）❶

誰沒有見識？那些不問問題的人。

——富拉俗諺❷

回想本書第一章提到的談判案例。你還記得「對山說話」嗎？坦尚尼亞的阿魯沙族人用這種說法來描述談判之初，雙方交換初步要求和討價還價的情形。沒有人會把這些一開始提出的要求當真。反之，這些要求的作用只是讓阿魯沙談判者訂定議程、測試期望、並為自己的立場建立正當性。等到雙方正式開始談判後，就自然會選擇性地忘記當初過分的要求。

另外，還記得彼得・朱萬諾維奇和大眾戲院的迪克・史密斯商談HBJ出版公司的未來時，一開始是什麼情況嗎？雙方剛會見時，彷彿是一首精心編排的小步舞曲，可是，朱萬諾維奇脫稿演出，致贈史密斯一只昂貴的刻字手錶，還坦承他認為大眾戲院是HBJ唯一的出路。HBJ當時正瀕臨破產倒閉，朱萬諾維奇的餽贈和坦白是拉近雙方關係的重要舉動，也讓史密斯知道對方識時務地承認了史密斯擁有較優的籌碼。此舉營造出合作的氣氛，敦促雙方進入合夥關係，最後成功達成協議。

「對山說話」和致贈禮物都不算是談判，至少從字面上看是如此。這當中既沒有互惠交換，也沒有針對具體務實的提案進行詳盡的測試。應該這麼說，這些初步動作屬於談判儀式當中的一部分，這一部分通常是在協商之前、或者在協商當中反覆發生，稱為「資訊交換」。成功的資訊交換過程能達成許多重要目的，我會在本章逐一討論。這些目的分別為：在每位談判者之間發展出**親和感**（rapport）；讓各方關心的根本**利益**、**議題**和**觀點**浮上檯面；以及根據各方的相對籌碼進行初步的**期望測試**。

在資訊交換階段——而非後來的具體協商階段——我們首次有機會實際檢視六大基礎。我們展現出我們的風格特質（個性、性別和文化，第一章）、表達我們的目標（第二章）、探詢對方的利益（第五章），以及測試我們對於適用標準（第三章）、關係（第四章）和籌碼（第六章）的假設是否正確。

交換資訊時，我們也同時在檢驗對方對於第四章提到的互惠規範的支持程度。❸如果雙方能在資訊交換當中建立起這套規範，就會更有自信能度過棘手的談判和承諾過程。否則，雙方要達成協議，想必會經過一段艱難時期。

在談判當中，許多資訊交換只需要幾秒鐘的時間就能傳達。還記得第七章提到兩輛汽車來到十字路口的例子嗎？只要短暫交換眼神，就可以知道對方駕駛的意圖和個性，決定通過十字路口的先後。更正式一點的談判也是一樣。回答問題時，一抹滿意神情、皺眉或緊張停頓的瞬間，就可以表達出大量的資訊。

文化差異也是資訊交換階段中，特別重要的變數。就像我之前提過的，針對各種文化的研究發現，西方人在談判中通常比較「以任務為重」，特別是美國人。❹這意味著，美國人喜歡盡快進入正題，提出「那麼，你準備好開出條件了嗎？」企圖縮短資訊交換的時間。

相反的，在亞洲、非洲和拉丁美洲等許多「以關係為重」的文化裏，資訊交換階段極為重要。各方不僅想趁此機會了解談判重點，還想建立起比單次交易更加深遠的關係。❺如果

他們無法在初步討論階段建立起這樣的關係，談判將會舉步維艱，難以進入有意義的協商。❻

讓我們從幾個案例來仔細檢視資訊交換階段的三大功能：（一）建立親和感；（二）找出利益、議題和觀點；以及（三）表達期望和籌碼。同時，別忘了這個談判初期的階段，往往是整個過程當中最容易被忽略的部分。有所警惕便能獲得強大的競爭優勢。

目的之一：建立親和感

資訊交換階段第一件要注意的事，是談判桌上的情緒或氛圍——也就是談判者之間是否有親和感。❼資訊交換端賴有效的人際溝通，而親和感就是催化劑。

也許有人會認為親和感不過是基本待人之道，是微不足道的事，不過談判專家了解得更多。他們可能會像第七章提到的摩根和小洛克斐勒會談的情況一樣，不管氣氛融洽與否，直接叫囂：「你開價多少？」可是他們這麼做是故意的。不是故意恫嚇對方，就是為了保護自己不讓對方恫嚇。事實上，在第二象限的**關係型**情況當中，建立親和感是談判過程中最重要的層面。

談判專家會遇到各式各樣的關於精心營造親和感，讓重要談判順利展開的故事。這些故事除了本身精彩之外，也反映了這些專家有多麼重視及早建立融洽的氣氛。

西方石油公司（Occidental Petroleum）野心勃勃的執行長艾曼德・漢默（Armand Hammer）於一九六〇年代中期想從利比亞人手中標下極有價值的利比亞石油開採權時，特地摒棄西方人的做法，改而遵行阿拉伯的行事風格。他不怕麻煩、不計代價地把標價寫在綿羊皮革上、捲起來，然後用代表利比亞國家的綠色和黑色絲帶綁起來。他要讓利比亞人知道，他花了心力研究，並尊敬阿拉伯文化。最後他成功得標。❽

談判時建立親和感，有個由來已久的方法，就是找出你和對方共有的興趣、愛好或背景經驗，而且要和談判無關。華納傳播公司（Warner Communication）傳奇性的創辦人史蒂夫・羅斯（Steve Ross），第一份事業是在葬儀社。❾讓他脫身轉入大企業的關鍵之一，是他幫一家小型的租車公司去和凱薩・金默（Caesar Kimmel）洽談生意。金默在紐約市裏裏外外共擁有六十座停車場。羅斯想說服金默答應讓租車公司使用他的停車場，讓租車顧客免費停車，報酬是，金默可以擁有租車公司百分之一的股份。

上場談判前，羅斯對金默徹底調查了一番，發現金默是個賽馬迷，而且還自己豢養賽馬。羅斯本身對於賽馬也略有所知，因為他的岳父岳母擁有一座馬場。

他走進金默的辦公室準備進行談判，祭出後來成為經典的史蒂夫・羅斯談判招數。他立刻掃視現場，看到一幅金默豢養的賽馬贏得大賽的表框照片。他走過去仔細看了一會兒，然後興致盎然地說：「莫蒂・羅森泰（羅斯的親戚）的馬在同一場比賽中贏得亞軍！」金默露出笑容。兩人一拍即合——促成了非常成功的合夥事業，後來也成為羅斯的第一家上市公司。

相似性原理

社會心理學家證實了史蒂夫·羅斯（和其他許多談判專家）對於如何展開談判擁有正確的直覺。心理學家羅伯特·西奧迪尼（Robert Cialdini）把這種現象稱為「喜歡規則」（liking rule）。他說過：「面對認識和喜歡的人，我們多半會答應他們的要求。」❿

這種喜歡規則潛藏著更基本的原理：當我們覺得對方很熟悉或與我們類似，就會更相信他們。近三十五年來，持續有研究結果顯示，如果相似度能夠顯現出來的話，則人們會更喜歡那些在外表、態度、信仰和心情上與自己相近的人。⓫就像艾曼德·漢默把競標價格寫在羊皮革上一樣，這種相似度不需要很徹底，就能夠促進溝通。的確，我也在第四章提過，只要是隸屬於像俱樂部、宗教、校友會、甚至同國籍（在外國時）等社會團體，就足以產生暫時的關係和相似感。⓬這片刻的機會往往就足夠營造出親和感。

即使對方知道你是為了營造親和感才刻意強調相似性，這也沒有關係。我在第七章提到的電子郵件實驗顯示，即便是在談判前刻意「閒談」，也能夠有效降低陷入僵局的風險。我本身就是談判專家，可是每當遇到別人刻意提及我們共同的經驗、關係和熟人，想讓討論更順利，我還是吃這一套。相似性原理是人類心理上很強大的一股力量，和物理學中的地心引力不相上下。

親和感陷阱：過與不及

我再強調一次：建立親和感既不會、也不應該為某方獲得重大的談判優勢。如果你覺得對方成功建立起親和感之後，一心企圖逼你讓步，你應該立刻有所警惕。你這是被操弄，不是進行協商。艾曼德．漢默雖然用羊皮革來寫標價，但卻沒有在價格上占到便宜，而史蒂夫．羅斯也沒有因為他對金默的賽馬表示興趣而獲得免費停車的優惠。

反之，兩人都是利用建立親和感的做法，來打開個人獨有的溝通管道，以便正確無誤地傳達他們的「交易訊息」。這麼做的目的是讓對方覺得自己是獨特的對象，而不是只是來提出要求的任何一張臉孔。他們兩人的故事都告訴我們，要讓別人覺得你是獨特的對象，方法之一，就是讓他們看到你也是如此對待他們。

在資訊交換中的建立親和感階段中，尺度的拿捏非常重要。我們都清楚，進行談判時，對方一定有求於我們，因此，我們會特別防範和留意對方的奉承討好及官氣態度。刻意、做作和討好的行為不但行不通，還可能賠上自己的可信度。[13]

另一種極端則是在談判之初不必要地冒犯或觸怒對方。任何粗心之舉都可能妨礙談判的進行，而如果雙方來自不同的文化，則更容易發生這種情況。關於不得體的談判開場，我最喜歡舉電腦晶片製造商英特爾公司（Intel Corporation）的例子。這個故事也警惕我們，在大企業中，不光是那些實際上談判桌的人，每一位員工都是談判團隊的一份子。

一九八〇年代初期，英特爾準備和一家日本公司展開一場極敏感的談判。英特爾的談判團隊做好一切研究和準備後，來到東京，準備和日本合作夥伴透過所有必要的社交儀式，來建立起合作關係。

在美國總部，英特爾的總法律顧問羅傑．波羅弗（Roger Borovoy）接到報社記者的來電，對方在閒談中問起和日本公司談判難不難。「和日本人談判彷彿和魔鬼談判。」波羅弗說。記者立刻在報導中引用這句話。

新聞見報不久，英特爾與日本公司的談判正式展開。對方很快就聽聞波羅弗的這段話，為談判投下了震撼彈。日本公司對此相當不悅。[14]

英特爾董事長安迪．葛洛夫（Andy Grove）對此事相當惱怒，還在公司特別設立了一個獎項來紀念這一大烏龍。這個獎項稱為「鼻籠獎」。獎座是一個鑲在木匾上的皮革狗鼻籠。波羅弗是首位得獎人，獎座也一直放在他的辦公室，後來，有另一位英特爾主管因為在不當時機對媒體發言，而成為新科得獎人後，獎座才得以易手。

總之，在談判之初建立親和感，是資訊交換過程中很特別的部分。無論城府氣度，人人都喜歡交心的感覺。這種私交越真誠，就越能發揮效用。

目的之二：找出利益、議題和觀點

資訊交換階段的第二大任務，是找出對方在利益、議題和觀點方面的基本資訊。他們是誰？他們為何而來？他們重視什麼？他們準備談判什麼？他們對整個情況有何看法？他們有沒有完成交易的職權？這方面的資訊交換對於各種談判都很重要，不過，當利益考量越高，就越要審慎、積極地找出這些問題的答案。

要找出利益和議題，需要你利用六大基礎和情境矩陣所做的準備工作。實際上，資訊交換階段讓你有機會測試你早先對於對方需求和論點所做的假設是否正確，並且表達你自己的基本利益——**又不用做出任何讓步**。

為說明利益、議題和觀點的分享狀況，讓我來說個失敗的跨文化談判案例。第二章提過索尼公司董事長盛田昭夫在紐約賣迷你收音機的經過，而現在這個故事也發生在他身上。這個故事顯示，即使是技巧高深的談判老手，也會犯下代價高昂的錯誤。

時間發生在一九七六年——也就是盛田昭夫發誓要讓索尼成為家喻戶曉品牌的二十年後。故事是關於美國電影業興訟以企圖阻止錄影機（ＶＣＲ）這項新興科技的發展。

盛田昭夫的訪客

一九七六年九月，身兼環球影片（Universal Pictures）和母公司ＭＣＡ總裁的辛德尼・薛因伯格（Sidney Sheinberg）遇到一個難題。索尼公司推出了一種叫做小帶錄影機（Betamax）的產品，也就是ＶＣＲ的前身。Betamax可讓觀眾錄下電視節目後，重複播放。[15]

在薛因伯格看來，Betamax對於他的基本經營策略是一大威脅。消費者可以免費錄下環球公司的電影和電視節目，想看幾遍，就看幾遍。要是觀眾已經錄下首映節目，電視台怎麼會願意付費重播呢？

「這（Betamax）違反了著作權。絕對違法，」薛因伯格聽到索尼推出新機器之後說道。「我神經不正常才會讓他們（賣這東西）。」

讓事情更複雜的是，ＭＣＡ和索尼合作過不少案子。特別是，ＭＣＡ一直希望索尼能成為「影碟」（videodisk）播放機的主要製造商——這是ＭＣＡ所研發出來，可播放錄製好的電影的新科技。兩家公司另外還合作不少案子。

因此，在索尼公司看來，兩家公司擁有合作關係。可是在薛因伯格眼裏，利害關係急遽升高。這是個高度敏感的情況。

結果，薛因伯格和ＭＣＡ董事長盧・沃瑟曼（Lew Wasserman）與盛田昭夫訂下了一場晚餐會議，討論和索尼的影碟合作案。薛因伯格希望能在非正式的晚餐席間，以及趁著討論影碟案的合作氣氛下，提出Betamax的問題，而不傷害索尼和ＭＣＡ之間的關係。

薛因伯格為了準備這次會面，特別請了他的法律事務所針對Betamax的合法性做了研究，並準備了一份備忘錄。薛因伯格讀完備忘錄後，更深信他能夠、也應該阻止這項科技的發展。他的定位主題非常直接：根據美國法律，Betamax是違法的機器。如果盛田昭夫不肯放棄，他將提出控告。

是朋友就不會提告

到了約定的那一天，薛因伯格和沃瑟曼在索尼的美國總部見到了盛田昭夫和索尼在美國的最高階主管哈維・雪恩（Harvey Schein）。四個人針對影碟合作案進行了一場冗長又熱烈的討論。

接著，他們移往索尼公司的主要會議廳享用外燴。晚餐快結束時，薛因伯格把手伸進外套口袋，拿出了那份法律備忘錄。面對驚訝不已的合作夥伴，他解釋說，如果索尼不肯放棄Betamax這項產品或採取其他通融做法，環球公司將被迫提出告訴。

盛田昭夫既意外又不解。雙方不是才剛談完一宗重大合作案嗎？這會兒又提到法律訴訟，這是怎麼一回事？

從商業角度來看，盛田昭夫完全不認同MCA所提出的Betamax和影碟互相衝突的分析。「我完全不認同這項論點，」他說，「因為，在未來，影碟和錄影機絕對會同時存在，就像錄音帶和錄音機的情況一樣。」

盛田昭夫繼續說明這項糾紛對於MCA和索尼合作關係的衝擊。他說，像環球和索尼這樣的合作夥伴，一分鐘前還高興地談著影碟這樣的合作案，下一秒立刻翻臉不認人，真是太令人心痛了。

他用了一個在日本常聽到的說法，來詮釋這個情況。「我們與人握手（用一隻手）時，」他告訴薛因伯格，「絕對不會伸出另一隻手來揍你。」這也是日本的經商之道。

薛因伯格和沃瑟曼離開後，盛田昭夫安撫哈維．雪恩，說MCA不會當真提出訴訟的。「多年來我們合作愉快，現在又在討論影碟合作案，」盛田昭夫說。「是朋友就不會提告。」

不到一個月，環球在未知會索尼的情況下，與迪士尼（Walt Disney）等多家娛樂製作公司聯盟，準備提出控訴。他們請私家偵探蒐集證據，以證明Betamax的確被用來複製受法律保障的電視節目。最後，一九七六年十一月十一日，環球和迪士尼正式對索尼提出訴訟。

當時盛田昭夫正在日本準備打高爾夫球。同事後來回憶道：當他得知這項消息，「他發出悲泣的吼聲。」

不過，他接受了這個挑戰，索尼最後也贏得這場官司。官司纏鬥了十一年，花費幾百萬美元的法律費用，美國最高法院最後判決索尼有合法權利繼續製造並銷售錄影機，這才終結了這場訴訟。

訴訟結束時，涉入官司的各方（迪士尼、環球與索尼）早已開始透過一種新的銷售管道——錄影帶出租店，從錄影帶這種新產品賺進大筆鈔票。薛因伯格擔心的事情並未發生，電視台依舊付費取得影片重播權。民眾還是會到電影院看電影——甚至是那些能夠租到錄影帶的電影。另外，盛田昭夫還撰文，並在哈佛大學發表演說，題目為：〈律師在阻礙美國企業發展上所扮演的角色〉（The Role of Lawyers in Handicapping Entrepreneurial Efforts in the United States）。

不要長舌，要問問題

薛因伯格在Betamax談判中犯了三大典型錯誤：他以為趁對手不備，出奇不意能掌握優勢；他既不提問，也不聆聽，一心只釋放訊息；而且他忽略了可能會有的跨文化差異。在他眼中，盛田昭夫未能擺脫他自己的日式想法，為對手設想。他沒有好好聆聽對方說的話。

首先，薛因伯格出奇不意地向盛田昭夫提出Betamax的事情，對他自己有什麼好處呢？

把談判視為比賽或運動的人，往往以為耍花招或奇襲能帶來優勢。他們總以為聲東擊西能提高勝算。可是，在重要的談判當中，這種做法通常是一大錯誤。其實，讓對方先準備好處理真正的議題，你才有更高的勝算。

某家企業的高層曾經請我和一位勞工協調專家一起去協助勞資協商。資方認為工會頑固無禮；而甫上任的工會領導人還處在混亂當中，一心以為資方只想壓榨勞工。廠房裏的勞資關係降到冰點。我們怎麼做呢？我們先花了三個月的時間協助工會更有組織。為什麼呢？因為他們已經有一年多不曾開會，領導者既無經驗，對真正的議題也缺乏概念。為改善情況，資方需要一個有條理、有概念的對手坐在談判桌另一端。

薛因伯格的第二大錯誤是對盛田昭夫的利益、議題和觀點毫不關心。他把問題解釋成毫無轉圜空間的法律權利，也把雙方利益方面的可能性都封死了。

最後，薛因伯格未能考量盛田昭夫在企業關係上的日式做法。我在第一章提過，想讓資訊交換順利進行，一定要注意文化差異的問題。美國人每年提告多達幾百萬件。在美國，訴訟在商場上猶如家常便飯，並非最後手段。可是在日本，爭議很少告上法院。對日本人來說，訴訟是企業合作關係的墳墓，上例正是如此。

先探詢，再表態

關於談判效果的研究一再顯示，談判高手所採取的某個簡單做法極為重要：他們比一般人更著重**接收資訊**，而非釋放資訊。我在第一章提到過，聆聽是談判高手重視的關鍵要素之一，在這個階段，你最好採取先探詢、再表態的做法。一般的「長舌」談判者做法正好相反：他們先粗心地透露資訊，然後才問問題。

圖表8.1整理出尼爾．瑞克漢和約翰．卡萊爾觀察英國的勞工談判者和合約管理經理人實際談判的結果。[16]談判高手和一般談判者有哪些不同之處呢？

首先，他們問問題的次數是一般談判者的兩倍。他們問問題都是有目的的：是為了問出真正的資訊（「你們何時能交貨？」或「你們是如何算出你們的出價的？」）。接下來，他們會測試是否了解對方所言（「你

圖表8.1
蒐集資訊的行為占整體行為的比例

	談判高手	一般談判者
提問問題	21.3%	9.6%
測試了解程度	9.7%	4.1%
歸納重點	7.5%	4.2%
總計	**38.5%**	**17.9%**

說『十天』，是指十個日曆天，還是十個工作天？」）。第三，他們歸納重點（「據我了解，我們同意在你們交貨九十天後付款，而你答應在收到我們的規格後，七個工作天內交貨，這樣對不對？」）。最後，他們會專心聆聽對方所有的答案。

瑞克漢和卡萊爾的研究顯示，談判高手花了約百分之三十八點五的時間來問出資訊並釐清資訊——一般談判者在這上面只花了百分之十八的時間。⑰此外，有效談判者會測試自己的了解程度，以確定他們聽到、以及各方同意的內容。如此一來，後來再出現問題的機率便大幅降低。一般人往往到了承諾和執行階段才發現溝通錯誤，屆時付出的代價更加高昂。

這項發現與其他許多領域的研究不謀而合。某個以美國律師為對象的研究發現，最有效的溝通者「擅長於判讀線索」、「觀察敏銳」、而且能夠「探詢對方立場」。⑱還有人研究美國的銀行家，發現「聆聽技巧」是金融界談判高手所具備的三大特質之一。⑲其他兩項特質是什麼呢？樂意準備（名列第一）、全盤了解談判議題和在壓力下清晰思考的能力（並列第二）、以及表達思緒的能力（與「聆聽技巧」並列第三）。不過，第三份針對不同專業人士的研究卻發現，「聆聽技巧」是高居第二的溝通技巧，僅次於「表達清晰」。⑳

提問問題和釐清對方答案顯然有利於資訊流。不過，這些技巧也能為己方爭取額外時間，來策畫下一步。遇到專心聆聽的聽眾時，人們多半興奮感激，而不會發現你是存心探詢資訊，最後他們才會驚覺，他們自己也該從你口中問出點答案。屆時，有效談判者早已經獲得足夠資訊，知道該如何回答你的問題。

資訊交換的策略性本質

聽起來很容易。你只需要問對方他們重視什麼，然後他們就會告訴你，對不對？不盡然。在談判中，資訊——特別是關於人們想要什麼的資訊——就是力量。如果對方警覺到（而你必須隨時假設對方有警覺），他會在洩底之前，先要求你透露你的利益和需求。為什麼呢？就像第六章所引用鮑柏．伍爾夫的話：「對方想要或需要達成協議的一切原因，都可以成為我的籌碼——只要我能知道是哪些原因。」談判對手也會想找出你想要什麼，以便獲得籌碼。[21]

這種資訊揭露的籌碼效應往往讓談判的開場階段陷入一種好笑的「你先——不，你先」循環。我曾為一家南韓公司的高階主管上過談判課程。我精心設計了一個牽涉多項議題、相當複雜的國際談判場景。談判雙方對於這些議題的重視程度各不相同。為了讓這場模擬談判更具真實感，我特別請來一組美國主管來和這些韓國經理人談判。

美國組當中，有一位熱情又健談的企業家，他顯然一向習慣在各種場合中掌控一切。他與他的美國隊友和南韓對手開始談判。這名男子搶在其他人之前開口。

「聽著，」他說，「我相信有些議題對你們比較重要、有些對我們比較重要。你們何不告訴我們，你們最『關切』的議題有哪些呢？然後，我們再來思考讓我們雙方都受惠的做法。」

我相信他這段話一定常常收到效果，因為他說話的態度非常有自信。他說完，韓國團隊交頭接耳，用自己的語言討論了一陣子。最後，韓國隊的領導者，以一口流利的英文代表回覆。

「非常謝謝您的建議，」他說，「我們也想找出讓雙方受惠的方法。不過，我們不是很了解您說的『關切的議題』是什麼意思，請見諒。所有的議題我們都一樣重視。也許你們可以先說說**你們**『關切的議題』是什麼。我們弄清楚你們的想法後，也許再提出我們的想法。你們接受嗎？」

這位美國企業家氣極敗壞、惱怒不已。最後，他的組員建議雙方廣泛討論各項議題，先不管誰「關切」什麼。最後，雙方對於彼此的優先考量都有了足夠的了解，不過，他們是透過聆聽隱藏在來回討論中的訊號，以及細心詢問為何某個議題比較重要、而另一個選項卻不可行的原因。企業家一開始的優越感和韓國人機智的回答全被拋在腦後。

研究證實，利益和議題方面的資訊交換非常弔詭。我在第五章提過，最近有項調查分析了三十二份、總共五千多位參與者的談判研究報告，發現大約有百分之五十的情況，談判者未能正確找出雙方共同的優先考量。[22]

造成混淆的主因，是雙方在談判過程中不斷虛張聲勢，假裝某些議題比較重要，以設法取得戰略優勢。虛張聲勢會扭曲談判中的資訊流，可能因此付出慘痛代價。例如，某項研究顯示，有百分之二十的研究對象因為吹噓失控，而同意採用雙方都不想要的做法，這當中也不乏一些經驗老到的業界人士。[23]

管理利益的資訊流的最佳方法，就是要了解它是一種策略性過程，要放慢速度。少說一點無傷大雅。

開口前要先打開耳朵。**先探詢，再表態。**

目的之三：透露期望和籌碼

辛德尼．薛因伯格在Betamax的爭議上，沒能好好地探尋盛田昭夫的利益和議題，不過，這麼批評也許不公平。畢竟，薛因伯格已經堅信MCA和索尼的利益完全互相衝突。他不是來問問題的，他只是來傳達訊息：停止銷售Betamax，或者乖乖依照著作權法支付版稅。否則，我們將會提告。

如果你非得向談判對方下最後通牒（或其他任何無法通融的條件），該怎麼做比較妥當呢？多數專家同意最好的方法是趁早、明確地、可靠地告知壞消息。如此一來，你可以形塑對方的期望，以免他以為你可能讓步而訂了計畫，之後又大失所望。據實評估狀況，可以為每個人節省時間，避免產生困惑的可能。

這帶出了資訊交換過程的第三基本功能：透露你的期望和籌碼。還記得我在第六章提到，你的談判籌碼是基於人們對現實的看法。你的籌碼多寡，全看對方認為你有多少籌碼。如果你還有其他不錯的替代方案、或能夠找到有利的規範性籌碼、或不需要對方合作也有辦法，則資訊交換階段就是讓對方知道這一點的最佳時機。如果你毫無其他選擇，則你最好先想好該如何應付。

我把透露籌碼的討論分成兩種基本情況：當你認為你的籌碼很弱，以及當你認為你的籌碼很強。圖表8.2歸納出在這兩種情況下，你應該釋放什麼樣的訊息，而且再分成你希望表現得很有彈性、以及沒有彈性的情況。

情況一：你占下風

如果你的籌碼很弱，我建議你多多強調未來的不確定性。如果你銷售商品，而且又沒有其他的買家，你可以討論如果沒有成交，你願意繼續努力行銷，或者表示你對於現狀感到滿意。總之，就算你立場很弱、選擇又不多，你還是可以向對方強調，如果現在交易，可以將未來的風險降至最低——對方也可以省去繼續尋找合作廠商的麻煩。這些信號都不強，卻能讓談判繼續進展，又不會讓你被迫對自己的情況撒謊或做出錯誤解讀。

有些人設法讓自己表現出具有成交的優勢，企圖在弱勢中壯大聲勢。虛張聲勢若能成功，會是很精彩的談判案例，可是這也是風險很高的策略。畢竟，你可能面臨交易告吹的命運。事實上，凡是有經驗的談判者都能看穿計謀——尤其是諸如「讓他們等待」的策略。就像有限服飾公司（The Limited）董事長萊斯利．韋克斯納（Leslie H. Wexner）曾說的：「他們讓你等越久，就代表他們越想要跟你做生意。」[24]如果你不善於耍詐，最好不要碰吹噓這檔子事，只要專心強調強勢的對方如果錯過了你，未來將更加不確定。

如果你的弱勢非常明顯，而且你知道對方也明白這一點，好好善用情況，

圖表8.2

透露籌碼

你的實際籌碼狀況（你自己的評估）

你希望表現得	強	弱
沒有彈性	自信地提出要求和有憑據的威脅。 提出你的替代方案，把決定權丟回給對方。	強調未來的不確定性。 虛張聲勢（假裝強勢）。
有彈性	讓對方知道你為雙方關係做出了投資。 大方慷慨。	承認對方的力量，強調未來合作的潛在好處。 訴諸對方的同情心。他們若站在你的立場，他們會怎麼做？

反而能對你的可信度加分。安排面對面會議，坦白承認對方的力量，並以此為繼續談判的基礎。㉕第一章提到，朱萬諾維奇坦承大眾戲院是HBJ最大的希望，就是屬於這種做法。它協助營造合作氣氛，促使交易成功。

最後，若其他做法都沒用，你還可以訴諸對方的同情心。問他如果站在你的立場會怎麼做。問對方一個「開放式」問題，像是：「你要怎麼樣才會答應？」如果對方回答了，你也許會發現你握有的籌碼比你所想的還要多。

情況二：你占上風

假設你占上風——你的籌碼很強。你應該在資訊交換階段向對方釋放什麼樣的訊息呢？你可以明白地表示你有力量要求交易對你有利，而且你有意堅持這樣的做法；或者，你可以展現你的力量，然後暗示你願意用彈性換得未來友好關係。

假設你想釋放強勢不妥協的信號，要如何在不傲慢、又不過分挑釁的情況下成功達到目的呢？薛因伯格和盛田昭夫的談判就是極佳的**負面**教材。薛因伯格在和盛田昭夫會面當中，並未獲得任何有用的籌碼，這是因為他從頭到尾都沒能讓盛田昭夫相信他會真的採取法律行動。結果是產生誤解，破壞合作關係，平白丟掉機會，以及纏訟十一年的司法大戰。

反之，薛因伯格應該要求盛田昭夫帶著他的律師，一起針對Betamax召開一場特別會議。「這是未來會發生的狀況，」薛因伯格可以先等雙方律師做出說明後，如此表示。「我們應該交給法院處理，還是有其他更有效率的解決方法？」基本上，薛因伯格應該告訴盛田昭夫，美國人是如何處理視訴訟為家常便飯的合作關係。

如果你握有甚多籌碼，但基於某些原因，你願意變通，那又該如何傳達這份訊息呢？第四章提過摩根和卡內基協商合夥權益的做法，就是很好的例子。卡內基犯了錯，對摩根少收了一萬美元的合夥權益所得。當卡內基前來拿支票時，摩根遞上兩張支票，一張寫著談好的金額，另一張則是卡內基少算的金額。卡內基想要歸還第二張支票，但摩根堅持不收。卡內基得到他的錢，而摩根則得到雙方未來關係的信用。

當你握有談判籌碼但選擇不去使用，就是這種情況。先讓對方知道你有哪些選擇，然後再表明你無意祭出這些做法。只要就事論事，不必驕傲自大。把交易視為一段關係的一部分，而交情好的兩方不會設法占盡一切便宜。他們公平以對，總有一天會風水輪流轉。

結論

資訊交換過程是談判互動時期的重要初步階段。一般來說，它要達成三大目的。第一，如果情況許可，雙方透過友好、私交的氣氛來建立公開溝通。其次，他們確認要談判的利益和議題，並分享他們在這方面的觀點。最後，各方傳達關於各自籌碼立場的訊號。

資訊交換應視情況不同而做不同的處理。利害越大於關係，雙方會越著重策略性。不帶感情的開場白和虛張聲勢常出現在**純交易型**情況，而建立親和感則是**關係型**情況中不可或缺的一環。在許多文化當中，無論談判內容為何，廣泛建立親和感都是談判展開的先決條件。

初步的資訊交換階段已到尾聲，議價階段隨之展開，其中一方提出了具體又合理的條件等待另一方回應。這便是談判流程的下一步。

資訊交換　檢核表

✓建立親和感。

✓取得利益、議題和觀點方面的資訊。先探詢，再表態。

✓透露你的籌碼。

第9章

第三步：開場與讓步

只有彼此讓步，社會才得以延續。

——英國作家塞繆爾．約翰生（Samuel Johnson）❶

你已經建立了一定程度的親和感，確認了談判議題，並交換彼此對籌碼狀況評估的信號。現在可以開始議價了。重頭戲來了：這是讓遷就型的人膽戰心驚，不斷為競爭加溫的緊張時刻。

該不該先對方一步提出具體提案呢？一開始就從公平、合理的原則出發，還是更強勢一點？若有必要，該準備好什麼樣的妥協內容呢？是應該一開始強硬爭取、再慢慢釋放彈性，還是先放軟身段、之後再慢慢推進？

學者研究談判過程，最著重談判當中議價和討論的核心程序。適用於某一情況的戰術，不見得適合其他情況。當然，情境分析的結果也可能因對方風格不同而被推翻。如果你面對的是競爭型談判者，即便情況看起來需要軟處理，你還是需要暫時武裝自己。

嚴格來說，當談判的一方提出具體、而且至少他們自己認為合理的報價後，議價的過程就正式展開。然後，雙方互相報價、建議和還價，運用各種技巧來探測各種替代方案的可能性。最後，整個流程慢慢進入「結束與承諾」階段——這也是下一章的主題。

問題一：我該不該搶先開價？

讓我們先談談你是否該搶先開價，或者請對方先提。複雜的談判有很多議題需要討論，有些也許不需要我所說的開場，就可以逕自進入討論。可是，你終究還是會需要決定由誰先提出價格、權力或控制方面的條件。摩根在梅薩比礦場的故事中（第七章），對小洛克斐勒厲聲說：「你開價多少？」如果你也遇到這樣的情況，會怎麼回答？

很多專家主張不要先開價。知名電影導演比利・懷德（Billy Wilder）在一九四〇年代籌拍電影《雙重保險》（*Double Indemnity*）時，有意延攬小說家雷蒙・錢德勒（Raymond Chandler，著有許多偵探小說）幫他撰寫劇本。錢德勒當時在好萊塢還是菜鳥，但他做好準備前來談判。❷

錢德勒第一次和懷德以及該電影的製片喬・西斯頓（Joe Sistrom）會面時，便率先提出要求的報酬。他要求一百五十美元的週薪——還向懷德強調，他可能需要兩到三週才能寫完劇本。

懷德和西斯頓差點沒笑出聲來。他們原本準備付給錢德勒七百五十美元的週薪——而且很清楚電影劇本需要好幾個月才能完成，幾個禮拜是不夠的。如果這是個**純交易型**的情況，那麼錢德勒損失可大了。

不過，這種情況比較類似第七章提到的「愛因斯坦對高等研究所」，而非「摩根對小洛克斐勒」的案例。兩位好萊塢大亨認為錢德勒很有才華，非常看重與他繼續合作的關係，所以憐惜他。他們請了一位經紀人代表錢德勒，重新談判。他們把錢德勒毫無概念的開價完全拋在腦後。

「披頭四」的經紀人布萊恩．艾普斯坦（Brian Epstein）也犯過類似錯誤，致使披頭四損失慘重。❸他曾幫披頭四協商他們第一部電影《一夜狂歡》（*A Hard Day's Night*）的利潤。他也和錢德勒一樣，對電影業沒什麼概念，開口便提出他認為相當高的金額：整部電影利潤的百分之七點五。製片立刻答應。他們原本準備給披頭四百分之二十五的利潤，看到艾普斯坦只要求百分之七點五，當然樂得馬上同意。結果，《一夜狂歡》大賣，披頭四也賺到了——只是遠遠不及他們原本可以得到的利潤。

錢德勒和披頭四的故事顯示了先開價的風險。專家建議，守緊口風，等對方先開價。如果價格超過「公平合理」的範圍，你大可隨時提醒對方。搞不好對方願意多付你好幾千美元（或少收你好幾千美元），這不是皆大歡喜嗎？

「絕不率先開價」的原則非常好記——可是，它也像所有過於簡化的談判方法一樣，不見得一體適用。怎麼做比較好呢？答案端視你握有多少資訊。讓我們再仔細看看剛剛討論過的案例。

錢德勒和艾普斯坦所面臨的情況，最重要的共通點是什麼？兩人對電影業都毫無概念。他們對於這個行業的標準和價值系統不夠清楚，難以有自信地開價。身為菜鳥，他們應該靜觀其變，讓對方先開口。只要你對於你所買賣商品的市場價值不了解，就應該採取這種做法。

話又說回來，如果你熟知價格範圍，就可以從先開價得到重大的優勢。我剛開始教談判時，建議同學遵守「絕不率先開價」的原則。後來，我有個得意門生介紹一位企業家給我認識，這位企業家成功買賣了數百家中小企業，他的做法是先報價。他告訴我，先開價讓他能夠訂出範圍。

我這才發現，學界其實有不少極有說服力的文獻，支持這位企業家的做法。首先，搶先提出數字，才有機會為交易訂出務實的期望範圍。你的開價往往迫使對方重新思考他們的目標。[4]

第二，社會科學家發現一種心理癖好，叫做「定錨與調整」（anchor and adjustment）效應。這是指人類多半受第一個出現在視線內的數字影響最大。這些毫無憑據的數字，往往成為我們調整的參考點。

例如，研究人員發現，多數人看到8×7×6×5×4×3×2×1這串數字幾秒之後，會估算答案是很大的數字。若順序相反（從1乘到8），則人們估算出的答案要小很多。這兩組數字根本一模一樣，為什麼估計的答案會不相同呢？因為我們會把重心放在前三、四個數字來推斷；也就是說，我們定錨，然後調整。[5]

研究顯示，人們在談判中會被最先聽到的數字所影響，潛意識中朝這些數字來調整他們的期望。當然，太誇張的數字只會引起負面反應，讓這種效應發揮不了作用。[6]但不可否認的，這些最開始出現的數字的確是有某種程度的影響力和吸引力。

我這位企業家朋友利用這個機會來拉低對手的期望，設法讓定錨效應得以發揮。但是要注意：他在搶先開價、訂定範圍之前，可是做足了準備工夫。

結論是什麼呢？如果你認為你手上的市場價值資訊絕不遜於對手所知，則你大可先開價。否則，就要好好防範定錨效應，然後要求對方先開價。最後，要謹記，預防在開場時犯錯最保險的方法，就是和那些在乎你們雙方關係的人談判。

問題二：開高還是開平？

好了，也許你決定先開價——或者對方開價了，正在等你開口。你應該獅子大開口，還是提出顯然公平又合理的條件呢？如果你處於**關係型**情況，答案就很明顯：公平甚至稍作讓步的開場是正確之舉。

那麼，**交易型**又該如何呢？假設你握有一些籌碼，則研究顯示，你應該開高。❼的確，一九六〇年至一九八〇年間進行的三十四次議價實驗結果顯示，強硬派議價策略（開高後緩慢讓步）是最適合**交易型**談判的方法，而在雙方直接溝通有限的情況下更是如此（例如買賣房屋等由仲介居中協調的交易）。❽

你也許認為這聽來有理，但究竟什麼是最高合理開價（optimistic opening）呢？我將最高初價（optimistic first offer）定義為**有標準或論述支持，能據理以爭的最高（或最低）數字**。你不需要為初價準備最有力的理由，只要還說得過去就行了。

最高合理開價和獅子大開口的最大不同是：獅子大開口無憑無據。反之，最高合理開價則是將標準或參考點做最有利的解釋。美國律師出庭為委託人辯護時，基於本身職責，發言時一定都是「面無表情」。開最高價也是這樣：你可以努力追求，但不帶個人情感。

另外要記得，在某些文化中，像是南美、中東和非洲，你一定要開一個最高合理開價，否則會被視為嚴重的社交錯誤，是絕對要避免的。北美和部分歐洲人到這些地方旅遊時，無論購買地毯、珠寶還是服飾，都要習慣當地開高的文化。在這些地方，討價還價是一種娛樂形式。

最高合理開價為何適用於交易型談判？

最高合理開價是利用兩種有足夠證據支持的心理傾向：對比原則（contrast principle）和互惠規範。首先，讓我們來看看對比原則。❾如果你想用五十元跟我買某樣東西，而我開價七十五元（以「別人付過這個價錢」為由），那麼，和我的初價相比，我最後開五十元顯得非常合理。如果我最初開價五十五元、而非七十五元，最後只同意少五元，你就比較不會覺得你撿到便宜。最高合理（不過分）開價能讓對方在價格漸趨務實的時候，有一種鬆口氣和滿意的感覺。

你以為你能克服對比原則嗎？請三思。每天總有好幾百萬人吃這一套。車商為什麼會編制銷售人員，在你買了新車**之後**，繼續向你推銷其他周邊產品？因為他們知道，你花了兩萬美元買新車後，很可能願意多花幾百美元直接延長保固期限和服務計畫，而不願擇期另行購買。家具商說服你多花七十五美元，為你新買的一千美元沙發購買清潔套件；旅行社在你訂購了三千美元的旅行團之後，立刻推銷一百五十美元的旅遊保險，都是一樣的心態。你才花了一大筆錢買了你想要的東西，相較之下，這些額外的附加產品顯得很便宜。可是，如果你花時間單獨選購這些產品，你會發現，它們的價格多半高於其他廠商。這也是廠商非得好好向你做一番售後推銷，才肯讓你離開的原因。

其次，最高合理開價讓開價者有機會利用第四章提到的互惠規範。運作過程如下：某甲提出最高合理開價；某乙拒絕；於是，某甲讓步，大幅降低價格。某乙在互惠規範的壓力下做出合理的反應，甚至同意接受。[10]

心理學家發現這種「開高價、拒絕、然後降價」的過程不僅在議價時很有用，更適用於其他許多情況。科學家在嚴格控制的實地實驗當中，成功引導受試者同意各種要求——包括志願帶領貧困兒童參觀動物園、簽署請願書或短期戒菸——而其方法就是，先提出更大的要求，等對方拒絕後，再提出較小、明顯更合理的要求。和直接提出適度要求相比，讓人們拒絕你第一次的要求後，互惠規範會誘導他們更容易答應你修改後的要求。

最高合理開價的注意事項

最高合理開價一定能在**交易型**情況中發揮效用嗎？不一定——但你可以先做好心理準備。

當你缺乏籌碼

第一種例外和籌碼有關：如果你沒有籌碼，對方又清楚這一點，就不要開出最高合理開價。

如果你是社會新鮮人，在舊金山或波士頓這類大學院校林立的城市謀取基層職位，那麼，當雇主問你要求多少薪資時，萬萬不可獅子大開口。過高的開價會讓人覺得你很不講理，把雇主嚇跑。⓫

當對方不議價

第二種例外發生於某些市場，而這些市場基於某種原因，從來不會議價。我有個在管理顧問界工作的朋友就提醒過我。

每次有人來電請他接案，他報價後，十次有九次是一翻兩瞪眼，這領域不興討價還價這一套。他的報價向客戶顯示他的信譽和經驗。同時，對方也會去比較各家顧問的經驗和價格。我這位朋友學會報價要夠高，能突顯他的「優質服務」；但又不能太高，讓對方覺得他不可理喻。

當情況不只是交易

當**交易型**談判又帶有**平衡考量型**的色彩，也就是說，關係的重要性增加時，最高合理開價也不怎麼有用。

舉例來說，一手創立廢棄物處理公司（Waste Management）、百視達影視出租聯盟（Blockbuster Video）和共和國工業（Republic Industries）的企業大亨赫贊加（Wayne Huizenga），他的併購策略並不是先提出最低價，然後透過往來議價慢慢加到合理的範圍。反之，他一開始提出的價錢只比他的底線少百分之五到十——而談判內容多半和價格無關。赫贊加對於每一筆交易都抱持堅定、公平的態度和極高的期望——他是非常優秀的談判者，但是他不討價還價。

為什麼呢？因為他做足功課。他對於併購對象有多少價值，所知絕不會亞於對方。他也隨時提醒自己，對方投注了一輩子創立這些事業，過低的開價對他們是一種侮辱。他希望這些老闆都能留下來，共同為這個龐大集團打拚。關係是重要考量。「無論如何，他一定秉持公平，」他的同事表示，「他會讓你覺得……『我真的有得到應得的報酬。』」⓬

換句話說，在**平衡考量型**的情況中，非常不適合獅子大開口，但還是可以提出能夠反映合理期望的價格（見第二章）。⓭盡量找出理由充分、可靠（不光是說得通而已），而且留有談判空間的有利提案。

問題三：哪一種讓步策略最有用？

即使你的開價很合理，還是需要為自己留點讓步空間。我以前當律師，在處理訴訟和解時，總覺得討價還價是很荒謬、沒有必要的儀式。雙方都知道最後結果一定是落在原告和被告提出的條件之間。為什麼不乾脆提出一個客觀公平的數字，大家都來遵守，問題不就解決了嗎？

這個問題的答案可以在以下的故事和某些研究當中找到。故事是關於美國車商。⓮在一九九〇年代初期，全美大約有兩千家車商採取「不議價」的低價新車銷售策略。這可是件大事。消費者一直希望汽車價格就像肥皂價格一樣公道，美國企業界終於聽到他們的心聲了。從此以後，通常會令人很焦慮的買車這件事，將變得像逛街一樣簡單。

不到幾年，約有一半的車商（一千多家）停止了這項政策，此後跟進的車商越來越多。為什麼呢？原因之一是，厭惡討價還價的消費族群比起原本預估的少很多（只占全美消費者的百分之十五）。而且，很多人會事先在網路上獲得充分的價格資訊，想要好好利用這些議價力量。最後，人們喜歡把他們討價還價來的「戰果」告訴親朋好友。有一位消費專家研究「不議價」策略式微的原因：「汽車消費者買車時需要覺得他們賺到了，對多數人來說，要覺得自己占到便宜的唯一方式就是透過談判。」⑮

研究證實，相較於不二價，在議價過程中獲得降價的人感覺比較良好。事實上，就算最後他們付的價錢比不二價**還要高**，還是感到比較滿意。有個實驗比較了三種讓步策略：（一）開價高，不二價；（二）開價中等，不二價；（三）開價高，慢慢降到中等。⑯第三者遠比其他兩種成功得多，而且成交機率更大。使用第三種策略的人，從每筆交易賺到的利潤高於使用其他兩種策略。而如果談判對手用的是第三種策略，人們的滿意度也高於面對不二價的對手。⑰

讓步是合作的表現，能具體確實地告訴對方你願意接受他們的要求，而且願意做出犧牲以求合作。

情況不同，讓步手段也不同

現在你已經了解讓步的必要性，但是要怎麼執行才最好呢？一樣的，得視情況不同來做調整。讓我們看看情境矩陣中的四個象限分別適合使用哪一種讓步策略。在此列出第七章的情境矩陣供你參考。（圖表9.1）

沉默協調型（第四象限）

遇到**沉默協調型**情況時，不用為讓步策略大傷腦筋。就像第七章提到的開車到十字路口的情況，最適合的做法就是避免不必要的紛爭，如果衝突在所難免，就盡量遷就。

如果無法遷就（對方拒絕先行，你在「互相遷就」上陷入僵局），不用太在意什麼讓步技巧。盡量用真誠、有幫助的方式解決問題。若有必要，你就先開車通過吧！

關係型（第二象限）

當關係比問題本身還要重要時，最佳讓步策略就是遷就。就像愛因斯坦和高等研究所談

圖表9.1
情境矩陣：策略指南

利害關係的衝突強度（你的認知）

雙方未來關係的重要性（你的認知）		高	低
	高	I：平衡考量型 （生意合夥、結盟或合併） 最佳策略： 問題解決或妥協	II：關係型 （婚姻、友誼或合作團隊） 最佳策略： 遷就、問題解決或妥協
	低	III：純交易型 （離婚、售屋或市場交易） 最佳策略： 競爭、問題解決或妥協	IV：沉默協調型 （公路十字路口或飛機座位） 最佳策略： 迴避、遷就或妥協

判薪資的故事一樣，其目的是了解對方要什麼，然後**加倍給予**，錢不是問題。如果基於某種原因而無法遷就（對方不肯告訴你他想要什麼），不妨主動提出簡單又能做出犧牲的讓步。盡量讓對方感激你。

聽來簡單，但那些超級好勝的人完全聽不進這樣的建議。他們把每一次交易都視為競賽，難以信任對方，自然不可能會主動讓步。他們搭飛機時都會插隊搶位置，在重關係的情況中，往往也議價過頭。

競爭型的人遇到需要運用外交手腕的情況，我的建議是：找個善於社交的人來幫忙。反之，如果你在談判場合遇到對於利害關係以外的事情毫無概念的好勝之人，不妨保持幽默感、試著遷就，認真思考你是否願意繼續和一點都不懂人際關係的人談判。

純交易型（第三象限）

研究顯示，當利害關係至上，則穩步讓步的策略效果最佳。[18]在只談價格的簡單談判中（學者稱之為「分配性協商」（distributive bargaining）），典型的討價還價才是王道：開出最高合理價格、堅持一下、然後表示願意議價、再做出一連串的小幅降價、慢慢逼近你預設的價格水準。合作型的人可能不大擅長議價遊戲，不過，他們還是得學會如何應付競爭型的情況。[19]

請留意：議價者會慢慢讓步到預設的價格水準，而不是底線。為什麼呢？因為議價者的降價幅度（無論是百分比還是絕對金額）強烈暗示了價格是否已經快要逼近拒絕點。**他們要你以為他們的預設水準就是他們的「底線」**。這是虛張聲勢的手段。

如果你拒絕接受議價者所預設的價格目標，他們才會心不甘、情不願地往他們真正的底線繼續讓步——再談不成，他們就會離席走人。

下次去二手家具店、賣場或其他可以討價還價的地方時，試試以下的實驗：找個你想要買的東西，出個很低、但不致於太過分的價格。等到買方退讓一步，朝你的價格稍微邁進後，作勢掏出現金或支票簿——也就是說，顯示你認真考慮購買。然後繼續堅持你的出價，等到老闆開口說「不」。

聽到對方說「不」時，有禮而堅定地朝門口走去。賣家多半會留住你，再讓步一次。此時你得決定要繼續議價還是成交。不過，別指望老闆會一直讓步。賣家也要維持他們的自尊。

如果是利害關係很高的重要交易，你更要小心，別太早做出太大的讓步。慢慢來。為什麼呢？因為談判早期的大動作會讓對方摸不著頭緒。

假設你和某影視連鎖公司洽談出售你的小型錄影帶出租店。這當中沒有未來關係——直接買斷。眼前要談的議題還不少：價格、付款方式（你要收現金、還是拿併購公司的股票）、並決定交易成交日。連鎖公司針對這三大議題先開出了氣勢逼人的條件：低價、全股交易、成交日拉得很遠（在此我們假設是對買方徹底有利的條件）。

試想，如果你希望雙方快速而友好地結束談判，於是直接退到底線，結果會如何？你提出一個不高不低的報價（你的預期價格）、接受全股交易、並要求兩個月內成交（合理的時限）。你會驚覺，買方的下一步是把你的報價再往下拉低一點，並堅持延後成交日。而且買方對於你接受全股交易完全沒有任何反應。你開始生氣了。

問題出在哪裏？在利害關係高的純交易談判中，你太早讓步太多，這個動作釋放了許多訊息。其中一個訊息是：**我非常想談成這筆生意**。這項訊息暗示了籌碼高低，拉高了對方對於成交價的期望，讓他們極想測試這個假設。如果你一開始彈性太大，之後又突然強硬起來、拒絕再讓步，對方很難從第一印象中調適回來。這筆生意可能因此告吹。

第二項訊息是：**我所讓步的議題對我來說並不重要**。你立刻同意全股交易的提議，顯示你對這項條件非常滿意。可是，你猜怎麼著？對方可能對你的讓步完全不感激，因為你輕易就放棄了。你等於是明白告訴他們：「我不想要現金。」

想想對方的想法。併購公司可能一直很擔心你會堅持要現金。為了吸引你答應接受他們的股票，他們甚至還可能願意提高價錢、或者用顧問合約的方式讓你多賺點現金。可是你讓步了，就什麼都得不到了。

談判學者把這種現象稱為「讓步貶值」（concession devaluation）。[20]名字聽來很炫，其實說穿了就等於俗諺：「唾手可得，視之草芥。」[21]你拱手讓步，競爭型的對手很自然想占你便宜，就連遷就型的人也會因為你太輕易讓步，而提高他們的期望。如果你輕易讓步，對方會低估你的讓步內容。「我想我們在規畫時對這個項目評估錯誤，」對方會對自己人這麼說，「她根本就不在乎是否能拿到現金。如果這件事對她沒什麼價值，那對我們也沒有任何價值。」

純交易中的議題取捨與討價還價：整合性協商

在利害關係高的談判中，若檯面上有許多議題有待討論，則讓步的做法通常不會是簡單的議價，而是「議題取捨」（issue trading）和「套案協商」（package bargaining）。談判學者用「分配性協商」一詞來形容簡單的議價（人們「分食大餅」），而用「整合性協商」來形容需要取捨議題的複雜過程（人們合作「把餅做大」，或「整合」他們的利益、優先考量和差異）❷❷。許多交易都同時涵蓋這兩種讓步策略。

在面對含有許多不同議題的高利害關係談判時，典型的議價者會如何應付？很簡單：他們一次對付一個議題，利用我剛剛提到的分配性做法，讓每一項議題逐一達到他們的期望。他們開高、緩慢讓步、談成議題一。然後進入議題二，重複一樣的過程。如此繼續下去。

不過，和議題取捨法相比，這項簡單的策略很容易把談判推到僵局。對方可能在某些議題上完全無法妥協。另外，議價過程也忽略了不同的議題對於雙方有不同的價值。我比較在意交易日；他們則比較在意支付現金或股票的問題。認知不同時，純議價做法會造成損失。

整合性協商又是如何進行的呢？要先找出雙方最重視的議題、恐懼和風險，然後「協力通過」（logrolling）——遷就雙方最重要的利益和優先考量，以互相遷就。

若說一般議價者的讓步準則是「開高後緩慢讓步」，那麼整合性協商的經驗法則就是**「小」（較不重要）問題大讓步，「大」（最重要）問題小讓步。**[23]但要謹記讓步貶值的危險，而且每次讓步（即使是「小」問題）都要表現出此舉對你意義重大。

當雙方對於所有議題開出最高防禦立場時——但接著要在比較不緊急的議題上慢慢釋放彈性——同時也傳達出各自優先順序的重要資訊。隨著雙方慢慢看出哪些方面有所進展，哪些方面依舊遭到強烈反對，便能將對方的需求和需要具體描繪出來，以做為整合性妥協的準則。

所有議題都提出討論後（在還沒提出具體開場條件之前），可以透過套案協商來進行議題取捨。[24]一方提出一整套方案，分別針對每一項議題提出要求。另一方也提出自己的一套方案做為回應，並反映自己的期望。此時，這個過程看起來就像議價，但開場之後情況就不同了。

接下來，先開場的一方也許會在一、兩個對他們來說比較不重要的「小」問題上做出讓步，顯示他們做了犧牲，但在比較重要的優先事項上堅持不妥協。對方也釋出善意，經過幾次來回之後，雙方都開始了解哪些議題對對方比較重要。

整套方案一起處理，並說好在所有議題決定後才能一起達成協議，如此一來，雙方都能維持高度的彈性。如果後來發生某個雙方都認為重要的議題（例如價格）一直談不攏的情況，他們可以隨時退回到之前的套案，研究其他的組合方式，而不會陷在任何議題的任何讓步做法上動彈不得。

談判雙方通常會把議題分批來取捨，談判專家都很熟悉這種制式說法：「**如果你同意我們在議題A和議題B的要求，我們就會考慮在議題X和議題Y做出讓步。**」[25]這個「如果……就」的公式能確保你每次讓步必能促使對方也跟著讓步。當然，議題A和B必須是提出要求的一方最重視的，而議題X和Y則是他們比較不重視的。最後，雙方可能還是免不了在他們都重視的議題上議價和爭論一番，不過，他們都已經各自在代價比較低的議題上做出了「議題取捨」。

讓我們回到你要把你的錄影帶店賣給連鎖公司的例子，以了解你如何利用整合性協商。首先，你最好先提出一個極有野心的要求：你的公司售以高價、全現金交易、而且盡快成交。隨著談判展開，你可以守住你的高價，並利用現金或股票議題來換取更高的金額。「**如果你能把價格提高到我要求的水準，我就會考慮接受一部分股票，並把成交日放寬到兩個月。**」

買家可能會回答：「我們很感謝你在付款方式上釋出彈性，可是我們無法同意你的開價。不過，**如果你同意接受全股票交易，我們就能把價格再提高百分之五，或許還能討論顧問合約的可能性，讓你能在未來六個月內有一些現金進帳。**」然後談判便能繼續下去。

整合性協商要比議價需要更高度的技巧，但是氣氛上還是非常競爭的。因此，遇到**純交易型**的情況時要有心理準備，對方可能會祭出強硬的戰術，像是堅持要你做出兩項讓步、他們才會做出一項讓步，在整合性協商中，談判一樣可能陷入僵局。

用強硬戰術來死守高期望，能讓雙方測試出彼此的籌碼，了解對方是否願意遷就和妥協。投資銀行家或專業決策人士絕對都會同意，只要是利害關係重大的談判，都一定會經歷許多緊張時刻，等到雙方都測試夠了對方的極限後，才會準備成交。

平衡考量型（第一象限）

在**平衡考量型**情況中，雙方的未來合作關係和利害關係重要性不相上下時，適用的協商和問題解決方法又不一樣了。此時的目標是盡量處理越多的優先事項，確保雙方在價格這類議題上能獲得「公平分配」，而且又能維繫良好的合作關係。

由於利害關係很重要，你還是得帶著高度期望上談判桌。先從你最不重視的議題開始，慢慢談判，利用帶有條件的「如果……就」公式來讓步。一切取捨都應該互惠、公平。

由於合作關係也一樣重要，比起**純交易型**，此時適合、也需要更多具有創意性的做法。積極強硬的動作和坦率的開場並不適用於此，因為它們容易傷感情，而且往往會混淆雙方帶上桌的共同利益。反之，雙方都需要從對方提出的條件中探詢更深層的真正需求，找出具創造性的解決方案。

假設我們面臨之前提過的錄影帶出租店併購案，只不過，這一次併購公司需要你在併購後留下來，至少再經營一年。併購公司依舊無意提高價格，但現在他們需要和你建立良好關係。讓步的做法會有什麼不同呢？

首先，買方希望避免價格廝殺戰，以免傷害良好的合作關係。他們會避免在開場時「對山說話」，就算有必要這麼做，他們也會盡量講明他們開價只是為了「讓談判展開」，或「視你的需要，什麼都可以商量」。

買方談判者同時應該為了未來關係，而更加注意雙方信任的發展與維持。也就是說，他們要在資訊交換階段，提供更多（不等於完整）優先考量和需求方面的資訊。

等到開場結束，他們可能會**同時**提出許多不同的套案，要你選出最令你滿意的一套。你的選項可能包括中價位、全股和晚成交，或是低價、現金和股票各半和早成交。這種做法讓你有機會看出他們對於各項議題的取捨狀況。看到合適的提案，你還有機會稍作調整，再交還給對方。接下來的談判便以這份提案為基礎。

最後，他們很可能用有創意的方式來拉近你們的共同利益，也許會跳脫原來的條件，例如在未來某時點可享有股票選擇權、利潤達到目標時還給你分紅。這些做法都是為了鼓勵你留下來，把顧客介紹給新經營者，並讓他們徹底了解你的業務。

以利益為基礎的問題解決談判法很適合用於**平衡考量型**的情況。為什麼呢？因為這讓雙方在眼前的交易本身（利用整合性協商技巧），以及未來的合作（發揮創意、盡量在未來能繼續互相幫忙）上面，都有機會「把餅做大」。

的確，如果談判雙方擁有高度信任，則在問題解決的談判方法之下，可能根本就不需要來往讓步。反而可以把時間花在創意發想上，找出皆大歡喜的新做法。研究顯示，人們在腦力激盪的過程中想出越多選擇，就越可能找到遠遠優於簡單妥協的做法。[26]

根據研究，人們自認為合理的目標難免會與別人產生衝突，很多人基於善意，會盡量避免或降低這種衝突發生，以維持和諧的人際關係，殊不知在**平衡考量型**的情況中，這種衝突能夠激發集體解決問題的創意。兩個期望都很高的人目標互相牴觸，能激發他們的創意，另外找出更好的解決辦法，達成兩人的目標。問題解決型的人擁有利用衝突的才能，讓談判繼續進行，不讓衝突惡化成你爭我奪。

淺談「黑臉／白臉」輪番上陣

競爭型談判者在利害關係重大的交易中，常用的一種讓步方式，值得在此一提。那就是「黑臉／白臉」輪番上陣。[27]有一種情況很棘手：你發現你很喜歡對方的某位談判者，同時又希望另一位談判者「去跳樓」。換個說法是：對方的代表告訴你，她認為你的要求非常合理——只不過公司裏另外有人（黑臉）不認同這一點。

黑臉／白臉的開場手段之所以有效，是利用我們之前提過的一種心理現象。[28]先由態度友善的白臉上場，和你閒話家常，分享他們的利益和目標。白臉利用的，是第四章和第八章提到的人類心理傾向：我們喜歡那些認同我們、和我們熟悉又類似的人。

接著，黑臉接手，正式開場。他提出很誇張的條件，或攻擊我們的提案。這氣燄高漲的衝突時刻讓我們措手不及，製造出交易可能告吹的假象，讓我們開始思考可能需要做出讓步。黑臉的目的在於拉低我們的期望，把我們定錨在議價範圍的最底線，讓我們從這個低水準開始調整。

面對黑臉不動如山，我們正準備棄守的時候，白臉又出現了，要求黑臉做出讓步。白臉像是在維護互惠規範，我們因此更喜歡他。我們開始把白臉視為正義鬥士，還慢慢開始接受他的建議，設法拉近我們和黑臉之間的鴻溝。

就是這樣，白臉／黑臉輪番上陣的模式，是利用我們在最高合理開價時提到的反差效果。[29]白臉如果單獨出現，可能也顯得苛刻，但是放在酷斯拉旁邊，即使稱不上聖人，也顯得比較講理。你比較容易對白臉讓步，因為他顯得比較友善，而他的要求也比較吸引你。

要對付白臉／黑臉這一套其實不難：公開點出他們玩的技巧，要求釐清職權問題。以火攻火。

「看來你們當中有人扮白臉，有人扮黑臉，」你可以說，「我希望我們可以用更直接的做法達成公平交易。在繼續進行之前，我要知道你們誰有權力決定哪些事情。我無法和沒有決定權的人談判。」

如果扮黑臉的是個律師或顧問，就請他離開現場。堅持直接和決策者交易。

結論

談判進行到開場和讓步階段，要謹記你的策略和戰術得取決於三大要素：**情境**（交易型、關係型還是平衡考量型？）、你的**籌碼**（誰會因為交易不成而損失最大？）、以及你自己和對手的**風格**（你和對方是否明顯屬於競爭型或合作型？）

情境矩陣裏的四個象限各自有最適合的讓步策略：競爭用於**交易型**，遷就用於**關係型**，以利益為主的問題解決風格用於**平衡考量型**。在三種情況中，妥協都是很有用的工具——但不是最佳策略。

籌碼越低，你越需要軟化你的做法。籌碼越高，則越不需要遷就——無論在哪一種情況都是如此。

開場與讓步：重點整理

情境	戰術決策：該不該開場？	如何開場？	讓步策略
純交易型	若不確定，不要先開場。但如果資訊充分，可以先開場。	開出最高合理開價（金額必須有說得通的理由）。	態度堅定：朝預期水準小幅而緩慢地讓步。
平衡考量型	同上。	公平（金額必須有憑有據）	小議題大讓步，大議題小讓步；腦力激盪各種做法，一次提出多種套案。
關係型	應該。	大方慷慨。	遷就或公平妥協。
沉默協調型	應該，但要盡量避免衝突。	盡量解決問題。	遷就。

第10章

第四步：結束與取得承諾

談判談得清楚明白，沒有人會事後抱怨。

——英語韻文❶

大師是終結者，而非開啟者。

——斯洛伐克俗諺❷

談判過程進入到尾聲——結束和取得承諾。結束可以簡單而順利，也可能緊繃到最高點。喜歡談判的人會非常享受於這個階段的快節奏戰術。至於不喜歡談判的人，可能會感受到壓力和不自在。

如果各退一步、離席走人和最後通牒等等結束手段還沒有讓你的血壓升高，別忘了還有確保實際執行的問題。對方的承諾可信嗎？也許吧！但有沒有什麼做法能確保對方會履行承諾呢？

呼叫野蠻人

首先，我們先來看看二十世紀競爭最激烈的一場天價割喉大談判的最後階段：一九八八年美國菸草和食品龍頭雷諾納貝斯克公司（RJR Nabisco）的併購案。整個驚人交易的來龍去脈收錄在《門口的野蠻人》（*Barbarians at the Gate*）一書當中。❸

RJR董事長羅斯．強森（Ross Johnson）提出管理層槓桿收購（leveraged buyout, LBO），由協利投資銀行（Shearson Lehman Hutton）提供融資，併購大戰就此揭開序幕。強森開出了一百七十六億美元的歷史天價，等於是以每股七十五美元收購自己的公司，而當時該公司股價約在四十幾美元。強森的驚人之舉引起了不少潛在買家的興趣，不過，最後變成兩方爭奪：強森和他在協利銀行的盟友；以及以亨利．克萊維斯為首的華爾街巨頭ＫＫＲ集團（Kohlberg Kravis Roberts and Company, KKR）。

兩方都勢在必得。ＫＫＲ素有華爾街併購大王的聲譽。據傳，克萊維斯當初聽聞協利銀行有意融資ＲＪＲ併購案，把ＫＫＲ摒除在外時，他說：「這筆交易太引人注目，金額太龐大……我不能袖手旁觀。我們必須加入，我們絕對會加入。」[4]

參考第七章的情境矩陣，在ＲＪＲ併購案中的兩方，是屬於哪一種情況呢？

有很多企業合併和收購都屬於**平衡考量型**（第一象限）情況。各方一方面努力協商價格，一方面又要留意未來關係，因為被併購公司的管理階層會留下來，繼續管理公司。這些互相衝突的動機反而軟化了雙方使用的談判戰術。

強森團隊原本希望和他一手挑選籌組的董事會進行一場「愜意的」、以關係為基礎的談判，沒想到半路殺出克萊維斯這個程咬金。現在，兩批人馬都有意收購，董事會只好把ＲＪＲ公開招標，依法「拍賣」。私人情誼變得不再重要。金錢——很多很多的金錢——是唯一考量。ＲＪＲ併購案變為**純交易型**（第三象限）。強勢的議價戰術才是王道。

「我們需要展期」

我們直接進入故事的最後階段。一九八八年十一月三十日中午十二點三十分，克萊維斯開出了令人瞠目結舌的兩百四十億美元來收購RJR：相當於每股一百零六美元。他只給董事會三十分鐘的時間做決定。三十分鐘之後，克萊維斯就會收回競價，離席走人。

克萊維斯和他的夥伴喬治・羅伯茲（George Roberts）與好幾位顧問，在紐約一家律師事務所擁擠的辦公室裏等待。兩人緊張但是樂觀。[5]

走廊的另一頭，由RJR董事會中的「外部」董事組成的特別委員會正在開會。他們正在考慮克萊維斯每股一百零六美元的出價，而且整個拍賣過程中，他們也保密成功，沒讓協利銀行或KKR知道對方最新的出價。談判已經進行了好幾天。最後的決定壓力之大，可想而知。

克萊維斯不知道的是，羅斯・強森團隊也在最後一刻提出了新競價，包括了現金和很高比例的「垃圾債券」與其他熱門股票，相當於每股一百零八美元，比克萊維斯的一百零六美元稍高。這筆競價讓董事會傷透了腦筋。

強森已經出價到每股一百零八美元，如果董事會還決定把公司賣給出價一百零六美元的克萊維斯，將會面臨RJR股東的控告。董事會依法要把RJR賣給出價最高的買家。可是，董事會並不確定強森的出價是否真有每股一百零八美元的價值，高風險的垃圾債券是不確定性的主要來源。

因此，董事會需要時間來分析強森的出價——克萊維斯的最後通牒更是迫在眉睫。董事會請他們的律師彼得．阿特金斯（Peter Atkins）跑一趟，告訴在走廊另一端的克萊維斯，ＫＫＲ午後一點的期限需要展期。

離一點還有二十分鐘，阿特金斯敲了克萊維斯和羅伯茲辦公室的門。兩人興奮地抬起頭。他們一直期盼這一刻，資本主義史上最龐大的交易就要到手了。

「我們臨時接獲某事，」阿特金斯意有所指地說，「你們一點鐘的期限礙難遵守。我們需要展期。」

頓時，克萊維斯和羅伯茲汗毛直立。他們都明白「某事」是什麼——是對手的競價。他們之前設定截止日期，就是為了防止這一招。

「絕對不行。」克萊維斯說。[6]

讓我們先按「暫停」。克萊維斯訂了期限，ＲＪＲ董事會想要爭取更多時間，而克萊維斯也做了答覆。雙方各有何意圖？在這快速發展的謀略背後，又有著什麼樣的心理刺激因素呢？讓我們來看看常在談判結束階段扮演重要角色的兩個心理因素：「稀少性效應」（scarcity effect）和「投注過多」（overcommitment）。我們會一邊探討，一邊跟隨ＲＪＲ故事的進展。

結案因素一：利用稀少性效應，注入急迫性

在談判中最首要、最有力的心理手段之一，就是稀少性效應。它是指當人們認為某樣東西快要用光的時候，就會想要更多。第六章談到籌碼時提過，當對方認為「不交易」會有損失，那就是你的談判優勢。你可以在資訊交換階段盡量訴諸稀少性的理由，不過，通常都是在結束階段，這些理由才會受到最強烈的考驗。

研究指出，「凡是能夠擁有、對擁有者有用處、可以轉移給別人的東西，稀少性都能提升它的價值。」❼當我們以為我們想要的東西就要變得稀有，會啟動寫著「馬上行動」的假想緊急按鈕，以防錯失良機，後悔一輩子。❽

當氣象報告宣布將有大雪，稀少性效應會驅使人們一窩蜂跑到店裏搶購牛奶和乾糧。放一片餅乾在桌上，然後對兩個肚子餓得發慌的孩子說：「桌上有塊餅乾，誰要？」兩人搶成一團，就是稀少性效應活生生的證明。貴公司新租的辦公樓層只有三間辦公室有窗戶，但有六位資深主管要選辦公室，此時你就會看到大人也出現一樣的行為。

聰明的談判者會利用很多手段激出稀少性效應，讓談判陷入危機。RJR的談判故事就可看出不少這類手段。

搶破頭造成的稀少性：競爭

首先，精明的談判者會設法強調他們的東西很搶手，而且供給正在迅速減少。他們談論他們其他的選擇或機會，希望對方會感受到稀少性的額外壓力，因而按下「馬上行動」的假想緊急按鈕來贏得競爭。

在RJR的案例中，董事會不斷強調其他的競價，企圖讓兩方提高價格。而克萊維斯也正是在這種拍賣氣氛的驅使之下，才會跟著注入急迫感，設下一點鐘的期限。

另一筆競價的確存在，因此稀少性並非虛構。只有一家公司能買到RJR。可是，在許多競爭型情況中，即使你是唯一實際出價的一方，對方還是會設法誇大稀少性，以創造一種競爭的假象。

誇大是談判中常見的手法，尤其是**交易型**談判。我會在下一章探討誇大的道德問題。現在只要先了解人們為什麼會誇大競爭的情勢：是為了引發稀少性效應。

快沒時間造成的稀少性：期限

第二種引發稀少性恐慌的戰術是期限。克萊維斯利用這項技巧來對付董事會祭出的競爭性拍賣。設定期限的目的很簡單：營造快沒時間的感覺，機會稍縱即逝。

亨利・克萊維斯是全世界少數幾位有財力和信用能募集兩百多億美元買下RJR的人。

而和他一起搶奪ＲＪＲ的對手則無紀錄可查。克萊維斯設下明確的期限，釋放給董事會的訊息是，他的參與不該被輕忽。他的目的是什麼呢？停止競價，盡快獲得好消息。

期限如果能和外在世界中雙方都不能控制的事件有關，則效果最佳。在許多企業併購談判中，常遇到公司以季報為期限，以便向證管單位揭示「重大企業發展」。通常買賣雙方都不願意在財報中提及正在進行的合併談判，因為消息一旦走漏，會吸引其他買家的覬覦，導致買方可能必須提高價錢、賣方的管理階層也對這筆交易失去掌控權。因此，季報期限成為非常可信的交易期限。

可信的交易期限，再加上對方基於高需求而認定的稀少性，則稀少性效應的作用會加倍。競爭加上期限，說法如下：「明天中午以前，如果你不接受我們的條件，我們就會選擇另一家有意交易的公司。」研究顯示，當談判的一方在期限和競爭的雙重壓力之下，讓步的幅度和頻率都會急遽上升。❾

克萊維斯無法從期限的做法上得到這種雙重打擊的作用，原因是沒有可信的外在事件為他的期限把關，而且，如果他退出ＲＪＲ收購案，他並沒有別的公司可買，來用掉手上的兩百多億美元。反之，ＲＪＲ卻還有另一個買家。ＲＪＲ本來應該有立場主動設定期限，把這種作用發揮到極致，只可惜，他們發現這筆創下天價的交易需要多一點時間才能妥善處理，急不得的。

談判者利用期限製造稀少的假象，還有一種做法，那就是在既有出價中的某些條件上設定期限。期限一過，這些條件就「失效」，只剩下比較不吸引人的條件。企業到商學院和職業學校徵才時，有時會給錄取者接受錄用的期限，例如，如果立刻接受，就可獲得現金紅利或優先選擇上班地點等優惠條件。

就算這些限期內的條件「失效」，錄用的承諾依舊有效，不過，缺錢的學生非常重視額外報酬。如果他們遲遲未做決定，會實際感受到金錢的損失。在更複雜的交易裏，「失效」的條件有可能是優惠的存款利率或融資利率，或優先交貨條件等等。

威脅撤掉特別優惠所造成的整體效果，就像是為整筆交易設下期限一樣：機會稍縱即逝。你最好「馬上行動」。

離席走人產生的稀少性

營造稀少性效應最戲劇化的做法應該是祭出「要不要隨你」的最後通牒，然後等到對方抗議時，起身離開現場。眼看著你一心想要的生意就這麼溜走，那種情緒上的震撼是很巨大的。

離席走人看起來像臨時起意，但很多都是演戲。若對方沒什麼經驗，又一心想談成這筆生意，則競爭型的談判老手可以利用離席走人來恫嚇對方，催促對方棄甲投降。離席走人同時也能強調某些特別重要的議題是多麼重要。

RJR收購案自始至終都沒有人離席走開，但知名談判案例中不乏這類手段。唐納・川普就常常離席走人，到最後，「川普式走人」（Trump walkout）已經成了他的註冊商標。[10]《百視達傳奇》（*The Making of Blockbuster*）記述了交易大亨韋恩・赫贊加多采多姿的創業人生，書中也處處可見赫贊加離席走人的故事。

例如，在一九八〇年代初期，赫贊加與他的合夥人史蒂芬・貝拉爾德（Steven Berrard）準備以四百萬美元買下紐奧良某一家族企業。[11]談判結束階段在一家律師事務所進行。檯面上最後一項議題是該公司銀行帳戶裏的十萬美元該如何處置。赫贊加告訴原經營者，成交後，十萬美元應該是他的，對方卻堅持那是他們的錢。

「好吧！各位，我們回家吧！」赫贊加說完，便開始收拾公事包。沒有人起身。「我說，走吧！」赫贊加吼著，趕著他的團隊離開會議室，往走廊走去。

「韋恩，你瘋了嗎？區區十萬美元你也要爭？」貝拉爾德一面走一面懇求。

「他們不會讓我們走進電梯的，」赫贊加回答。話才說完，原經營者的律師便把頭探出門外，請他們回去。赫贊加如願獲得這筆錢。

總之，稀少性效應只是一種情緒反應，並不理性。善於操弄的談判者利用它來注入急迫感，原本理性的過程甚至因此令人恐慌。有時候他們說的是事實——真的有其他選擇、很多需求和真正的期限。但有時候他們只是虛張聲勢，希望藉此逼迫你按下緊急按鈕，立刻成交。究竟要決定放棄、還是按下緊急按鈕，得靠你自己判斷——好好評估你對於籌碼情勢的了解。

回到野蠻人之爭

了解稀少性效應之後，讓我們再回到亨利．克萊維斯和RJR董事會協商期限的律師辦公室現場。克萊維斯應該堅持原訂期限，還是同意展期？這個期限並沒有外部力量把關，因此答案全看克萊維斯對於手上籌碼的分析。如果克萊維斯此時離席走人，哪一方損失最多？克萊維斯還是RJR？

我們來思考看看。如果克萊維斯堅持期限、離席走人，他的錢可以留在口袋裏，但卻錯失了贏得「世紀交易」的機會。另一方面，董事會還有另一個買家，一樣有機會創下天價。所以，受稀少性效應牽制的是克萊維斯，而非RJR董事會。

午後一點十五分（最終截止期限已經過了十五分鐘），克萊維斯叫來阿特金斯和特別委員會的成員查爾斯．修格爾（Charles Hugel）。克萊維斯同意，如果董事會願意支付四千五百萬美元給KKR，他就可以把期限延到兩點鐘。換算下來，一分鐘一百萬美元，萬一

KKR未能得標，董事會就要支付這筆錢以補償其損失。⓬董事會商量後，同意這項要求。顧問團把新條件草擬在筆記活頁上，並讓大家簽名。現在，在兩點鐘之前，董事會都可以繼續思考KKR每股一百零六美元的出價。

結案因素二：對於談判過程投注過多

繼續看結局之前，先了解一下一九八八年那一天出現的第二種心理現象。心理學家稱之為「投注過多」。⓭

投注過多來自於人類在某個行動或決策上付出甚多後，會想盡量避免承認失敗或損失。人們在某個敏感活動上投資的時間越多，就越想看到它完成，即使這項決定如今看起來已經越來越沒有意義。

讓我們先用一個和談判無關的簡單例子來說明。假設你去遊樂園，聽說「飛濺快車」很受歡迎。到達後發現現場大排長龍，但你還是決定排排看。你排了兩、三分鐘，發現隊伍一動也不動，此時園方宣布，等待時間約為一個半小時。你會繼續排隊，還是先玩別的設施？

現在想像一樣的情況，**只不過，這一次園方宣布等待時間的時候，你已經排了四十五分鐘了**。園方告訴你，現在才開始排隊的人要再等一個半小時，而你大概需要再等四十五分鐘。你會繼續等四十五分鐘，還是先玩其他設施？

關於投注過多的研究顯示，雖然兩種情況的等待時間一樣，但你在第一種情況下放棄繼續排隊的可能性遠大於第二種情況。為什麼呢？因為在第二種情況下，你已經投注了整整四十五分鐘的時間，這時候才放棄，這段時間就白費了。而在第一種情況，你只「損失」了幾分鐘。如果你一開始就投注很多時間來等待，你會比較偏向繼續投注更多時間來實現目標。

損失趨避的心理

多年來，心理學家、賭場老闆和華爾街股票經紀商利用人類損失趨避（loss aversion）的心理大獲其利。玩吃角子老虎開始輸錢的時候，人們總是一心想要「回本」。硬幣投了一個又一個，越是賠錢，越想扳回。投資菜鳥在股票下跌時總是不願意脫手，希望時來運轉，手上股票能反彈到損益兩平點。所以，他們賣出賺錢的股票、續抱賠錢的股票，和許多專業基金經理人的操作原則正好相反。

這種弄巧成拙的心理習性如何在談判中發揮作用呢？當我們已經在**實際的談判過程中**投注大量時間、精力和其他資源，我們會越來越想成交，這種心理就像在遊樂園排隊越久，越想要非排到不可。

即使對方一片善意，這種投注過多現象還是有可能自然發生。不過，機敏的對手會為了讓我們投注過多而刻意延長談判過程。他們會把這項陷阱設在結案之前，故意歉歉然地在最後一刻要求在協議中增加某個「必要」條件。「看在我們都已經談到了這個程度的份上，」他們會這麼說，「別讓我們的時間和精力都白費了。」為了避免談判破局的損失，我們可能會至少答應一部分條件以挽救這筆交易。

投注過多，再加上第九章提到的對比原則，便足以說明談判高手為什麼常常在結束時使用「要求小惠」的戰術。「蠶食者」會在結束前不斷要求小惠。經過了冗長複雜的談判後，人們多半不願在小事上計較，以免功虧一簣或傷害雙方關係，所以往往會讓步。不過，專業談判者在談判的全程不斷蠶食，一年下來，甚至可能多得百分之三到五的額外利益。

對抗投注過多和要求小惠的方式很簡單。如果你知道對方是個蠶食者，可以先保留一些條件，準備最後再讓步。如果你對對方不太了解，則要好好守住你的目標，確保對方和你一樣致力於整個談判過程，並且對於最後一刻的要求不要心軟。如果我們在買了某遊樂設施的票，又排了一個小時的隊，好不容易排到，卻被要求支付額外費用，我們一定會怒不可遏。你要用同樣的態度來面對談判最後一刻的要求。最低限度，你也得堅持雙方各讓一步。

克萊維斯收購RJR大結局

回到克萊維斯的故事。眼看兩點鐘的期限就快到，此時協利銀行又提出最新的垃圾債券出價，每股一百一十二美元的天價。克萊維斯立刻取消期限，遞出每股一百零八美元的現金價。接下來的七個小時，各方陰險使詐，為求競價致勝，不顧風險到了投資銀行家想都不敢想的地步。眼看時間越拖越長，KKR愈加經不起損失，可以說他們已經投注過多，殺紅眼似地非成交不可。

最後，董事會給克萊維斯最後一個機會，以打敗強森每股一百一十二美元的垃圾債券競價。克萊維斯與團隊激烈討論之後，提出了高額的最後競價，每股一百零九美元（總價超過兩百五十億美元）。董事會的判斷是，強森的每股一百一十二美元高風險垃圾債券，與克萊維斯較為可靠的每股一百零九美元，幾乎是不相上下。晚上九點十五分，董事會做出決定，認為KKR較為可靠，又擁有募集如此龐大資金的經驗，因此決定讓KKR得標。

經過激烈的廝殺後，勝利的果實特別甜美。可是，仔細想想，克萊維斯的做法是否明智？是什麼因素決定了最後價格——是談判過程中的較勁、還是商業分析？克萊維斯的好勝心態、稀少性效應，再加上投注過多，左右了這場談判。現今普遍認為克萊維斯是買貴了。

較和緩的結束戰術：我們該不該均分差異？

剛剛談過的結束戰術出現在許多消費和商業場合，可是，讓我們打開天窗說亮話——日常生活中總是有不少例外。我們談判的對象多半是和我們有持續關係的人們或公司。像是期限和稀少性效應這類太過競爭的戰術也許用得到，但是，要想維繫關係，「較緩和」的做法還是比較實際。我們不會威脅合作對象「要不要隨你」，然後離席走人。

如果是真正的**關係型**情況，則結束非常簡單。你的目標是確保對方接收到你的善意。遷就；然後態度和善地迅速結案。

利害關係和合作關係並重的**平衡考量型**情況比較複雜。你想維繫和諧關係，又想從交易中獲得足夠利益。

面對大多數關係敏感的談判，有一些可靠又溫和的戰術能協助你結案。讓我們來看看。

最常使用的技巧是均分差異（split the difference）。談判研究顯示，所有交易最可能的達成協議點是落在雙方開價的中數。偏好妥協的人常常喜歡把雙方的條件放在檯面上，然後直接對半均分，以縮短談判過程。

就算雙方已經歷經好幾回合的談判，還是可能會有一方提出雙方各讓一步，以平均價格定案。在合作關係很重要的情況中，這是最適當、最平和的結束方式。

為什麼均分差異的做法如此受到歡迎？首先，它呼應了我們公平互惠的理性，並為雙方未來合作訂下典範。均分很像第四章提到最後通牒賽局裏的五五均分。雙方同時做出相等讓步，還有什麼會比這更公平呢？

其次，它簡單易懂，不需要費時說明。對方很清楚你的意思。

第三，它不花時間。對於那些不喜歡談判或急性子的人來說，均分差異是避免談判引起複雜人際糾紛的最佳方式。

均分差異的結束技巧實在是太普遍，有時候，拒絕它反而顯得蠻不講理。可是，也不要把它想得太美好。對我來說，至少就有兩種重要情況不會貿然採行均分差異的做法。

第一，你要小心確定對方提出的中數對你是否公平。如果你的開價很合理，對方的要求卻比較過分，兩方的平均中點則還是大大有利於對方。所以，如果一開始就不對等，最後就不要均分差異。[14]

第二，當談判關係到龐大的金額或某個重要原則，而且雙方關係又很重要的時候，太早均分差異，會錯失另外想出創造性做法的機會。

回想第七章提到富蘭克林的晚餐交易。如果採取均分差異的做法結果會如何？如此一來，則富蘭克林有時可以吃素，有時得吃正常餐點，其他學徒也是一樣。雙方不高興的時間各占一半。與其「無人勝利」，不如給他一半的晚餐費讓他自理晚餐，皆大歡喜。

當雙方提出的條件差距過大而難以均分，還有另一種友善的結案方式，那就是延請中立者評估。如果光請一位鑑定人不公平，則雙方可以各請一位，最後再將兩位專家的評估結果對半均分。

還有一種很有創意的結束技巧，叫做談判後協議。哈佛大學教授霍華・瑞發（Howard Raiffa）就鼓吹談判雙方達成協議後，再花點時間尋求額外價值，讓交易更加完美。

若採取瑞發的做法，雙方先達成協議。然後講好——不一定要請專家協助——雙方繼續尋求其他構想或做法，在任一方不委屈的情況下，讓一方或雙方獲得更佳的利益。若新提案無法同時獲得雙方認同，就以原本的協議內容定案。

我自己研究發現，這項技巧理論上聽來不錯，卻很難付諸實行。瑞發的理論很吸引我，於是我協助開發了一套電腦程式，讓談判雙方能夠在達成協議後繼續尋求更佳的合作條件。結果令我意外：人們對於我們提供的談判後協議，興趣缺缺。

瑞發的這個大好構想為什麼無法吸引他們？第一，他們好不容易結束了一筆競爭激烈的複雜交易，都已身心俱疲、不想再碰。他們心想，已經夠了！第二，在談判過程中，他們對於所重視的事項又有了不同的想法，我們的談判後協議系統跟不上這些快速的改變。最後，他們擔心對方會在談判後協議過程中有機會反悔。他們告訴我們，談定後最好就不要再碰它。

我的實驗對象告訴我一個重點。實在又有利的交易和和諧的合作關係實屬難得。透過談判兩者兼得後，安然享受辛苦得來的果實、回到正常生活，才是明智之舉。

萬一談判破局，該怎麼辦？

經過讓步階段後，有時候結局是破局，而非達成協議。雙方走到了死胡同。事實上，有時候寧缺勿濫反而比較好。畢竟，不協議總比壞協議好。的確，有時人們會故意讓談判陷入僵局，來測試對方的決心，或逼迫他們努力發揮創意。

不過，許多談判破局都是令人懊悔的錯誤。有時候，談判者死守原本的立場，拉不下面子繼續談判。我最愛用韓戰的故事來說明這一點。[15]

一九六九年時，聯軍司令部和北韓各自推派代表（美國將軍詹姆斯・納普〔James B. Knapp〕和北韓將軍 Yi Choon Sun）進行談判，雙方在南北韓停戰區的一間小屋裏見面。此次會面是北韓提出的要求。依照韓軍休戰委員會的規定，會議開到何時結束，必須由要求開會的一方決定，**而且在正式宣布結束之前，任何一方都不得離開現場**。自從韓戰於一九五三年協議停戰之後，雙方已經依照這項規定進行了好幾百次會面。

會議進行了七個小時的時候，納普將軍針對南北韓衝突降溫提出了一項計畫。其中，納普要求北韓立刻停止所有「論戰、好戰與興戰的公開言論」。

北韓的將軍反對這項要求，雙手抱胸，一語不發，狠狠地盯著納普將軍。納普也面帶敵意地瞪著他。就這樣，兩人對看了**四個半小時——一句話也沒說**。就像兩隻猛虎互相較勁，不干示弱，誰也不想先眨眼（或去上廁所）。

會面持續到十一個半小時的時候，北韓將軍突然站起身，什麼話都沒說就離開了現場。於是納普對外表示：「鑒於北韓代表的舉措，我宣布會面結束。」歷史並未記載他是否一溜煙離開現場。

除了因為問題日趨擴大之外，雙方一開始歧見就太大，因此形成僵局。有時候，談判雙方無法克服溝通不良、誤解、或只是合不來的問題，又該怎麼辦呢？

重啟談判

克服僵局最簡單的方式也許就是為自己留扇後門，讓自己離開後還可以再回來。「既然你們堅持這個立場，」你可以一面收拾東西、一面這麼說，「我們此時無法繼續談判。」細心一點的對方，會聽懂「此時」的含意，事後再有技巧地問你是否願意重新談判。這扇後門讓你保住面子，之後又能繼續和對方聯絡。

如果對方氣沖沖地離開，他也許不會想到要留一扇後門。這時候，你應該思考要如何在保住面子的情況下要求他回來。有位專家這麼說，你必須幫他搭一座重回談判桌的「黃金橋」（golden bridge）。[16]要搭這座橋，你必須「忘記」他撂下的狠話，或者把他最後的發言做不同的解讀，成為讓他回來的藉口。

當溝通不良成為問題時，簡單一句道歉，就足以讓雙方回到談判正軌。但如果關係惡化，連道歉都無法彌補，可能就得要更換談判者，或者在有中間人的情況要撤掉中間人。

美國職棒比賽在一九九〇年代幾乎停擺兩季，原因是球員工會和球隊老闆談判破局。大城市的球隊老闆希望限制球員薪資上限，小城鎮的球隊老闆希望大城市球隊能提供補貼，而球員則希望加薪。三方都談不攏。最後，球隊老闆請來一位新談判者——蘭迪．雷文（Randy Levine）代表他們上談判桌，事情才總算有了轉機。蘭迪身兼中間人和律師的角色，為談判過程注入高度的信任和創意，依照當時某位參與者的說法，蘭迪「打破了不信任的藩籬」。[17]另外一個打破僵局、推動談判繼續進行的做法，則是說服各方停止對媒體發言與公開表達立場，以便於在談判桌上做出讓步。雖然第二章提到公開承諾能幫助你謹守你的目標，但有時候，不要被立場綁住，反而對大家都有利。在罷工這類高利害關係的談判當中，這麼做才能讓各方離開聚光燈，私底下好好解決事情。[18]

最糟糕的僵局來自於情緒的堆疊：我生氣而讓你生氣，你的反應讓我更生氣。一九六九年納普將軍和北韓將軍的對峙就屬於這種情況。

無論是商場還是戰場，要解決這種衝突，就得採取我所謂的「一小步」程序。需要由一方向另一方跨出清楚的一小步，然後等對方回應。[19]如果對方也朝你跨出一小步，則雙方可以重複這個循環，繼續下去。時事評論家查爾斯・奧斯古（Charles Osgood）在描述一九六〇年代初期的冷戰時，曾為這個程序創造了專有名詞的縮寫：GRIT（Graduated and Reciprocated Initiatives in Tension Reduction，緩和緊張的漸進與互惠策略）。[20]

埃及前總理安華・沙達特（Anwar Sadat）曾利用「一小步」技巧緩和阿拉伯與以色列的衝突，他的做法就是在一九七七年十一月十九日親自飛到耶路撒冷，與以色列總理門納虔・比金（Menachem Begin）會面。坐飛機到以色列的確是小事，但沙達特藉此表達了他願意承認以色列。此舉後來促成以埃大衛營協定，以色列也將西奈半島歸還給埃及。[21]

有位企業高階主管曾告訴我一個故事，很適合用來說明「一小步」技巧在日常生活的效用。兩方人馬正進行一場複雜的商業談判，雙方都認為自己有籌碼，也都最有立場為自己爭取利益。經過幾回合的談判之後，沒有一方願意讓步。

最後，現場有位女士從皮包裏拿出一包M&M巧克力。她打開包裝，把巧克力倒在桌子中間。

「這要做什麼？」她的成員問道。

「用來記分用的。」她說。

接著她宣布在這筆交易上退讓一小步——並從M&M巧克力堆中拿出一顆，放在靠她那一邊的桌上。

「現在該你們了。」她對坐在對面的人說。

為了不被比下去，她的對手們商量了一陣子，也提出讓步——還拿了兩顆M&M。「我們退讓得比你們多。」他們說。

想出這個辦法的女士聰明地讓對方在這小事情上占點便宜，接著又讓了一步，拿了一顆M&M巧克力。

沒多久，雙方歧見越來越小，最後成功結案。這可說是GRIT流程的M&M版。凡是在談判關係中重啟互惠規範的類似機制，都能收到有用的效果。

整體而言，談判雙方之所以陷入僵局，通常是因為輕忽對方的要求。到最後，若想讓談判有所進展，就得改變你的整個參考架構，認清交易告吹的後果遠比降低期望而達成交易來得嚴重得多。

有時候，轉變需要時間。僵局也得持續夠久，才會促使雙方改變他們的期望。人們必須看到，達成協議比起其他的選項都有利，才會心甘情願地達成協議。[22]

如果以上做法都沒有用，你可能需要請中立的第三方來擔任引導者（facilitator）、中間人或仲裁人，以協助雙方重啟談判。這些專業人士能協助人們看清交易不成會有何後果。如果連這些人都無法疏通僵局，此時只好訴諸法定權利，雙方可能需要上法庭解決紛爭。

不要滿足於協議——取得承諾

一九九七年時，華爾街兩大巨頭添惠公司（Dean Witter Discover & Co.）和摩根士丹利集團（Morgan Stanley Group）宣布同意合併時，附上了一個有趣的註腳：反悔者要支付對方兩億五千萬美元。[23]

波士頓學院的美式足球明星道格・弗魯堤（Doug Flutie）與唐納・川普旗下的紐澤西將軍隊，談成了金額高達八百三十萬美元的六年合約。雙方都還沒正式簽約，弗魯堤的經紀人就要川普立刻對媒體宣布消息。看到弗魯堤的名字和八百三十萬美元的數字一起出現在報紙上，經紀人這才眉開眼笑。[24]

這些故事有何共通點呢？都是關於取得承諾，這也是結案的最後一步。在兩個案例當中，談判雙方都採取了特別行動，把自己和對方緊緊綁在一起，做為結案的額外動機。

所有談判的目標都是為了贏得承諾，而不僅是達成協議。你希望對方能紮實地執行交易。有時候，只要握個手，就足以確保一切，雙方擁有長久關係和相互信任時尤其如此。但有時則需要利用更詳盡的承諾手段，像是合約、公開儀式和明確的懲罰等等。

我有個學生曾在課堂上講了一個故事，比我聽過的絕大多數學術討論都還能清楚說明協議和承諾的不同。她的故事也顯示，熟知談判的動態變化如何能幫助你改善自己和別人的生活。

我這位學生——且叫她泰瑞莎——正在擔任義工，專門安排窮困孩童在週末到郊外從事休閒活動。她們這一組負責租遊覽車、借運動設備、安排大人隨行、幫大夥準備食物，並且讓這些孩子們能暫時離開都市大街，無憂無慮地度過快樂的一天。

除了隨行志工這個部分，其他事項都進行得很順利。是有許多人願意當隨行志工，來幫忙照顧孩童。可是，很多人原本答應要來，說好的那天卻沒有現身。更糟糕的是，這些臨時不能來的人，卻往往不好意思事先打電話讓泰瑞莎知道。以至於出遊時遊覽車上的監護人員不足，遊戲輔導員也不夠。

泰瑞莎面臨的承諾問題，威脅到整個計畫的進行。她該如何讓這些隨行志工在說好的那一天現身呢？

後來，她和這個組織想到了一個辦法。當她請志工排開其他事情、說好幫忙一整天時，還同時給他們另一個重要任務：為當天的午餐準備一樣東西——可能是漢堡肉、餐包、沙拉、或是煤炭。有了這個簡單的額外承諾後，準時現身的志工大幅增加。為什麼呢？因為之前臨時不來的志工可能會安慰自己，就算少他一個也不會有多大影響。可是，現在他們對於自己的角色有具體的意象（沒有煤炭就不能烤漢堡肉，反之亦然），每個人都明白自己的貢獻很重要。一人失約，大家就有麻煩。志工們原本就是基於自尊和責任感才答應來幫忙，現在更進一步激發他們付諸行動。

添惠公司、弗魯堤和泰瑞莎的故事讓我們明白，同意和真心承諾最大的不同，在於不行動的一方丟臉的風險一高一低。答應去做某事風險較小；它只代表一個人有意願去做他答應的事情，至少當下如此。承諾則不一樣，答應者臨時退縮，是要付出代價的。

四種承諾程度

有許多手段能確保承諾確實執行，像是保證金、訂金和頭期款等等。若在公司裏，能激勵你效力一段時間的報酬系統往往包括加薪、紅利或退休金年資等等。如果雇主未能遵守讓你留在公司達某一年限的約定，就會有所損失。

不同的談判情況需要的承諾形式各不相同。如果你答應幫鄰居看小孩，對方最多只能期望你口頭答應。但如果是幾百億美元的收購案，通常就需要簽訂具有法律效力的合約、請會計師團隊參與、並且要有正式的結案動作讓特定文件和資產同時易手。利害關係重大，信任程度較低，所以人們會採取額外行動來保護他們的期望。

在所有的談判當中，承諾的過程都從簡單的**社交儀式**開始。在西方國家，最受歡迎的儀式是握手。有了這些社交信號後，承諾者若未依約實行承諾，就會傷害到自己和團隊的威信。

承諾的內容越重要，社交儀式就越複雜。這當中多半包括某種形式的**公開宣告**和發布。回想第一章提到「對山說話」的故事，阿魯沙族裏的兩名農夫的土地之爭。雙方談判結束後，一起享受了羊肉和啤酒大餐，同時在全體族人面前宣布了協議內容。村民們一同見證協議，集體記住交易條件，當事的雙方要違約就更不容易了。

唐納．川普宣布和道格．弗魯堤交易的記者會上，提供的也許是香檳而不是坦尚尼亞啤酒，可是，其社會目的和阿魯沙的儀式是一樣的。全世界都知道這筆交易後，川普和弗魯堤就會更忠於協議。

當責（accountability）也會加深承諾。如果承諾者的個人名譽會因為背信而大受傷害，他就更會實現諾言。

泰瑞莎「帶漢堡肉」的策略就是個巧妙的當責手段。在此之前，泰瑞莎準備所有食物，隨行志工會覺得自己在活動中是默默無名、可以被取代的。新法實施後 每位志工負責準備一種午餐材料，而把自己和「漢堡肉」或「飲料」畫上等號。臨時缺席馬上就會被發現。

有一種方法能夠加深承諾，又能提高當責，那就是白紙黑字寫下協議內容。將雙方同意的事項具體列出後，人們自然會更留意他們所承諾的內容。此舉同時還啟動了第二章和第三章提到的一致性原則的心態。還記得公司如何教導推銷員確保成交的技巧嗎？他們會要顧客親自填妥訂單。白紙黑字的動作讓顧客感受到極大的承諾感。

許多書面協議還有個額外好處，那就是具有法律執行力。添惠和摩根合併案中，對於未執行祭出高達兩億五千萬美元的處罰，也包含在法律合約當中。如此一來，任一方都可以向法院申請執行，使得反悔的代價非常高昂。

「合約」（contract）這個字具有法律意義，因此最好弄清楚訂定合約需要哪些步驟。許多合約只需要口頭協議和交換承諾，就已經具有法律執行力。一方向另一方出價，對方接受後，雙方答應執行，這樣就行了，這就是法律合約。全世界大部分地區都遵守這樣的法律規範，不過，這種口頭合約很難在法庭上獲得證明。

不過，在美國，凡是買賣像汽車這類價值超過五百美元的商品，或公司承諾雇用員工某一年限以上這類事情，或者是買賣房地產等，**一定要有書面合約，並由執行的一方親自簽名**。如果沒有這樣正式的書面合約，法院便無法保障協議的執行。沒有合約的牽制——即使一方口頭同意，按著聖經發誓說到做到——他還是可以隨時改變心意，明天把車子賣給別人。

有些交易，不管是否採取法律手段，都不足以保證承諾一定會執行。此時，為防萬一，最好使用**同步交換**來成交。以買賣汽車或房屋為例，雙方通常同時交換房契和頭期款支票。

初步協議可以用不退還的訂金來約束，不過，真正的產權過戶還是要等到賣方拿到錢才行。

結論

談判的最後階段——結束和取得承諾，相當具有挑戰性。在競爭的情況下，談判者明明知道應該冷靜，做出理性決定，但有不少強力的心理槓桿，包括稀少性效應和對流程投注過多等因素，可以讓他們失去冷靜。

但是，抵抗也有風險。對方也許真的擁有籌碼，還有其他合作對象。態度強硬還會導致談判陷入僵局。雖然意見不一可能促使雙方發揮創意，找出更好的解決方案，但也有讓交易破局、危及關係的風險。因此，光是熱烈追求目標是不夠的，還要發揮判斷力，好好找出適合的結束方式。

最後，一定要等到雙方都承諾執行，談判才算是畫下句點。除非雙方的關係和信任非常深厚穩固，否則只有協議是不夠的。承諾的祕訣很簡單：設法讓對方因為違背承諾而有所損失。而你自己也要願意受到類似的約束。

本章已經將整個談判過程介紹完畢，不過，在你自信滿滿地上談判桌之前，還有最後一個議題需要討論：道德。你可以和魔鬼談判，又不出賣靈魂嗎？可以的，但是沒那麼簡單。

議價與結束：重點整理

戰術決策

情境		該不該開場？	如何開場？	讓步策略	結束策略
情境	純交易型	若不確定，不要先開場。但如果資訊充分，可以先開場。	開出最高合理開價（金額必須有說得通的理由）。	態度堅定：朝預期水準小幅而緩慢地讓步。	期限； 離席走人； 最終報價； 均分差異； 評估。
情境	平衡考量型	同上。	公平（金額必須有憑有據）	小議題大讓步，大議題小讓步；腦力激盪各種做法，一次提出多種套案。	以上全部； 談判後協議。
情境	關係型	應該。	大方慷慨。	遷就或公平妥協。	均分差異； 遷就。
情境	沉默協調型	應該，但要盡量避免衝突。	盡量解決問題。	遷就。	遷就。

第11章

與魔鬼談判，又不出賣靈魂：談判的道德

市場是為了方便人們互相欺騙而設計出來的場所。

——阿納卡西斯（Anacharsis，西元前六百年）❶

我只和我信任的人玩牌，但我還是會想切牌。

——約翰・奧洛林（John K. O'Loughlin），全州保險公司（Allstate Insurance Company）❷

我把道德方面的討論保留到最後，因為道德問題會出現在談判各個階段的所有層面。現在我們已探討過錯綜複雜的準備、資訊流、檯面上議價和承諾，我們已經具備了一切必備的背景知識，來面對所有談判者都會遇到的棘手的道德問題。

先講個故事。這是關於費城某報社的社論專欄作家達雷爾・西福特（Darrell Sifford）的真實故事。❸他一向鼓勵人們以誠實、直接的態度待人。可是，當他首次遇到討價還價的情況時，他覺得有必要嘗試看看。他在社論文章中探討了這個主題。

西福特和妻子住在明尼蘇達州明尼亞波利市一間挑高公寓。有一天，他上街去採購裝飾視聽間的物品。他經過一家折扣家具店的櫥窗，看到一個炫麗精緻的地球儀燈，還有著非常漂亮的櫻桃木底座，他立刻就愛上它了。

於是，他走進店裏，一位熱心的老店員走過來接待。「有什麼需要幫忙的嗎？」店員說。

「櫥窗裏的地球儀，」西福特說，「我想看看。」

店員帶著西福特來到櫥窗前，西福特靠近看清楚後，把標價翻過來。貴得驚人：四百九十五美元。

「這高出我的預算太多了，」西福特搖搖頭說。

店員表示體諒，於是讓西福特看了許多其他的地球儀，可是，沒有一個比得上他第一次看到的。看過不少其他選擇後，西福特表示，他還是想要櫥窗裏的那個地球儀，但他不想付到四百九十五美元。店員問他是否住在附近，西福特指著視線可及的公寓大樓。

「那麼，應該沒有問題，」店員說。「本店一向給附近居民打折。算你四百五十美元怎麼樣？」

「還是太貴了。」西福特回答。

西福特寫到這裏，他告訴讀者，他心中有個聲音要他為這個地球儀討價還價一下。他從來不曾在商店買東西時議價，而且一直認為討價還價有失尊嚴，是沒有錢或小氣的人才會做的事情。可是，現在他離費城老家那麼遠，偶爾為之沒有人會發現吧！他不要再當好好先生了。

西福特又考慮了一下，最後決定議價。他放手一搏。

「我在折扣郵購目錄上看過一樣的地球儀，售價只有三百二十五美元，」西福特謊稱。

「你們的售價比郵購高出那麼多，怎麼還能標榜自己是折扣商店呢？」

「我們的成本都比這個價錢高，」店員回答，「不過，我告訴你我打算怎麼做。這座地球儀算你四百美元。這已經是超低價，你不會在其他店裏找到更低的價錢了。」

「那我就回家郵購，」西福特態度堅硬地說。「謝謝你抽出時間。」然後便向門口走去。

店員快步向前。「我去跟經理談一談，」他說。不到一分鐘他就回來。「經理今天心情特別好，他說可以算你三百五十美元。」他回報。

「還不夠，」西福特說完，便走到地球儀前，仔細檢查。「你看，這下面有一道裂痕，這是瑕疵品。」

店員檢查底座。有一道幾乎看不見的刮痕。「我不知道這怎麼來的，」他說。西福特表示，店員說這句話的時候，居然**面露微笑**，表示他多少有些佩服西福特的策略。「我們不賣瑕疵品的。我再跟經理說說看。」

一分鐘後，店員回來。「你很會講價，」店員說。最後他以三百二十五美元，把地球儀賣給了西福特。西福特很驕傲地抱著地球儀回家向妻子炫耀，這座地球儀意義深遠，已經不只是裝飾品了。

談判者的核心道德問題

西福特賺到了。可是他扯了郵購價的謊，才如願以償。這樣有道德嗎？他顯然認為無傷大雅。其實，這種做法是有道德爭議的，雖然世界上大多數的人可能並不覺得。人們買賣時，為了達成目的，什麼話都說得出來，本章一開始引用的古希臘時代阿納卡西斯所說的話，就顯示說謊這種行為已經歷時千年。在每一種文化當中，日常社交生活當中充斥著謊言，這已經是無庸置疑的了。❹

哈佛商學院在一九九〇年代做了一項調查，列出許多有問題的議價戰術，詢問來自全球各地、七百五十多位企管碩士學生的看法。這些戰術包括開場要求時虛張聲勢、扯謊來壯大自己的議價條件、以及賄賂別人提供對手的議價條件資訊等等。學生們對於研究人員所說的傳統競爭型議價戰術都相當認同，甚至還贊成暫且承諾未來有合作的可能（其實心裏不這麼想），以便先獲得對方的具體讓步。❺

若依這份調查來看，西福特的做法似乎也屬於大家認同的傳統競爭型議價戰術。結果才是最重要的，不是嗎？

也許吧！可是許多有良心的人能夠看出西福特的做法有個明顯的問題：他為了貪便宜，而大刺刺地撒謊。傑若德．威廉斯（Gerald Williams）教授口中的「合作型」（cooperative）談判者最令人佩服的，就是他們談判時審慎追求「自己行為符合道德」，並將之視為主要的動機目標。❻這些談判者不認為議價是一種遊戲，而且通常也不認為欺騙是談判中的合法之舉。

因此，某些人對於西福特扯謊這件事就算不憤怒，至少也會不舒服。他們會認真地提出質疑。

如果西福特的謊言無傷大雅，有沒有什麼時候是不能扯這種謊的呢？如果店員欺騙西福特，虛構另有「有興趣的買主」，如果西福特不買，這位買主稍後會以三百五十美元（或更高）的價錢把地球儀買走。這麼做有沒有道德呢？

也許最有力的質疑是，常常欺騙不是會養成習慣嗎？紐約一家企管顧問公司的執行長估計，在他訪談過的企業人士當中，約有百分之二十五是「習慣性欺騙者」。❼如此看來，若說這些人在日常生活中養成了說謊的習慣，進而在工作上也成為說謊者，也不是不可能的事情。說謊很容易。如果謊言在買東西這類小事情上讓他們賺到便宜，何不用在像是雇用員工這類利害關係更大的事情上呢？很快地，一個人的成功可能有很大的原因是靠欺騙。說實話成為代價高昂的奢侈品。

西福特的謊言是小事，但對於想在談判桌上堅守道德的人來說，卻是個重要問題。密西根大學法學院的談判學教授詹姆斯．懷特（James J. White）為這個問題做出歸納：「談判者的角色至少要被動地誤導對手錯估你的現狀，但行為又要符合道德。」❽

懷特這句話，說出了談判者在思考道德問題時遇到的矛盾。真的有辦法用符合道德的方式，為了私心而誤導對手嗎？懷特說的「被動」欺騙又是什麼意思？西福特在郵購價格這種小事上的主動欺騙，難道不比在幾億美元交易上的被動欺騙來得有道德嗎？要回答這些問題並不容易。如果再考量律師、醫生、會計師等的職業道德，問題就變得更複雜了。

道德優先，但不是最後考量

本章放在全書最後，可是，你的道德規範態度必須是每一次談判舉動的**優先考量**。你的道德是你個人身分的重要部分，不管再怎麼努力，你在談判場上都不可能成為和你私底下完全不同的人。坐在談判桌前的是「你」，每天早上照鏡子看到的也是同一個「你」。

你個人的道德信念左右你付出的代價：道德標準越嚴格，在交易中就得甘願支付越高的成本，以符合自己的標準。道德標準越低，在聲望上就得付出越高的代價。你面對的人道德標準越低，你就得花越多的時間、心力來保護自己和自身的利益。

我可以直接告訴你我個人對這個議題的偏見。我認為凡是與道德相關的事情，都要以高標準對待。我在第一章提過，力求正直是談判高手的四大高招之一。有效談判方面的研究顯示，除了威廉斯的「有效合作」談判者之外，還有許多職業——從會計師到合約經理人，銀行家到專業買賣人員——都將正直視為有效談判的必備特質。❾

好吧！可是正直到底是什麼意思？西福特對店員謊稱看過更低的價格，我可以說他不正直嗎？

不。讓我重申第一章提到的，正直在談判中的含意。我說過，重視「正直」的談判者

「會利用經過深思的個人價值觀，在有必要的時候，與人解釋、辯論，作風值得信賴」。這個定義把為自己建立道德架構的重責大任加諸在你身上——而不是由別人來評斷。我老早就發現，教導價值觀的最佳方式，就是給他們工具讓他們自己思考，然後由他們自己參透。

儘管我希望西福特沒有說謊，但他還是高分通過了我的測驗。他後來公開撰文坦白討論自己的行為。他的文章閱讀者眾，還引發熱烈討論。如果你自己的談判行為也可以這樣接受公評，你就符合本書所說的「正直」條件。就算我不認同你的做法，我們也能擁有一場誠實、有原則的辯論。

本章的目的不是道德說教，而是提供工具，讓你做出西福特那樣的選擇。理性之人對道德問題看法各不相同，但如果你經過深思做出的道德選擇能通過我的「解釋與辯護」測驗，你就符合我的正直標準。我們先介紹幾種檢視自我本份的思維方式，再看看當別人用不道德的手段對付你時，你要如何保護自己。

最低標準：遵從法律

無論你的道德觀如何，每個人都有義務遵守談判流程的法規。❿當然，每個國家和文化的談判法律不盡相同，但這些法律制度之下的基本考量都有同樣的重要特性。我會以美國對於欺騙的法律規範為例，簡單說明法律在談判中的作用，不過談判行為的公平和審慎原則全球適用，不限於單一國家。

美國法律不承認商業談判必須具備「善意」（good faith）的義務。⓫有位美國法官寫道：「在雙方極力爭取最大利益的商業交易中……（面對無理行為）的適當做法就是離席走人，而不是指控對方談判時『心懷不軌』。」⓬不過，這項通則的前提是沒有詐欺（fraud）行為。稍後會提到，詐欺相關的法律規範將碰觸到談判行為的最深處。

詐欺的成立有六大要素。談判行為被認定詐欺，必須是發言者在（一）知悉的情況下，（二）扭曲（三）關鍵性（四）事實，（五）而這些事實是被害者可合理依賴的，（六）因而造成傷害。⓭

車商將汽車里程表歸零，以新車價格出售，就犯了詐欺罪。車商知道車子不是全新的；他向買方扭曲車況；車況是事實而不光是個人意見，而且是交易的關鍵性事實；買方購買這輛車時相信里程數字，這是合理的行為，車商因此造成傷害。同樣的，出售公司的人若對於公司的負債數字和負債類型扯謊，也是犯了詐欺罪。

對交易核心的重要事實刻意欺瞞，在商業談判中並不少見。不過，談判者多半不需要律師或衛道人士對他們耳提面命，都知道不該做這類不實的陳述。這屬於詐欺行為，毫無爭議。想欺騙你的人就是壞蛋。

關於欺騙，比較有趣的問題發生在詐欺法的邊緣地帶。要是車商力促你今天把車買回家，因為明天有別人準備要來付款，這樣算不算詐欺呢？這可能屬於事實的陳述，但它重不重要呢？看起來跟西福特郵購價的小謊言很像。如果西福特買地球儀時撒謊不算詐欺，我們該用不同的法律標準來評斷這名車商嗎？這名車商欺騙買方，究竟是詐欺，還是某種形式的創意行銷？

假設這名車商並不是在陳述事實，而是巧妙地將個人意見表達出來呢？也許出售公司的人表示，你買下這間公司後，會有一筆大金額的債務「可能可以重新協商」。如果這個賣方知道債權人絕不會考慮重新協商，這項意見可以被認為是扭曲現實，成為詐欺的罪證嗎？

讓我們簡要討論詐欺法的各項條件，並探查法律界線。令人驚訝的是，雖然我們都希望規範法律義務的準則能夠黑白分明，但在談判這種牽涉廣泛、面向多元的活動中，往往充滿灰色地帶，想要確保不違反法律，就得小心尊重這些灰色地帶。熟悉法律能讓你不逾矩，但即使如此，你還是需要能夠辨別是非。

要素一：「知悉」

要構成詐欺罪，談判者對於他所扭曲的事情一定具有一種特殊心態。扭曲必須是在「知悉」的情況下進行。因此，若想規避詐欺罪嫌，說話者可以避免直接接觸會導致「知悉」心態的資訊。

舉例來說，企業董事長可能懷疑他公司的財務不健全，但他還不「知悉」，因為他還沒有看到最新的季報。當顧問團要求開會討論季報內容，他表示暫緩。他即將要和一家重要廠商進行談判，想要告訴對方，目前公司財務狀況健全。他這麼做可以脫身嗎？也許可以。不過，法庭往往會擴大解釋「知悉」的定義，把這位董事長這種故意不理會事實的行為也納入違法。

故意不理會事實不光是在法律上有麻煩。在某些情況下，如果對方因疏忽或無知而扭曲事實，被害人反而會鬆一口氣。雖然這類謊報尚不構成詐欺罪，但卻能讓被害人發現這筆交易是一大錯誤。

要素二：「扭曲」

一般來說，法律規定談判者確實做出扭曲的陳述，才會被視為詐欺。商業談判者要遵守「沉默最保險」的基本法律規則。

當然，在實際情況中，如果談判對方機敏好問，則你很難保持沉默。遇到不便回答的問題，談判者往往被迫虛與委蛇，用「我不知道」做為掩護，或者在壓力之下，只得回答「我無權回答這個問題」。當對方提出問題來探測你談判立場的強弱時，如果你選擇欺騙，馬上就可能要負法律責任。

讓人吃驚的是，有些情況，**即使對方沒有問**，但你刻意隱瞞也構成詐欺罪。談判者在什麼時候有義務主動揭露可能會傷害自己談判立場的事實呢？美國法律規定以下四種情況有揭露事實的義務：

一、當談判者片面公開的事情不符合其他所有事實。如果你說貴公司賺錢，則你就可能有義務回答你是否使用有問題的會計手法才做出這項陳述。如果新的季報顯示虧損，而談判持續進行當中，你應該要更新之前的陳述。

二、當雙方屬於信託關係。如果談判雙方是受託人和受益人、合夥關係中的合夥人、小型企業股東、或家族企業成員，則就有義務完全坦白，不能倚賴「沉默最保險」的做法。

三、當未坦承的一方隱瞞的是對方不知道的交易資訊。一般來說，賣方透露資產缺陷的義務，要大於買方透露該資產可能藏有「祕密寶藏」的義務。賣屋者對於他的房屋有白蟻問題必須坦承以告⓮，可是，石油公司和農夫談判買地時，不需要主動告知農地有油礦資源⓯。這種例外情況很弔詭——最佳的測試方式就是秉持良心和公平。

四、有法定揭露責任的情況，像是保險合約或公開上市股票等。立法機關有時會針對某些交易訂定特別揭露責任。以美國為例，許多州政府規定賣屋者必須公開房子的所有問題。

如果不屬於以上四種例外，則不公開很難構成詐欺罪。可以保持沉默，讓對方繼續秉持他們自己的假設進行談判。

要素三：「關鍵性」

假設畫廊老闆受某畫家委託賣畫，售價不得低於一萬美元。如果畫廊老闆和有意買畫的收藏家協商價格時，表示：「我的售價不得低於一萬二。」這樣算不算詐欺？事實上，畫家**的確**清楚授權他把畫賣到一萬美元以上，因此這是在知悉的情況下扭曲事實。假設買家願意付到一萬一千美元，但他卻說：「我的預算只有九千元。」這樣又算不算詐欺呢？要判定上述兩種情況有沒有違法，就要看這些事實有沒有「關鍵性」。

並沒有。事實上，談判時，欺騙需求和底價的情況實在太普遍，許多專業談判者都不認為這類謊報是欺騙，他們喜歡稱之為「誇大」。[16]

為什麼？這類陳述讓各方得以為他們的偏好建立正當性，界定出談判範圍，以避免損失。謊報底價和需求也能讓談判者測試出對方對於他們自己聲稱的偏好的堅持程度。[17]

美國律師甚至將這種做法列入職業行為示範規則當中，明訂「交易物品的估計價格或價值，以及當事人對要求提出可接受的意向」並非「關鍵性」事實，目的就是讓律師從禁止對第三人做出虛假陳述的道德規範中脫身。[18]

因此，在你願意付多少錢這一點上說謊、或你在談判中重視哪些議題，都沒有法律上的問題。從法律角度來看，需求和底價都不是交易當中的「關鍵性」議題。

相較於你誇大想要出價或索價多少錢，對於開價的背後原因做出肯定具體的謊言，則詐騙的意味便急遽升高。例如，最常見的出價理由，就是像西福特一樣「我可以在其他地方用更便宜的價錢買到」的說法，這也是廣為全球消費者使用的方法。談判者常常會在替代選擇上有所欺騙，這算詐騙嗎？

當顧客對店主謊稱其他店裏的價錢更便宜，這項陳述並非「關鍵性」。畢竟，店主也應該像顧客一樣，非常清楚他的商品有多少價值。如果店主想要算便宜一點，還有誰會比他更清楚該賣多少錢呢？

可是，讓我們角色對調。假設店主謊稱另有買主出價，要買就得比誰出價較高呢？例如，讓我們看看以下這個發生於美國麻薩諸塞州的經典案例。[19]

某業主買下了一棟大樓，剛好承租的玩具店租約到期，需要協商新租約。玩具店老闆立場很硬，拒絕接受新房東將租金漲至一萬美元。業主告訴玩具店老闆另有房客願意支付一萬美元的租金，並威脅玩具店，若不接受新房租，就得立刻搬家走人。玩具店只好乖乖付錢，但後來發現業主吹噓，根本沒有另一位房客的存在。於是，玩具店控告業主詐欺，結果罪名成立。

另一個案例發生在奧克拉荷馬州，一位房屋仲介催促買主立刻簽約，還謊稱另有買主當天稍後就要來付款，結果，她被控詐欺，還得賠償買主損失。[20]

從法律的角度來看，這些謊言和畫廊老闆的「我的售價不得低於　萬二」、或者顧客的「別家店比較便宜」有什麼不同呢？我認為不同之處在於，以上兩個案例的被害者都是「小人物」——小的玩具店以及消費者——他們受到行家不公平的壓榨。在買家眼中，這些虛構的出價屬於「關鍵性」事實，具體、真實、又搭配了最後通牒，而且無法查證。

不過，如果雙方都是消費者，或雙方都是行家，我不認為法院會判定這樣是詐欺。即使不是在像美國那麼富裕、以消費者為尊的國家，我也不認為法院會那樣判。不過，讀者還是要知道，是有這種案例存在的。這可以提醒專業賣家或買家，和一般民眾交易時要格外小心。

要素四：「事實」

表面上，似乎只有扭曲客觀事實才受到法律約束。因此，想要走法律邊緣的商人會在談判中用意見、預期或意向陳述（statements of intention）的方式來推銷，而不會用事實陳述。而且，許多吹噓和誇張商品特性或性能的說法，往往被視為推銷過程的正常手段，因此，不能全部信以為真。

不過，法律也不是那麼好惹的。在有些太過分的案例中，意向聲明和意見也會被法庭視為詐欺手段。構成詐欺的標準並非陳述是否為真，而是陳述成功地隱瞞了談判者不想提出的事實。

假設你向你叔叔借錢，告訴他你是為了要付大學學費。其實，你把這筆錢拿去買了一台超炫的新跑車。詐欺罪嗎？有可能。

英國一位知名法官有句名言：「人們的心態和其消化系統狀態一樣，都是事實。」㉑欺騙的意向在法律上甚至還有個特別名詞：承諾性詐欺（promissory fraud）。承諾性詐欺是指說話者**做出承諾的時候**，就明白他做不到。換句話說，他說話不算話。如果你是受害者，你還得做出致命的一擊——證明對方的意向陳述具有「關鍵性」。㉒

意見陳述呢？對自己的商品價值、產品或公司條件做出有利己方的陳述，是談判桌上的標準（合法）配備。不過，當談判者提出的意見陳述和他對於交易物品所知的事實完全相反時，就可能構成詐欺罪。例如，紐約有個案例，機床業者欲出售其公司，他向潛在買主表示，要繼續留住它的最大顧客一定「毫無問題」。㉓事實上，業者欠這名顧客錢，希望用出售公司的所得來還錢，而且因為工作品質太差，這名顧客早就不再跟他合作。結果，買方成功地證明他被業者刻意詐欺的意見陳述所騙，並獲得賠償。

這些案例中，最重要的似乎是不公平。如果意向陳述或意見陳述隱瞞了談判提案的真意，使對方無法準確評估出適當的價值範圍或風險來出價，就可能構成詐欺罪。

要素五：「依賴」

談判者說謊有時會為自己找理由，說：「只有傻瓜才會相信我說的話。對方不該依賴我告訴他們實話——他們應該自己查證。」

之前提到謊稱有其他人出價的情況，如果雙方立足點差不多，則這種理由大致是站得住腳的。可是，當一方擁有決定性優勢，也就是專業買家或賣家面對單一消費者或小本經營者這種大鯨魚對小蝦米的場面，美國法庭會比較同情受害者合理地相信謊言的概念。

此外，法庭同情的對象，是在談判中真心相信對方公平對待的一方，他們滿懷信任，而強勢的對方卻企圖偷走他們的交易機密或其他資訊。例如，有不少實例顯示，獨立發明家談判出售其發明時機密走露，而獲得賠償。[24]這些案例中的買家通常都是大公司，以談判過程為餌，企圖獲取某些資訊。不過，如果在資訊交換過程當中非得透露一些機密資訊或商業計畫，則審慎的談判者都會要對方簽下簡易的保密協議（confidentiality agreement）。

善於計謀的談判者在扭曲重要事實，或以不當手法促成交易後，有個避免法律責任的絕竅，那就是在最終書面協議中寫下正確的交易條款。如果受害者未詳讀協議就簽名，事後就很難用合理依賴的理由控告對方詐欺。

舉例來說，假設你負責協商出售貴公司的主要資產——電子醫療設備，給一家大型醫療產品公司。協商過程中，對方拍胸脯保證會努力行銷這項設備，讓你賺取權利金。可是，合約中卻明訂，如果他們想要，可以將這項設備暫時擱置。成交後，對方決定停止銷售你的產品，你後來才發現，他們原本就無意銷售它；他們只想讓你的產品從市場上消失，不再與他們自己眾多的產品競爭。

像這種情況，法庭會判定原告輸在最終書面合約裏的交易條款。㉕這件事的教訓再清楚不過：**簽約之前仔細閱讀，對於有疑問處提出質疑，以確保那些可能改變交易內容的合約語言只是專門用語，或者是因律師要求加入的。**

要素六：「造成傷害」

如果詐欺陳述或隱瞞沒有對你造成傷害，你就不能控告對方詐欺。人們有時會混淆這一點。對方很不道德地扯下漫天大謊，就以為他的行為違法。這也許成立，但前提是他的行為直接對詐欺對象造成可計量的經濟損失。如果沒有這樣的損失，則最適當的應付方式是不要與他交易（如果可以的話），而不是提出控告。

法律之外：淺談道德

你也許發現，約束談判的法律充滿了許多道德標準。例如，擁有龐大談判優勢的行家在與業餘者和消費者談判時，受到約束的標準就遠高於和條件相當的對手談判。㉖擁有特殊關係的兩方，像是受託人或合作夥伴等，其實肩負著更多的法律揭露義務。當欺騙的原因是為了掩蓋關於交易對象的重要事實，則又和替代方案或底價的欺騙不太一樣。如果某重要事實對方無法自行取得，只能從你口中得知，就不得加以隱瞞。

西福特對店員謊報商品的郵購價格，是否構成詐欺罪？顯然沒有。他欺騙，但不是針對交易內容的關鍵事實。而且該店也並不倚賴西福特來獲得這項資訊。如果他們認為郵購價很重要，很容易自行查證。

可是，這種不嚴謹的法律標準可能不適用於店員向西福特謊稱另有買主這件事情。還記得之前提到的房仲在顧客面前無中生有，謊稱另有出價，因而被判賠償顧客的損失嗎？

結論是：西福特確定無罪；店員則遊走在法律邊緣。道德爭議可以用法律義務來把關嗎？答案端視你日常如何看待議價這件事。

西福特把議價這件事歸入可以撒點小謊的特別活動。他寫道，「誇大事實」是「玩這場遊戲的方式」。如果有更多經驗（別忘了，這是他第一次討價還價），他可能會改變想法。他也許會認為有些場合可以說謊，有些場合不可以。或者，他可能發現，誠實人生必須在所有事情上面謹遵一樣的道德標準。

我要請你找出**你的**道德信念。為幫助你確定你對於道德的想法，讓我簡單描述三種最常見的議價道德，這是我訪談過數百位學生和主管所歸納出來。看看哪一種最適合你——或者你也可以三種都各取一些，建立起你自己的信念。

當探討道德問題時，要記得：幾乎每個人都認為自己的行為大部分都符合道德標準；可是卻認為別人的行為不是無知、就是不道德，視他們的道德觀念和情況而定。因此，我要先提醒你，你的道德觀是你自己的事。它們能幫助你在議價時更自在、有信心。但是，可別指望別人完全認同你的道德觀。小心為妙。

議價道德的三個流派

我在此提出三種議價道德流派供你參考，它們是：（一）「這是場遊戲」撲克手流派；（二）「即使傷害自己也要做對的事」理想主義者流派；（三）「善有善報，惡有惡報」務實主義者流派。

讓我們分別了解這三大流派。我描述時，請試著找出其中哪些層而最符合你的心態。了解你目前的態度後，再看看有哪些改進的空間。我建議你盡量提高你的道德標準，並且和你其他的議價信念維持一致。在充滿壓力的現實世界中，道德標準通常會被拉低，而非提高。

「這是場遊戲」撲克手流派

撲克手流派把談判看作是有某些「規則」的「遊戲」。這些規則受到我們之前提到的那些法律所約束。規則內的行為符合道德，規則外的行為就是不道德。

撲克手流派的現代教父是杜魯門擔任總統時的特別顧問亞伯特・卡爾（Albert Z. Carr）。卡爾在六〇年代寫過一本書，望名生義：《商業是一場遊戲》（*Business as a Game*）。卡爾曾在《哈佛商業評論》撰文探討相關議題，他指出，誇大和其他合法的誤導手法都是「（議價）遊戲不可缺少的一部分，不擅此道的企業主管不大可能飛黃騰達。」[27]

信守撲克手流派的人都坦承議價和玩牌不盡相同。可是他們也說，這兩個領域都需要欺騙才能駕馭。而且，精通撲克和議價的人都對別人採取極度不信任的態度。卡爾表示，在公平的殺價場合，高手應該無視於「友誼的訴求」，大耍「狡詐欺騙和隱瞞」手段。遊戲結束後，撲克手流派不會因為對手欺騙了他就另眼看待此人。[28]事實上，由於他們把這些手段視為合法技巧，反而會佩服欺騙他的人，並且發誓下次要準備得更充分（更不信任對方）。

我們都會玩撲克，但議價「遊戲」要怎麼玩呢？抽絲剝繭後，是這樣的：有人開價後，雙方輪流提出條件。你可以舉出理由支持你偏好的條件。每次輪到你的時候，你可以選擇出招、也可以先跳過。目的是讓對方的意見盡量接近你的提案條件。

在議價遊戲中，雙方會誇大吹噓，這是可以理解的。如果你在談判桌以外的選擇有限又不吸引人、無力影響對方的替代方案、而且你的開價理由又很弱，則誇大可以掩飾這些弱勢。和撲克玩家不同的是，談判者若有一手好牌，絕對會設法讓對方知道。所以，最有效的誇大手法是聽來真實、有吸引力、又很難查證（但非事實）的替代方案，或權威性（但非事實）的佐證標準。專業玩家對這一點非常清楚，所以，議價遊戲的一個重要技巧，就是要能判斷對方的替代方案或論點是否真如他所說的一樣美好。如果對方識破你的誇大手法而轉身走人或下最後通牒，你就輸了。下場不是交易告吹，就是最終價格比較接近他們的最後出價。

之前提過，撲克手流派相信法律。玩撲克時，你不能藏牌、與其他人串通、或違例。可是，如果你手上的牌能騙過其他人，你就贏了。最高超的就是拿到一手爛牌還能贏，或者一手好牌卻成功欺騙其他玩家猛下注。議價時，你不能大剌剌地詐欺，但談判者必須嚴防任何還算不上詐欺的欺騙。

在我看來，撲克手流派有三大問題。第一，撲克手流派以為人人都把議價視為遊戲。可惜，事實顯然不是如此。首先，理想主義者和務實主義者就不認為議價是一場遊戲（以下詳述）。這問題並未嚇阻撲克手流派，他們還是堅信，就算對手不認同，他們也要繼續玩下去。

第二，每個人都得熟知規則。但這是不可能的，全世界不同地區、不同產業都有不同的法律規則。

最後，你（讀過詐欺的法律刑責後）應該知道，即使在同一個轄區，法律的解讀還是每次不同。因此你往往需要一位精明的律師協助你決定該怎麼做。

「即使傷害自己也要做對的事」理想主義者流派

理想主義者認為議價屬於社交生活，不是另有規則的特別活動。家規和談判遵循的是同樣的道德規範。既然欺騙或扭曲事實在正常的社交場合是不對的行為，自然也不能出現在談判當中。如果在某些情況下欺騙無妨（像是為了顧及他人感受），在談判場上遇到這些情況時，也可以欺騙。

理想主義者並不完全排除在談判中說謊的可能性。例如，如果對方以為你擁有許多籌碼、又未曾直接向你求證，你就沒有必要主動告知，來弱化你的立場。理想主義者也可以拒絕回答問題。不過這些例外會令他們很不自在。理想主義者寧願在談判桌上坦白誠實，就算因此放棄一些策略優勢也在所不惜。

理想主義者流派的信念來自於哲學和宗教。譬如，康德（Immanuel Kant）說，我們希望別人遵守的道德規範，我們也該謹慎遵守。康德指出，如果大家都在說謊，這個社會將一團混亂，因此，你不應該說謊。康德也反對把別人當作達成個人目的的工具。談判時說謊就是為了達成自己的目的，因此是不道德的。[29]許多宗教也要信眾不得為了個人利益欺騙。

理想主義者承認，除非謊言破壞友誼、有違信託職責、或剝削了無力保護自己的病患或老者，否則談判時欺騙很少會引起道德義憤。如果面臨謀殺這種嚴重的傷害，唯一的預防方式就是欺騙，你大可放手欺騙。不過，就算欺騙稱不上道德敗壞，而且有時欺騙有理，也不能讓欺騙在談判中變得理所當然。

理想主義者對於將談判視為「遊戲」非常不以為然。他們覺得談判是嚴肅、重要的溝通行為。人們透過談判來解決歧見，為大家共創利益。人們必須在通用的標準下對自己的行為負責，包括談判行為。

理想主義者認為撲克手流派狠心又自私。撲克手流派則認為理想主義者天真，甚至有點可悲。當兩種流派在談判桌上相見，場面會非常火爆。

最近有些理想主義流派的成員企圖為誇大底價找出符合哲學的理由。[30]是否能找到符合道德的結果，還在觀察當中。不過，像是謊稱另有買主賣主、或有更好的出價等這種大刺刺的謊言顯然不符合理想主義者的原則，是不道德的行為。

理想主義最大的問題顯而易見：他們的標準有時很難在談判桌上得到實踐。還有，除非理想主義者對於別人的談判方式擁有健康的懷疑心態，否則很容易被對方占便宜。當理想主義者必須代表他人來協商利益時，這些限制更容易造成問題。

儘管理想主義者被道德標準綁手綁腳，我還是很喜歡理想主義者這一派。也許這是因為我是個學者，我真心相信公私生活都應力求一致。我渴望表裏一致的道德標準。我承認我有時缺乏理想主義者的嚴謹行為規範，但我希望透過拉高目標，讓自己至少符合正直的基本標準。

我坦承我偏好理想主義流派，你可以因此知道我的討論立場。不過，我也知道，你的經驗和工作環境也許不容許你遵守理想主義的道德規範。[31]沒有關係。我希望你了解，理想主義並不是思考談判道德的唯一方式。

「善有善報，惡有惡報」務實主義者流派

最後一種道德流派是務實主義者流派，它除了有自己的特性之外，也融合了前兩種流派。這種做法和撲克手流派一樣的地方，是它將欺騙視為談判過程中的必要之惡。可是，不同的是，如果有其他可行又實際的方式，則他們盡量不使用扭曲陳述和公開說謊的手段。務實主義者流派最獨特之處，就是它會顧慮欺騙對於目前和未來關係可能造成的反效果。因

此，欺騙這類有問題的戰術之所以不適當，並非因為它們「不對」，而是因為它們對未來的傷害遠大於眼前產生的利益。

我之前提過，相信這個流派的人多半是基於謹慎的理由，而非理想化。欺騙和扭曲會對一個人的信用造成嚴重傷害，而信用又是有效談判的重要資產，它能夠維繫合作關係，保護一個人在市場或團體中的形象。後者可以從我所謂的務實主義者信條看出：「善有善報，惡有惡報。」撲克手流派比較不在意名譽，他們一心想在「遊戲」規則下贏得每場談判。

務實主義者流派和理想主義者流派又有什麼不同呢？簡單的說，務實主義者說的謊會比理想主義者多一點。舉例來說，務實主義者認為，欺騙交易重要事實這類粗心（而且多半違法）的作為是一回事，扭曲理由來為立場辯護又是另一回事。務實主義的汽車銷售員會認為，對顧客欺騙他賣的二手車的機械情況，不管謊言是大是小，都是非常不道德的行為。可是，他卻可以神色自若地說：「我的經理不准我把這台車的價格壓到一萬美元以下，」而且他很清楚就算賣九千五百美元，經理也會同意。違背事實的辯護和理由是可以被接受的，因為它們通常對交易比較不重要，而且和買賣商品的核心事實相比，比較不容易查證。

務實主義者使用所謂的防守技巧時，也不一定會告知事實，他們會迴避某些問題，以免暴露自己的弱勢。舉例來說，面對你**明知**會傷害你的立場的問題時，回答「我不知道」是否道德？理想主義者會拒絕回答，並企圖改變話題，但不會謊稱「我不知道」。但如果情況難以查證，謊言對雙方關係又無傷大雅，則務實主義者就會直接說「我不知道」。

西福特謊稱郵購價格的情況，務實主義者會怎麼做呢？我猜他們不會覺得這麼做有什麼道德問題。西福特的小小謊言沒有危害關係的風險。雙方不需要建立良好的合作關係，沒有危及名聲的問題，而且店員似乎很清楚西福特的意圖。他沒有對店員背信。反之，理想主義者基於道德準則會反對西福特的做法，因為它牽涉到扯謊以滿足私利。好，討論結束。

道德流派實例

讓我們來看個簡單的例子，來測試道德思維。假設你要出售一棟商業大樓，與買方談判時，對方問你有沒有其他人出價。事實上，並沒有其他人出價。這三種道德流派分別會建議你怎麼做？

撲克手流派可能會建議你撒謊。雙方都是世故的商人，謊稱有其他選擇也許在法律上「無關緊要」。可是，撲克手流派在採取行動前，會想先知道兩個問題的答案。

首先，這個謊言容不容易被拆穿？如果容易，就不適合用，因為它既沒有用，還會讓對方警惕，影響其他謊言的效果。第二，謊稱有其他出價是不是促使買方出價的最佳籌碼呢？也許欺騙其他事情——例如期限——效果會比較好。

假設這謊言不容易查證，也有效果，雙方對話會是如何呢？

買方：有沒有其他人出價？

撲克手流派賣方：有。一家沙烏地阿拉伯公司今早開價×××元，我們只有四十八小時的考慮時間。基於保密，我們無法讓你親眼看到阿拉伯公司的出價，不過你放心，絕對確有其事。你覺得要怎麼做呢？

理想主義者又會如何處理這個情況？他會有不少辦法，但絕對不欺騙。他可能這麼說：

買方：有沒有其他人出價？

理想主義者流派賣方一：這是個有趣的問題——我拒絕回答。

當然，對於買方來說，這個拒絕回答可能有多種含義。另一種做法是用政策規定擋駕「其他出價」的問題。

買方：有沒有其他人出價？

理想主義者流派賣方二：這是個有趣的問題，我常常被問到這個問題。讓我這麼回答吧！資產價值是你應該根據你的需要和你對市場的評估來決定。不過，我對所有的出價都極度保密。我不會和其他買方討論你的出價，也不會和你討論其他人的出價。你要競價嗎？

當然，對理想主義者來說，他得要真的抱持這種政策，才使用這種做法。否則，當他真的有其他具有吸引力的出價時，就會造成混亂。

最後一種理想主義者的做法是誠實、直接地回答。理想主義者不擅長說謊，也不故意扭曲事實，如果說出的完全是事實，他就可以神態自若。

買方：有沒有其他人出價？

理想主義者流派賣方三：老實說，目前還沒有。不過，我們應該很快會接獲其他出價。也許你最好現在就出價買下，以免價格越標越高。

務實主義者又會怎麼做呢？他們會建議使用更複雜、甚至欺騙的防守技巧。這些技巧既能保護他們的籌碼，又不影響雙方的合作關係。一樣的，假設買方問你有沒有「其他出價」，而事實上是沒有。以下列出五種務實主義者會建議的防守技巧，既能避免大剌剌的說謊，又能把對你籌碼的傷害減至最小。有些防守技巧也適用於理想主義者。

- **宣稱這個問題超乎範圍**。（「公司政策禁止在這樣的情況下討論其他出價」——請注意，如果實際上沒有這種政策，這就是欺騙，但傷害你個人名譽的風險不大，因為很難查證。如果真有這種政策，理想主義者也可以用它來擋掉問題。）

- **答非所問**。（「我們不會把這項資產留在市場上太久，因為市場在改變，我們的計畫也在改變。」一樣的，如果沒有這回事，這段陳述只不過對基本理由撒了個小謊，理想主義者也許會覺得困擾，務實主義者則比較不會介意。）
- **閃躲問題**。（「更重要的問題是，你究竟要不要出價？什麼時候出價？」）
- **反問問題**。（「你目前還在評估哪些其他選擇嗎？」）
- **改變話題**。（「抱歉，我們公司有個會要開。你要不要今天出價呢？」）

這類防守技巧很實用。它們保留了部分籌碼（也許不像撲克手流派那麼多），同時又降低了被指控欺騙的風險。合作關係和名譽都很重要。如果你扯的謊可能影響你和你欺騙的對象或他接觸的人未來的關係，就算機率再小，務實主義者也寧願不要說謊。

那麼——你屬於哪一個流派呢？或者你有你自己的流派，像是「務實理想主義」。我重申，我的建議是拉高目標。議價現場的壓力會讓所有人在道德上做出讓步。若你連撲克手流派的標準都達不到，你就很可能涉法，甚至違法。

與魔鬼談判：自衛的藝術

不管你採取哪一種流派的議價道德標準，難免會遇到對方行為不法。就連撲克手流派有時也會遇到壞人。有沒有任何可靠的自衛方式來降低危險？以下的部分可指引你如何應付談判桌上不道德的戰術。

首先，讓我先講幾個做法可議的談判故事，讓你了解受害者如何扭轉局勢。接著，我們再研究他們是否有其他更好的做法。之後，我會再多介紹幾個常見的不道德手法，讓你做好迎戰的準備。

「那只是我私下開的價錢」

第一個故事是買二手車。聖路易市報社記者戴爾・辛格（Dale Singer）想幫女兒買一台二手車。㉜多家比較後，他在專賣豪華轎車的二手車行找到了最適合的車子。標價是九千九百九十五美元。辛格與銷售員議價，價格很快就降到九千美元。辛格想再殺價，銷售員便說要去請示經理。幾分鐘後，他回來問了一個問題。

「如果算你八千五百美元，你今天會不會買？」銷售員問道。

辛格喜歡他們的條件，但他還想多比較幾家。於是他表示他想多看看，然後再回來。逛了一整天，結果找不到比之前更好的車。於是當天晚上辛格打電話給那位銷售員，出價八千三百美元。「我想他也許會堅持八千五百美元，但我知道議價遊戲就是這樣玩的。」他後來解釋道。

銷售員態度冷淡地回答，現在價格已經漲到八千九百美元。辛格抗議，銷售員則說，八千五百美元是他「私下開的價錢」，並未經過經理同意。辛格提醒他，他是去找過經理以後才開出八千五百美元的。銷售員表示同情，願意降到八千七百美元，但不能再低了。

辛格氣憤不已，要求自己跟經理說話。經理接過電話，表示八千五百美元是他的成本，八千七百美元則是他的最終開價。辛格問了經理的姓名，就掛上電話。

幾分鐘後，辛格的電話響了。是經理打來的。他說，由於雙方對價格有所誤解，他願意為辛格降價到八千五百美元。

辛格買了那輛車，可是車商卻以他付的是最低價為藉口，企圖拒絕對這輛車附以全套保證服務。最後，辛格還是用他想要的價格買到了附有全套保證服務的車，但他卻不解：「為什麼顧客要那麼辛苦，才能受到公平對待呢？」他覺得屈辱、難堪。

辛格不知道的是，車商用的是「虛報低價」（lowball）的欺騙手法，誘使辛格一心認定議價後的價格，讓他對於這台車越來越有興趣，之後再稍微抬價。虛報低價是利用人們潛藏的心理前提，是非常經典又有用的推銷手法。[33]辛格還算警覺，堅持不接受抬價，但許多顧客都會買它的帳。

競價大戰

第二個故事發生在紐約市房仲市場的黃金年代：一九九七年。[34]公園大道上有間產權共有的三房公寓出售，阿許弗華伯公司（Ashforth Warburg Associates）的邦妮．卡潔取得獨家銷售權，開出售價一百七十萬美元。

據卡潔太太表示，廣告貼出不久，就有一名男子帶著自己的房仲來看房子，並出了一百四十萬美元的全現金價。賣主拒絕接受，並對買主表示他的出價差太遠。此後他就沒有再出現。

連續四天，都無人問津。接著，第二位潛在買主透過另一家仲介來看屋。他出價一百三十萬美元，賣主拒絕。卡潔至少還樂見有其他的仲介公司注意到這個物件。

最後，又過了無人上門的三天，第三位買主在另一家仲介的帶領之下，出價一百二十七萬五千美元。賣主當然也拒絕，但他開始懷疑卡潔訂的售價是否有問題。

既然客戶提出質疑，卡潔趕緊做了一些調查。結果發現，第二和第三位出價者是第一位出價者的朋友。「他們都是一夥的，」卡潔說，「企圖讓賣主覺得他最好接受『最高』出價。」幾天後，這棟公寓成交——一百七十萬美元。

卡潔和她的客戶碰到了「操縱投標」（bid rigging，也可說是圍標），這是一種顯而易見的欺騙行為。這種假競價也和虛報低價一樣，是運用微妙的心理壓力，如果沒有被對方發現的話。

如何應付不道德的戰術

以上兩個故事對於我們「與魔鬼談判」有何啟發呢？讓我們試著把有效的自衛做法列出來。

留意「純交易型」

某些情況特別容易出現不道德的行為。以上兩個故事（以及西福特的經驗）都是**純交易型**情況（見第七章），這並非巧合。當價格是首要議題，雙方未來繼續合作的可能性又極低的時候，就很容易出現道德問題。

有人也許會認為，在辛格的故事中，二手車商對於車子的銷售應該要視為有部分的潛在關係、而非純交易。可是，即使他們賣的是高檔車，但二手車商的銷售員多半是領銷售佣金，比較不在乎與顧客的關係。只有利害關係、沒有合作關係的時候，就要特別小心。

競爭「激烈」的時候，出現不道德行為的風險更高。研究顯示，談判籌碼失衡會助長不道德行為。有趣的是，籌碼高和籌碼低的兩方都有說謊和欺騙的動機。有一派學者透過實驗發現「籌碼低者不想屈服於籌碼高者的要求，所以會採取欺騙手段」[35]。另一派學者卻發現，在雙方籌碼失衡的情況下，較有優勢者會因高籌碼而「得理不饒人」。這一派學者認為「一般來說，勢力較大的談判者比較會使用較不道德的手段來濫用他們的勢力」[36]。

盡量靠關係

當你尋找談判（議價）的對象時，應該善用你的人脈關係（見第四章）。請人推薦、引薦、介紹，讓對方知道和你維持關係很重要。此舉多少能降低對方耍詐的動機。

如果辛格以好車商為目標，而不是好車，則可能可以省去許多情緒折磨。他可以先請朋友介紹服務好、價格公道的車商。像這樣透過介紹、推薦去向車商買車，至少可以降低被剝削的機會。

靠關係這一招可能對卡潔沒用，因為房仲必須接待所有的看屋者。可是，你要知道，故事中的賣主沒有被騙而低價出售，是拜他和他的仲介卡潔之間擁有專業關係之賜。要是沒有仲介的幫忙，賣主很可能會被騙。

研究顯示，對於發展持續關係的期許，通常能提高人們的道德標準。就像某位學者說的：「當談判者不認為使用有道德問題的戰術會『自做自受』時，他就很可能會使用它。」[37]

探詢、探詢、再探詢

在談判中，對於疑似欺騙的徵兆要有警覺。大多數的人懷疑對方可能說謊時，還是會選擇相信。[38]這種心態在一般社交場合，以及**關係型**和**沉默協調型**的談判情況時無傷大雅。可是利害關係重大時，就可能要付出代價。

當你起了疑心，如同辛格和卡潔的例子，一定要設法搞清楚到底發生了什麼事。卡潔進行調查，也許是透過她自己的關係網路，發現了佯裝有意購買者找來不知情的房仲，因而發現了這場操縱投標，拯救了賣主。精通談判的法蘭西斯・培根公爵曾在一五九七年所寫的〈論談判〉（Of Negotiating）一文中寫道：「面對狡詐之人，我們必須考量他們為了所言找藉口的需求。」[39]

在這方面，辛格可以處理得更好。銷售員用價格誤導他，可是他也因他自己對情況的假設而受害。銷售員清楚謹慎地說：「如果算你八千五百美元，你今天會不會買？」其實辛格可以先把這個問題弄清楚，確認車商是否真的願意賣這個價錢。「你確定可以用這個價錢賣給我嗎？」他可以這麼問。

探詢能幫助你了解對方的說法是否可信，但不要指望對方會立刻直接承認他的行為不道德。你還是要自行判斷他的行為。研究顯示，你很難察覺別人在說謊，就算你知道了，也很難弄清楚說謊的內容。你應該先盡量探詢多方消息來源後，再下定論。40

若你發現對方用了不道德的手段，該不該當場揭穿呢？也許可以——但前提是要對你的目標有利。不過，我個人會先等一等，看看是否真有必要造成尷尬局面。例如，假設在卡潔的例子當中，假設那位欺騙的買方到最後竟是唯一有意購買的人。他依然願意出價一百四十萬美元，而且還是全現金交易。你該不該收了他的錢，再拆穿他的不道德之舉呢？我想我只會拿錢走人。不過，如果我要揭穿他，我也會等他的支票兌現了再說。

堅定不懈

當別人行為不道德，全看你是否堅持公平。辛格回擊、堅持、拒絕被玩弄，最後終於獲得他想要的價錢。卡潔的客戶也回擊了。他不因為出價持續下降就急著出售。

謹守你的標準——不要沉淪

當別人不道德的時候，人們都會想要以牙還牙。我們容易憤怒，棄守自己的觀點，結果也走上不道德之路。

要避免這個陷阱，請多想想。第一，無論你採用的是哪一種流派的談判道德，你都要明哲保身，維持自尊，避免被冠上狡詐的名聲。第二，一旦你也開始不道德，就喪失了抗議對方行為的權利。他們的行為可以讓你理直氣壯地要求讓步，或者做為日後訴訟的基礎。一旦你也淌了渾水，就喪失了道德和法律優勢。

圖表11.1是幫助你免於詐欺的工具。你得自行判斷，此處列出的建議是否能通過你自己的道德標準。據我所知，這些做法都是合法的，因此，撲克手流派若發現說謊無用時，歡迎盡量使用。在重關係的情況下，務實主義者通常不願欺騙，所以也能受用。理想主義者更是可以好好參考一番，學會如何放心地說實話，又不會誤導或轉移問題，讓對方識破太過明顯的防守招數。

要記得，並沒有規定談判時「一定要回答被問的問題」。身為一個有志氣的理想主義者，我發現以下原則很有用：**當你想要欺騙某事，停下來先想一下，然後找別的事情——任何事都可以——來說實話**。如果對方問你的其他選擇或底價，轉移問題，然後據實告知你的目標、期望和興趣。

圖表11.1
欺騙的替代方案

不想在以下事項說謊：	試試以下做法：
1. 底價	防守策略： *詢問對方的底價。 *說「這不關你的事。」 *說「我無權透露。」 *據實告知你的目標。 *專注在你的問題／需求上。
2. 缺乏權限	一開始就取得有限的權限。 獲得你團隊的認可。
3. 其他選擇	設法增加其他選擇。 強調機會和不確定性。 我很滿意現狀。
4. 承諾立場	承諾大方向。 承諾標準。 承諾會設法滿足對方的利益。
5. 假議題	增加具有實質價值的議題，或列出真實目標的清單
6. 威脅	安排冷靜期。 引進第三方協助。 討論使用的準則。
7. 意向	只承諾你做得到的事情
8. 事實	著重事實的不確定性。 小心使用語言。 表達出你的意見。

無賴戰術面面觀

最後我要提供我精心整理的資料，列出談判桌上常會遇到的操縱戰術。其中有些之前已經提過，不過我再歸納一次，以方便你參考。請注意，其中只有幾項有過度欺騙的情事。

我沒有把這些行為說成是「不道德」，是因為它們多半是撲克手流派可接受的範圍，有些甚至是務實主義者在沒有關係問題的情況下會選擇使用的。

欺騙底價和其他選擇

我們已經討論過這些做法。它們是最常見的謊言。除非你認識和信任對方，或是你擁有所有的籌碼，或是對方所宣稱的其他選擇無足輕重，否則，一定要以懷疑的眼光看待這類陳述。

虛報低價

這就是二手車商對辛格使用的「好得令人難以置信」的手法。對方先設法請君入甕，才揭露真實的成本。等你說「好」之後，他們知道你想要他們的東西，才會再增加有利於他們的條件，讓價格回升。

不要以為這種技巧只適用於推銷東西。你是否遇過學校的足球教練說服你讓小孩參加足球隊，等你答應後，才發現每天晚餐時間和週日清晨八點都得練習。這就是虛報低價的手法。

假議題

談判大師羅傑・道森（Roger Dawson）稱之為「障眼法」（Decoy）或「亂人耳目」（Red Herring）技巧。[41]一方列出四、五項重要議題，事實上，只有其中一兩項真正重要。其他都是假議題。然後，他們會催促整個議程的進行，遊走在僵局邊緣，最後在假議題上讓步，以換得對方在真議題上做出重大妥協。

有個假議題手法的例子，是發生在我們提過的幾位人物身上。一九八九年時，索尼公司的盛田昭夫正在協商以五十億美元併購哥倫比亞電影公司（Columbia Pictures），另外還和強・彼得斯（Jon Peters）與彼得・古柏洽談兩億美元的子協議，由古柏－彼得斯娛樂公司來經營索尼即將新併購的電影事業。[42]只有一個問題：古柏和彼得斯早已把合作約簽給了華納兄弟（Warner Bros.）以及華納的老闆史蒂夫・羅斯。

古柏和彼得斯向索尼保證，他們已經和羅斯有了口頭協議，一旦索尼和哥倫比亞合併完成，羅斯就會與他們解約，放他們自由。可是，他們倆私底下還是擔心羅斯會刁難（他們猜對了——最後羅斯因為此事對索尼提出控告，要求十億美元的賠償金）。古柏—彼得斯團隊現在最需要的是時間，以便處理解約事宜。

在與索尼的最後一場合約談判上，古柏和彼得斯丟出三項議題：兩項假議題，以及索尼與哥倫比亞合併案成交後，他們和華納協商解約的時間。雙方花了一整晚的時間討論這三項議題。到了隔天早上七點鐘，古柏—彼得斯團隊祭出最後手段：「第一點，我們讓步，」他們的律師表示。「第二點，我們讓步。至於第三點——時間點——你們應該讓步。」索尼同意了，給他們一整個月的時間來處理解約。43

假職權手法

欺騙職權有兩種方式。第一，沒有職權時，謊稱他們有職權。這基本上就是二手車銷售員從經理辦公室出來，對辛格提出八千五百美元的做法。這類謊言多半是為了讓虛報底價達到目的，很難對付。一般來說，當對方開出條件時，你若有任何質疑，要請他先證明他的職權。

第二種是明明有職權，卻謊稱沒有。律師、經紀人和仲介常常用這一招。如果你開出的條件是他們有權決定的，他們會因為條件不夠好，而謊稱他們無權接受。解決辦法就是盡量避免和代理人交涉。你要直接和那些有權說「好」或「不好」的人談條件。

最後，還要小心第三章提過的幾個扣上權威大帽子的手法，例如給你一份充滿「標準條件」的合約、或者宣稱是老闆要大家都同意的事。若有必要先盡量拖延，不過要確認權威來源是確實的。

投注過多

我們在第十章討論過這項技巧。基本上，對方談判者拉長談判過程，讓你以為合作會成功，而投下大量資源。然後，對方在最後一刻提高（或降低）價格、或增加新條件，而你因為已經投注過多，會傾向答應。最佳對付辦法就是隨時留意你投注的程度，自問對方的投注是否也像你一樣多。

白臉／黑臉

這項戰術見於第九章。它利用對比效應，讓原本不合理的條件變得合理。黑臉提出過分苛刻的條件，再由他的隊友扮白臉幫你辯護、爭取，把黑臉的條件降成只有稍高的水準。你和白臉聯手對抗黑臉。到最後，你贏了辯論，卻輸了談判。對付這種情況的最好辦法是發現它、點破它、並拒絕演這齣戲。

一致性陷阱

第三章談過這項戰術。一致性陷阱的運作過程如下：對方先讓你同意某個無傷大雅的標準或規範。然後他張開大網，讓你驚覺他的提案正符合你所承認的標準。破解一致性陷阱的方法，就是事先料想到這一招，不要輕易承認、支持任何標準。

互惠手法

在談判時，我們輪流交換問題和答案，並且做出讓步。有些人在過程中不願互惠，或者回答無關痛癢的答案，這時要特別小心。互惠規範讓你有權在談判時以眼還眼。堅持這一點。

蠶食

第十章提過這項做法。有人會趁結案前要求小惠。最後提出的議題或要求微不足道，不值得花時間爭論。可是，他們沒有付出對等的代價，根本就是純利益。善於此道者甚至可以為他的合約平添百分之三到五的價值。這種戰術同時運用了對比效應和投注過多的現象。破解之道？直接拒絕。或者，每次有蠶食者跟你要東西時，請他拿東西跟你交換。

結論

道德兩難是許多談判場合的焦點問題。談判中一定會有欺騙，這是不可避免的。與人談判時，一定要力求正直。一旦在道德上出了差池，你損失的不光是眼前這場交易，還有和未來交易息息相關的名聲。有效談判者會非常重視個人正直的議題。不善談判者則會忽略這一點。

兩難中如何取得平衡呢？我提出了思考道德議題的三種架構：撲克手流派、理想主義者流派和務實主義者流派。我個人認為誠實至上。我有時會因為堅持對得起良心而失去籌碼，但相對的，我得到更大的自在和自尊。

當然，你在談判桌上遇到道德問題時，決定權操之在你。我唯一的叮嚀是我在第一章就強調過的：重視正直的談判者會利用經過深思的個人價值觀，在有必要的時候，與人解釋、辯論，作風值得信賴。

道德　檢核表

✓確認你屬於哪一種談判道德流派。

✓看看是否能先利用人脈關係，避免在交易中遭到不道德對待。

✓探詢、探詢、再探詢。不要輕信所看到的表象。

✓慢慢來。要記得你不需要回答每一個問題。

✓不要欺騙。要利用事實增加你的優勢。

第12章

成為一個有效的談判者

不要好到被人欺負，也不要壞到被人嫌惡。

——普什圖俗諺❶

世人皆靠銷售過活。

——蘇格蘭作家史蒂文生（Robert Louis Stevenson）❷

聽到「談判」一詞，大部分的人腦中會浮現正式又戲劇化的場景，而且現場不是外交官、政客、運動或娛樂界的名人，就是企業大老闆、華爾街大亨或勞工律師。這類談判是協商的「大戲」：由受過專業訓練的老手為特定觀眾演出的戲碼。

這些高調的談判競賽固然重要，可是畢竟是少數狀況，連專家也很少遇到。對我們來說，真正的談判發生於日常生活中大大小小的事情，除了我們自己和周遭較親近的人之外，別人很難一窺堂奧。這些比較不為人知的談判包括：醫護人員和病人家屬在醫院走廊的談話；長期敵對的生意夥伴閉門爭奪控制權；企業主管爭論公司裁員的部門和對象；以及父母和子女在餐桌上對於如何實踐「獨立」和「責任」而爭吵不休。

這些談判和「大生意」一樣重要。參與其中的人們——想要謹守職責，好好過生活的理性人們——需要可靠而專業的談判知識，以協助他們更有效率。因此我寫了這本書，來幫助你融會貫通談判這項工具，以達成你在商場、社團和私人生活各個層面的目標。

我有個上過高階主管談判研訓班的學生曾寫信給我，暫且叫他比爾．西格爾吧。西格爾在美國東北部擁有一家小公司，他在幾年前上過華頓商學院的高階主管談判研訓班。在參加華頓課程之前，他對於談判總是感到緊張——對自己的技巧沒信心，寧願去看牙醫也不要上場談判。西格爾寫信給我，告訴我他的談判技巧如何有了長足的進步。

「我十歲的孩子還是讓我招架不住，」他開玩笑，「不過，商業談判卻變得既有挑戰性，又有樂趣。」他先簡短介紹他一手談成的幾宗行銷聯盟和合夥案，然後說了一個很有趣的故事，足以佐證我在書中介紹的許多重點。

比爾是活化社區非營利組織的一員，他聽聞市政府預計花費四十五萬美元拆除城裏一棟有一百二十五年歷史的華麗建築。

西格爾打從心底覺得可惜，他的談判訓練立刻發揮效用。

當然，他的第一步是準備好清楚具體的目標。比爾決定要拯救這棟建築，讓它獲得有效利用，而且如果可能，也替他自己賺點好處。他經過調查後發現，雖然市政府極力想回復它的商業稅基，但沒有人有時間或有想像力以拯救這棟建築。

比爾做好了準備工作之後，便踏出第一步。他利用他的人脈關係接觸到市府裏負責拆除這棟建築的官員。西格爾說服了這名官員，如果西格爾能夠提出對市府來說成本極低的方案，那麼付四十五萬美元給西格爾整修，要比付同樣的錢拆除它來得有道理。

四十五萬美元入袋，西格爾開始尋找有意資助的組織。朋友告訴他，州政府可能會提供補助給這類的市區重建計畫，他很快從州政府歷史建築保存計畫申請到二十七萬美元的資金。最後，他還說服市政府的稅務官員答應承租的商業租戶都可享受優惠賦稅減免。有了減稅做為籌碼，他找到了三家商業租戶以及一個歷史團體願意在整修後進駐。

他的最後一步是確保他私人的目標也能達成——獲利。他用一美元的總價，與市府簽訂了九十九年的租約。然後，再把整個配套計畫高價賣給一家專業的房地產開發商。這筆交易利潤豐厚，大家都開心。

西格爾的故事中，最了不得的是他的談判技巧讓**每個人**受惠：全市、全州、租戶、開發商、和他自己。而且他是利用空閒時間談成這筆交易——他從事的是顧問業，而非房地產業。

西格爾的故事應該能讓你知道，學會談判基礎，並且活用技巧後，會有什麼樣的改變。身為一位老師，我一直鼓吹改善談判技巧能夠讓那些想要達成目標的人如願以償。對自己的談判能力有信心後，便能化障礙為契機。

「有效」談判

讓我們來看看比爾・西格爾的故事如何能幫我們複習我們學過的談判重點。要改善談判技巧，第一步就是全力以赴。擬訂方案後，就能心無旁騖地專注於我在第一章提出的四大有效談判因素——樂意準備、提高期望、耐心聆聽和力求正直。這些是談判高手使用的最佳實務做法，無論你面臨什麼情況、具備什麼身分，都能幫助你提升談判的成效。西格爾在他的城市更新計畫中，就同時展現了這四大因素。

六大基礎也為良好的談判執行提供了全方位的基本試金石：了解你自己的風格；確定你

的目標、專注你的期望；尋找合適的標準；維繫人際關係並妥善利用；找出對方的利益；正式開始前先累積籌碼。最後，利用第七章的情境矩陣好好做個情境分析，從資訊交換、開場和讓步、到結束與承諾，為每一場會面做好路線規畫。視情境和對象選擇適合的策略是成功之鑰。全程保有高道德標準，才能自信滿滿。

結束之前，我想在你的談判「工具箱」裏再添一樣武器：一份量身訂做的操作檢核表，它能把你的談判潛力發揮到極致。以下列出兩種績效檢核表：一份適用於合作型的人，另一份則適用於競爭型的人。從中選出適合你的一份，下次上談判桌時，記得隨身攜帶。

高度合作型談判者的七大工具

如果你基本上屬於合作型的談判者，在談判場上，你需要變得更堅定、自信和謹慎，才能提高勝算。該怎麼做呢？武裝自己來面對可能充滿衝突的談判場面，有時是全世界最難做到的事。

以下列出七種工具，幫助你提升談判效果。

一、避免太專注於你的底線——多花點時間準備目標和發展高期望。合作型的人往往先擔心別人的需求。你守著你的底線，希望結果至少比底線好一點。你猜怎麼著？你得到的結果就只是符合底線。研究證實，期望越高的人得到的越多。把注意力放在目標和期望上面。多花點時間仔細思考你要什麼，以及你為什麼要這些。

二、準備具體的替代方案，做為談判不成的退路。合作型的人在談判桌上往往不給自己預留後路。如果談判告吹，他們就沒有其他選擇。

好好記住：如果你不能走人，你就無法說「不」。

還記得第六章提到「珍妮鐵路」的故事嗎？休士頓某公用事業的採購主管珍妮，在生意夥伴拒絕提供有競爭力的運煤價格後，自己蓋了鐵路。啟示：絕對有替代方案存在。把它找出來，帶上談判桌，你會感到更有信心。

三、找個經紀人，委託他來談判。如果你面對的是競爭型談判者，那樣會很不利。找個競爭型的人代你談判，或者至少讓他加入你的團隊。這麼做並不等於承認失敗或缺乏技巧，而是謹慎明智的做法。

四、代表某人或某事來談判，不要代表你自己。代表自己談判的時候，就連競爭型談判者也會覺得氣勢較弱。合作型的人往往認為堅持己見是自私的行為。

好吧！不要為自己談判。停下來想一想，是否有其他人或事——你的家人、員工、甚至未來「退休的自己」——得靠你代為談判，而且凱旋而歸。然後，代表**他們**來談判。研究顯

示，人們代表他人爭取權益時，會比較努力談判。❸

五、創造聽眾。根據研究結果，談判時若有別人在場觀看，態度上會比較有自信。❹這也是勞工談判者為什麼總是那麼強硬的原因——他們知道工會成員都在觀看他們的一舉一動。

好好利用這種作用。把談判的事說給你認識的人聽。向他說明你的目標，以及你預計如何進行。答應他們，談判結束後，會把結果告訴他們。

六、對自己說：「你必須表現得更好一點，因為……」合作型的人遇到別人提出可行的提案時，往往會自動說「好」。要改變這種態度，面對別人討價時，你要學會還價。

這時候，簡單的一句話就有用：「你必須表現得更好一點，因為……」（填上理由）。理由越充分，就越像真實的原因一樣，能讓你安心。

研究顯示，如果你用理性的語調提出要求，並且附上以「因為」為首的條件子句，多數人都會做出正面的回應。哈佛大學一位心理學家做過一項知名研究，她提出要求時，如果說明理由，即使是「微不足道」的理由，獲得首肯的機率也會增加一倍。❺她在圖書館裏的影印機旁進行實驗，要研究人員等待排隊人數增多之後，再要求插隊。

當要求插隊者表示只有五頁要影印時，約有六成的人會答應他的要求。「抱歉，我只要印五頁。能不能讓我先用影印機？」當提出要求者說有二十頁要影印，可想而知的，答應的比例降至百分之二十四。

接著，提出要求者在要求之後加上了「因為我趕時間」的理由。現在，整句話是這樣的：「很抱歉，我有五頁（二十頁）要影印。能不能讓我先用影印機，因為我趕時間？」五頁的成功率驟增至百分之九十四，二十頁的成功率也提高為百分之四十二。

找個地方試試這項技巧，商店、學校、機場、公用電話、任何地方都可以。然後，再用在談判桌上。要記得，理由越好，你越安心，也越可能達到你的目標。盡量用理想主義者的方式來進行：告知真實理由。

七、堅持取得承諾，而非只是達成協議。合作型的人認為別人和他一樣善良。他們太相信別人，以為達成協議就足以確保對方會確實履行。

不要輕信別人。如果你有足夠理由相信對方言出必行，那麼，有了協議就可以了。不過，你已經在談判上投注了那麼多心力和資源，你最好能百分之百確定。如果你不知道對方是否值得信賴，或者你心存懷疑，安排一下協議內容，讓對方會因為未履行而有所損失。

高度競爭型談判者的七大工具

如果你基本上屬於競爭型但還算理性的談判者，則你需要**更關心其他人和他們的合理需**

求。該怎麼做呢？要克服你天生懷疑別人動機的心態，有時是全世界最難做到的事。面對合作型的談判者天真地拱手奉上優惠條件，拒絕誘惑更是難上加難。

以下列出七種工具，幫助你提升談判效果。

一、力求雙贏，而非單贏。我知道我在一開始就提過雙贏是很空洞的概念。的確是——對於遷就型和合作型的談判者來說。至於對競爭型的人而言，雙贏能提醒你對方也很重要。盡量選擇對雙方有利的構想，而非一心利己。

二、再多問一些問題。競爭型談判者喜歡獲得足夠資訊，以找尋優勢，在開場時一舉出奇致勝。不要那麼急。每個人的需求都不同，不一定都和你想要的一樣。如果你能了解他們重視什麼，他們就會給你更多你重視的東西。

三、倚靠標準。理性之人面對符合他們標準和規範的論點，會有良好的反應。當以標準為基礎的做法能發揮效用時，別急著用以籌碼為基礎的做法。未來關係是重要考量時，合理的論述也優於玩弄權力。

四、雇用關係管理人。在關係很重要的情況下，若能委託擅長此道的人來管理關係，成效會更好。這不是失敗的表現，而是謹慎明智的做法。

五、謹守信用，言出必行。眼見勝利在望時，你可能會很想走捷徑。可是，如果你食言，即便是小事情，對方也會注意到。他們會當成大事情深深記在心裏。

多建立謹守信用的良好紀錄，別人就會更相信你。當人們彼此相信，就能賺更多錢。

六、可以協商時就不要爭。你會很想在每件事情上求勝。在複雜的談判情況中，這種做法絕對會讓談判的成效大打折扣。

情況複雜時，不妨試試整合性協商：小議題大讓步，大議題小讓步。管理好你的優先順序。利用「如果……就」的公式將所有交換條件整套處理。

七、承認對方勢均力敵，維護他們的自尊。人人都有自尊心。即使他們毫無優勢，還是喜歡聽到你說他們握有籌碼。

當你這一方影響力較大時，不要自鳴得意。一樣要尊敬對方。簡單的一件事，卻能讓對方感激。風水輪流轉，總有一天會遇到他們握有籌碼的時候，屆時他們也會對你友善。

最後提醒

我在前言提到我撰寫本書的目的，是指導你如何務實明智地談判，又不犧牲自尊。現在我是否已經達成這個目標，請你來判斷。

依照我的標準，有效談判是一成的技巧加上九成的態度。要具備正確態度，上述三大要素缺一不可：務實、明智、自尊。

務實地看待談判過程，是成功的唯一方向。最好要小心謹慎，準備充分。不擇手段的人會想占你便宜。別讓他們得逞。

明智協商。別忘了談判的成功之鑰是**資訊**。聰明地利用你蒐集到的資訊。擬定適合情況和對方特性的策略。不要帶著一體適用的策略上場。善用你的規畫工具，事先思考具體步驟。

最後，持盈保泰。沒有自尊，就失去成功的意願，也不會尊敬別人。談判場上力求正直的確不容易，但努力絕對會有回報。

我醉心於談判，因為它是人類社交生活中非常吸引人的一環。它不斷讓我驚豔。我教談判，因為當我看到學生們像比爾·西格爾這樣吸收了談判知識、加以活用，並開始達成目標時，讓我備感欣慰。歡迎你和我一起把日常生活當作實驗室，從這個美好的過程中不斷學習。你已經具備了一切必要的工具。

現在，練習使用它們吧！

附錄A 談判風格評估工具

請依循以下這四步流程，來找出你個人的談判風格偏好。

1. 請不要思考，也不要去改答案，做完以下的單選題。在談判場上、或和別人有爭執時，你認為哪一項陳述對你來說**比較正確**，把它勾選出來——即使你認為兩者都不正確，或兩者都正確，也要二選一。請思考普遍的情況——而不光是在職場或家裏。不要根據你覺得「應該」的標準來作答，而要選擇你的直覺告訴你的答案。有些陳述會重複出現；你不用管你的答案是否前後一致，只要一直做下去就對了。

2. 作答完成後，分別計算你選了多少個A、B、C、D和E選項，填在問卷最後的「結果」欄裏。

3. 將得分畫在「評估結構表」上。把你圈起來的數字用線連接起來。你最強的風格會偏向在圖的上方，最弱的風格會偏向在圖的下方。

4. 你可以回去讀第一章，或繼續閱讀本附錄，深入了解你的得分意涵以及其他談判風格。

第一步：談判風格自我評估問卷

1. E. 我竭力維繫我和談判對象的關係。
   B. 我盡量找出基礎議題。 我選____

2. D. 我竭力化解緊張情勢
   A. 我態度堅持以獲得對方讓步。 我選____

3. E. 我著重解決對方的問題。
   D. 我盡量避免不必要的衝突。 我選____

4. C. 我尋求公平地妥協。
   E. 我努力維繫關係。 我選____

5. C. 我提議公平地妥協。
   D. 我避免私人衝突。 我選____

6. C. 我尋求雙方立場的中點。
   B. 我尋求雙方真正爭議的問題。 我選____

7. D. 我巧妙地解決許多爭議。
   C. 我在談判中希望「雙方互有讓步」。 我選____

8. A. 我清楚傳達我的目標。
   B. 我把注意力放在對方需求上。 我選____

9. D. 我盡量推遲與對方的衝突。
   A. 我以強勢論述處處求勝。 我選____

10. C. 我通常願意妥協。
    A. 我喜歡贏得對方讓步。 我選____

11. B. 我坦白處理雙方之間所有問題。
    E. 我比較在乎關係，勝於逼對方讓步。 我選____

12. D. 我盡量避免不必要的人際衝突。
    C. 我尋求公平地妥協。 我選____

13.	C.	我讓步後，期望對方也回報以讓步。	
	A.	我竭力達成我所有的談判目標。	我選____
14.	A.	我喜歡獲得對方讓步，勝於自己讓步。	
	E.	我竭力維繫關係。	我選____
15.	E.	我遷就對方需求以維繫關係。	
	D.	我盡量把衝突情況留給別人處理。	我選____
16.	E.	我盡量處理對方需求。	
	A.	我努力達成我所有的目標。	我選____
17.	A.	我一定會談到我的目標。	
	D.	我強調我們同意的領域。	我選____
18.	E.	我隨時努力維護關係。	
	C.	我做出讓步，並期望對方也跟進。	我選____
19.	B.	我找出並討論雙方所有的差異。	
	D.	我盡量避免衝突。	我選____
20.	A.	我贏得對方的讓步。	
	E.	我竭力維繫關係。	我選____
21.	B.	我找出並討論雙方所有的差異。	
	C.	我尋求能夠拉近差距的妥協之道。	我選____
22.	E.	我與對方發展良好關係。	
	B.	我想出能同時照顧雙方需求的選擇方案。	我選____
23.	C.	我尋求中間立場。	
	A.	我竭力達成我的談判目標。	我選____
24.	B.	我找出雙方所有的差異並尋求解決方案。	
	D.	我盡量避免不必要的衝突。	我選____
25.	E.	我盡量維護與對手的關係。	
	C.	我尋求公平地妥協。	我選____

26.	D.	我強調雙方都同意的議題。	
	B.	我發掘並處理我們不同意的事情。	我選____
27.	A.	我努力達成我的目標。	
	B.	我留意對方的需求。	我選____
28.	C.	我尋求公平地妥協。	
	B.	我盡量找出所有潛藏的問題。	我選____
29.	D.	我避免不必要的爭議。	
	E.	我專心解決對方的問題。	我選____
30.	A.	我竭力達成我的目標。	
	B.	我盡量處理每個人的需求。	我選____

第二步：記錄結果

計算你在問卷中所選擇的A、B、C、D和E各有幾個，填在下面：

A＝______

B＝______

C＝______

D＝______

E＝______

______總和（必須是30）

第三步：標出得分

在下一頁的座標方格中分別找出你這五個字母的得分，然後把數字圈起來。在左邊標上「競爭—A」的第一欄圈出你在A的得分，以此類推。

現在，座標格的每一欄都圈了一個數字，用直線把這五個數字連起來，形成一個簡單的圖形。在圖形最上方的（通常是超過第七十百分位數）就是你最強的談判風格傾向。圖形最下方的（通常低於第三十百分位數）則是你最弱的談判風格傾向。得分位於第三十和第七十百分位數之間的，表示是中等的、不太強也不太弱的傾向。通常百分位數偏高的，表示在日常談判中使用該做法的傾向越強。

欲深入了解談判風格、起源和意涵，請繼續閱讀附錄A。初次閱讀本書的讀者則可以回到第一章討論談判風格的部分，之後再來了解以下的內容。

第四步：個人談判風格深入分析

自從談判成為一門研究科目以來，人們就開始研究個人談判風格，並使用評估工具來探

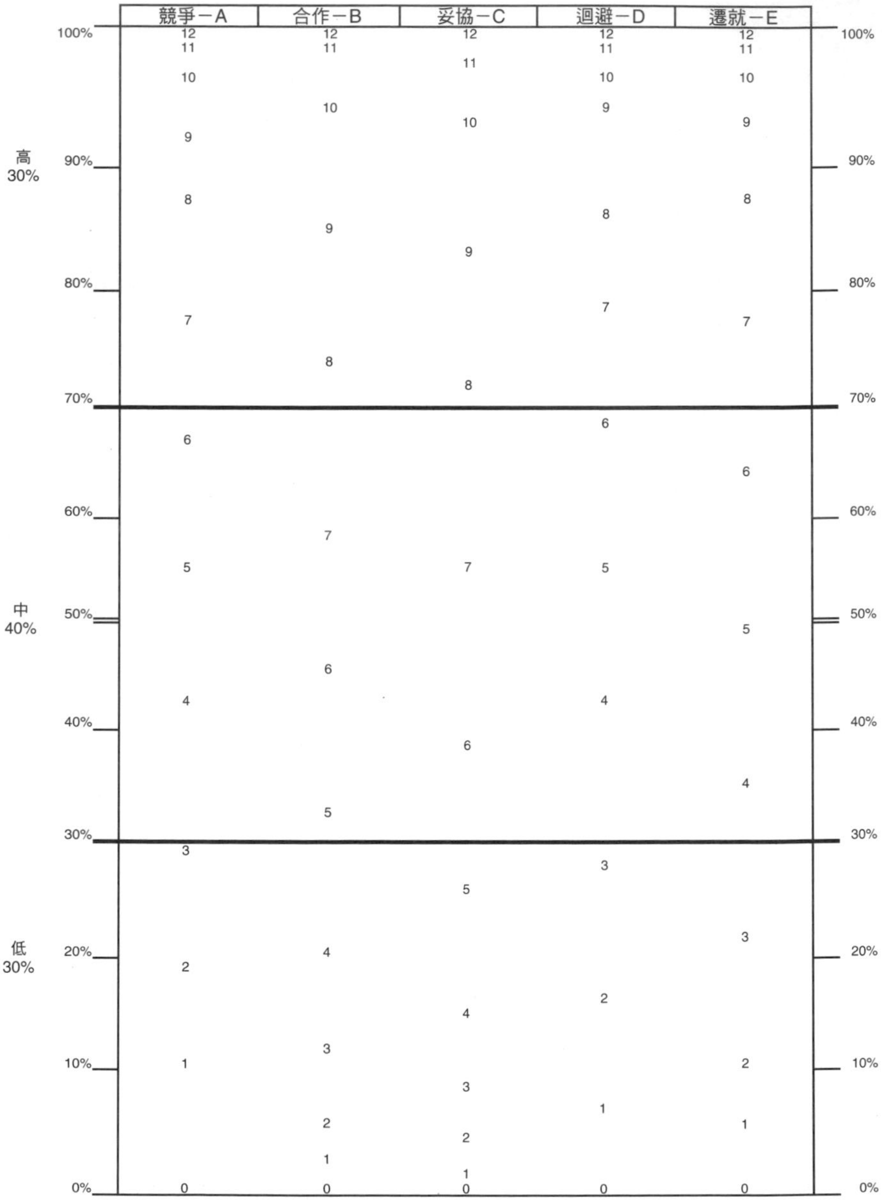
競爭－A
合作－B
妥協－C
迴避－D
遷就－E
100%
90%
80%
70%
60%
50%
40%
30%
20%
10%
0%
高 30%
中 40%
低 30%
12 11 10 9 8 7 6 5 4 3 2 1 0
12 11 10 9 8 7 6 5 4 3 2 1 0
12 11 10 9 8 7 6 5 4 3 2 1 0
12 11 10 9 8 7 6 5 4 3 2 1 0
12 11 10 9 8 7 6 5 4 3 2 1 0

究這項因素。❶原因很簡單：談判風格在談判場上扮演非常重要的角色。❷企業家唐納・川普就是不折不扣的競爭型談判者（而且他引以為傲）。有線新聞網名主持人賴瑞・金則是眾所周知（而且他引以為傲）體貼又好相處的人。如果讓這兩個人在談判場上互尬，則他們最好都先想想自己和對手的談判風格，再開始行動比較好。

在我看來，談判風格是源自於個性，而且是相當穩定的行為和反應，往往會在談判場合中顯露出來。一樣的模式會不斷重現，因為我們都受到家庭、文化、性別、早年工作經驗、以及在談判場上對特定行為的偏好所影響。有些人的風格範圍很廣，足以用來解決各種談判問題。有些人則比較偏好某些談判做法。要真正測出你的談判風格，就得觀察你在使用各種策略時的情緒反應——你使用哪一種策略時能夠真正安心，甚至樂在其中？哪些策略又一再使你緊張沮喪，讓你感到不自在、惱怒或氣憤？

我在我的談判課程上發展了這套談判風格評估工具。評估結構表用百分位數的方式標上了我的主管研訓班上所有主管的表現頻率。這份圖表讓你能夠將自己的偏好頻率與全球各行業一千五百多位企業主管做比較。接下來，我把這份評估結果整合起來，讓你了解人們在複雜的談判場合中，有哪五種截然不同的風格。我觀察到許多企業主管對於某些策略有極高的傾向，但有趣的是，他們同時對於某些策略又有極低的傾向。這些極端顯示了，他們在不同的談判情況下具有哪些系統性的優勢和弱勢。

談判風格特性

多年來，我已經和成千上萬的主管及專業人士討論談判風格特性。我乘機在他們身上測試了各種風格假說，以求驗證。我將測試結果整理如下，每一種談判優勢和弱勢都可能在各種風格上得分極高（第七十百分位數或以上）或極低（第三十百分位數或以下）。為求簡便，我直接用談判風格來表示那些分別具有這五種特性的人們（例如：「高遷就者」或「低妥協者」）。在每一種風格中，我只將百分位數「高」或「低」者列入考量——「中間」者則屬於其他風格。這種假設的便利性大於真實性，不過足以讓我看出每一種風格的重要意涵。人們在許多策略上的偏好有強有弱，當然，這些偏好互相影響，也會左右他們每次體驗和掌控談判行為的方式。

遷就

高度偏好遷就的談判者。高度偏好遷就的談判者從解決別人的問題中獲得極大的成就感。他們往往擁有高超的建立關係的技巧，而且對於別人的情緒狀況、肢體語言和言詞暗示都很敏感。這種特性最適合於團隊解決談判問題、協商合作中的「關係管理」角色、或者提供各種顧客服務的時候。

在弱勢方面，高遷就者有時會對於談判的關係層面重視過頭。此時，他們很容易被競爭型談判者占便宜。感覺被占便宜的高遷就者會惱羞成怒，影響談判效率。

低度偏好遷就的談判者。在遷就特性上得分極低的談判者遇到談判問題時，傾向堅持「正確」答案。他們堅守他們自己的參考架構，認為自己的辦法絕對客觀正確。總之，低遷就者有時太重「正確」，而忽略說服力。低遷就者也許是談判桌上最了解問題的專家，這會讓他們的團隊花許多時間來思考什麼才是客觀的「最佳」結果。不過，別人可能會覺得低遷就者固執得不可理喻。這種看法會影響團隊做出有效決策。此外，在高遷就者的眼裏，低遷就者太重視「正確」答案（而且不顧別人的感受和情緒），似乎對別人不夠尊重。這也會降低別人合作的意願。

妥協

高度偏好妥協的談判者。高度偏好妥協的談判者在談判場上往往急著「拉近差距」，希望盡快結案。他們仔細從環境中找出公平標準，想以此幫助盡快成交。當時間急迫、或利害關係較低的時候，重妥協的風格非常有用。在別人眼中，高妥協者是友善的「講理之人」。不過，高妥協者常常會無端催促談判過程，太快做出妥協。他們不質疑他們自己的假說，也很少問對方問題。他們還可能滿足於第一個想到的公平標準，就算之後有其他更有利的標準出現，他們也不想改變。

低度偏好妥協的談判者。妥協傾向較弱的人，從字面意義來看，屬於有原則的人。他們最大的優點是，當談判中出現嚴重問題而危及原則和前例時，他們能夠保有熱情，努力解決。他們最大的弱點是每件事都要「大驚小怪」——別人認為只和金錢或便利性有關的問題，他們偏要扣上原則性的大帽子。他們會在別人認為次要的問題上爭論不休，顯得冥頑不靈——只關心逞口舌之快，不關心結案。低妥協者不屑於像是互讓一步結案這種隨隨便便的分配規範，時間緊迫時，他們更難結案。

若將低遷就者和低妥協者兩相比較，會很有啟發性。低遷就者會（比別人更快）認定他們自己喜歡的「正確」辦法。相較之下，低妥協者則會認定他們自己喜歡的「正確」原則和公平理由。這兩種情況都會激怒別人，被冠上頑固的稱號。

迴避

高度偏好迴避的談判者。高迴避者習慣推遲和躲避談判中的衝突面。從正面的角度來看，迴避可以是一種優雅的智慧和手腕，也能在面臨棘手的人際問題時，幫助團隊工作順利進行。高迴避者善於利用各種衝突降低法，像是清楚的規則、明白的決策職權和代替談判的階級制度等等。高迴避者也懂得使用電子郵件、備忘錄、雇用代理人或其他媒介，來降低面對面衝突的必要性。當人際衝突是組織或團體生活中不可避免的一面時，高度迴避者可能會阻礙了關於個人偏好強度之重要資訊的交流。當人際衝突惡化時，在他們的干擾下，問題有時反而會加劇。最後，當別人樂意遷就自己的需求來給予方便時，高迴避者往往錯過這樣的機會。也許就因為這樣，事情明明就快要獲得解決，他們往往還在發愁。

低度偏好迴避的談判者。低迴避者無懼人際衝突。事實上，他們有時甚至還樂在其中。談判時，他們很能忍受強硬坦率的討價還價。他們可以和對手激烈爭論一整天，然後晚上又一起喝酒打屁。低迴避者很適合負責勞資關係、訴訟和併購等工作。不過要小心：低迴避者有時缺乏圓潤手腕，往往被認為太有稜有角。在辦公室裏，低迴避者可能成為愛找碴的麻煩製造者。低迴避者最看不慣官僚和公司政策，他們覺得難以理解。

合作

高度偏好合作的談判者。高合作者**享受**談判，因為他們喜歡用專注、互動的方式來解決棘手問題。他們天生善於利用談判來發掘檯面下的衝突，找出基本興趣、看法和新解決方案。他們喜好持續的談判流程，也會鼓勵大家一起加入。他們誠摯堅定地幫每個人找出最佳解決方案。同樣的，強烈傾向合作者有時會把簡單的問題變得複雜（和有趣），來練習他們的技巧，結果反而平添問題。那些想要結案，沒有時間研究問題，或不想冒險在小事上與人起衝突的人，會因此惱羞成怒。高合作者在為大家創造利益之餘，還需要其他不那麼屬於合作型的技巧來為自己爭取權益。競爭得分很低的高合作者面對高度競爭型的對手會有很大的風險。

低度偏好合作的談判者。低合作者不喜歡利用談判過程來討論創意。這類談判者喜歡在談判開始前先把問題弄清楚，等到會議開始，就謹守議程和預定目標。他們做事井然有序、規畫嚴謹並強調條理。當談判議題太複雜，需要在會場進行腦力激盪時，低合作者可能會成為干預者，拖累進度。要彌補這個缺點，可以在談判過程中叫暫停，以整理思緒、重訂策略。

競爭

高度偏好競爭的談判者。高競爭者像高合作者一樣，也很享受於談判。可是，他們享受的原因不一樣：談判提供了輸贏的機會，他們想要贏。因此，高競爭者喜歡把談判看作是優勝劣敗的競賽。高競爭型的談判者對於籌碼、期限、開場方式、如何訂出最終報價、最後通牒和傳統談判各方面的議題具有強烈的直覺。競爭者在利害關係高的純交易型談判中戰鬥力特別旺盛。不過，由於他們的風格會主導整個談判過程，競爭型談判者往往不留情面。例如，談判競賽中的「輸家」可能會覺得被剝削、被強迫或被侮辱。這會影響未來合作。此外，競爭型談判者本能地著重和勝負有關的議題——例如金額。他們可能會忽略非量化的議題也能創造價值。

低度偏好競爭的談判者。低競爭者不認為談判只有輸贏。他們把談判看作是一場舞碼，而非競賽。在這場舞碼中，每一方的目標都被公平看待，他們會避免不必要的衝突，努力解決問題，或創造互信關係。別人常常認為低競爭者特別不具威脅性。在許多重視信賴感的專業場景中，它可能是一大優勢。不過，當談判桌上的利害關係重大時，對低競爭者便相當不利。

談判風格常見的問題

我在使用談判風格評估工具時，有幾個問題是學生和企業主管們常常提出來的。我把最常見的問題列出來，在此一併作答。

一、有沒有所謂的「最佳」談判者得分？

沒有。並沒有「最符合」談判效率的風格偏好。更確切地說，這五種風格都各有其優勢和弱勢。視情況和對手，這些優勢和弱勢各自有好有壞。對於那些以交易型談判為生的人來說，在競爭和合作得分較高，顯示他們享受他們的工作。至於那些從事於著重關係的推銷或顧問工作的人，在遷就和妥協得分較高則顯示他們滿足於他們的工作。反之，職業外交官有時會在迴避衝突上得到異常的高分。

換句話說，你的得分可以看出你的天生風格是否「適合」你目前需要談判的場合。可是，沒有任何風格組合最適用於所有談判者。

二、如果有人偏好多種風格，那代表什麼？

每個人都有不同的偏好組合。很多人對許多風格都有強烈傾向。人們會先評估對手、分析所面臨的情況、看看他們最喜歡（也最熟悉）的風格是否適用，然後才開始談判。如果他們最喜歡的風格不適合（例如，他們是高迴避者，而他們要賣車），就會改用第二偏好的風格。若發現偏好的風格無法發揮效果，也可以在談判進行中改變做法。

有些風格組合可以產生很特別的結果。例如，就像之前提過的，**競爭**和**合作**得分都很高的人，能夠從容面對利害關係重大的談判。另外，高度**競爭**和**迴避**的人，談判時則有點食古不化，容易傾向「照我的方法做，否則我就走人」。如果他的競爭戰術發揮不了，他就會臨陣脫逃，或者委託別人來談判。反之，高度**遷就**和**妥協**的人關係至上，重視解決別人的問題，也重視簡單、快速、公平的分配，一切從善如流，讓人覺得他很容易相處。

三、如果有人得分不高不低呢——難道他就沒有強烈的偏好嗎？

百分位數居中的人通常顯示他具有這項風格，若情況需要，他就能夠發揮。有些人在這五項特性的得分都不高不低，這表示他風格靈活，各種情況都能應付。不過，若面對有強烈偏好的談判老手，這類談判者還是會落居下風。例如，「中等」競爭型的談判者在適合競爭做法的談判場合中，又遭遇高度競爭型的對手，此時他得竭盡一切精力和本能，才能跟得上對手的動作。而對手感受到的壓力和「張力」則會輕很多。

四、我的談判風格會不會影響我對其他談判者的看法？

絕對會。研究顯示，我們多半認為別人和我們相似。俗話說：「偷兒以為人人都偷。」❸合作型的人以為別人也會合作。❹因此，當競爭型的人在談判桌對上合作型的人，兩人都會誤判對方——因而造成極大困惑。合作型的人會分享資訊，提出公道的開價，一切行事公開、合理，而且以為對方也會報以相同的努力。競爭型的人會認為對方的舉動不是太天真，就是在耍手段引他放棄籌碼，利用情況保住優勢，然後出其不意搶走所有利益。合作型的人這才覺得被背叛，感到氣憤不已。這種反應讓競爭型的人更認為對手自私利己的假設是正確的。自此，情況越演越烈。

換句話說，競爭型的人認為別人也是競爭型，這種想法成了自我應驗的預言。然而相反的情況也可能會出現，合作型的人認為對方也是合作型，對方因而真的卸下心防、行為更講理、更有建設性。當然，這種現象會不會發生，還是要看談判桌對面坐的是什麼樣的人。

相反的，當兩個風格類似的人會面，可以一拍即合。超級好勝的唐納．川普在他一九八七年的著作《交易的藝術》（*The Art of the Deal*）寫道：「當（競爭型的人）說不，有時你可以說服他改變心意。你叫囂咆哮，他也回敬以叫囂咆哮，最後，交易成功。」[5]兩個合作型的人彼此談判，也會發生類似的「風格匹配」。

一般而言，我的建議是在談判之初，花點時間來品評對手，看看他展現什麼樣的風格。你可以趁主要議題之前，先協商幾件小事，看看對方的反應。他們是否回應你的每次舉動？這是合作的徵兆。他們有沒有保留資訊，一直伺機「領先」？你可能對上競爭型的人了。無論你遇到的是哪一種風格，都不要浪費時間企圖讓他們改用你偏好的風格。接受事實，設法達成你的目標吧。

五、得分會隨時間改變嗎？

得分會依填寫問卷的時間和地點不同而改變。如果有人最近才經歷嚴重衝突、毀了一段關係，他可能心中充滿懊悔，答案也偏向遷就風格，和原本的他不相同。同樣的，如果有人最近在棘手的談判中被占盡便宜，他會一心想要改正這種情況，得分可能比平常更偏向競爭型。

不過，如果作答時能讓心態歸於「中立」，選出最能表達他們整體偏好態度的答案，則得分應該相當穩定。至少，這些得分的方向應該維持平穩，最偏好的策略位居最偏好的地位——雖然有時會有小小的變動。像是我個人的得分多年來就沒什麼改變。不過，年輕或沒有經驗時做的評估結果，應該會和多年後累積經驗再做評估的結果很不相同。

六、談判風格評估工具和本書第一版時提到的湯瑪斯—基爾曼衝突解決模型（Thomas-Kilmann Conflict Mode Instrument, TKI）有何不同？

談判風格評估工具和我在本書第一版推薦的TKI擁有相同的架構。[6]兩份問卷都沿用許多心理評估使用的「強迫選擇」的自我檢視法。而且，兩種測驗都涵蓋布萊克（Blake）和毛頓（Mouton）兩位教授在一九六〇年代中期發展出的五種風格類型：競爭、合作、妥協、遷就和迴避。[7]

不過，談判風格評估工具裏的答案選項（以及出現順序）和TKI不一樣，而且普遍和談判更直接相關。讀者也可以上網站CPP.com，向TKI的出版商「顧問心理學家出版社」（Consulting Psychologists Press）訂購一份TKI問卷，比較兩種評估方式，並對照兩份問卷做出來的評估結果。

附錄B
資訊為本的談判計畫

I. 問題

問題陳述：我必須和（誰）談判來（解決什麼問題）。

II. 目標和決策者

我具體的高期望是：	對方的決策者：
底線：	影響者（我該不該先和這些人談判？）：

III. 基本需求和利益（共享的／輔助的／衝突的）

我的	對方的

IV. 籌碼

若不成交，我有何損失？ 哪些步驟或替代方案能降低這些損失？	若不成交，他們有何損失？ 我能否影響他們的替代方案，或讓他們的現狀更糟？
籌碼有利於：□我　□對方　□不相上下 （誰會因「不成交」而損失最多？）	

V. 可能方案

可能的選擇：建立於共同利益／縮小利益衝突的差距／富有創意的方案

VI. 權威標準和規範

我的	對方的	我的反駁論點

VII. 第三方對策

我能否利用第三方做為籌碼？做為藉口？做為聽眾？做為聯盟夥伴？

VIII. 情境和策略分析

我眼中的情境：		他們眼中的情境：	
____純交易型 ____關係型 ____平衡考量型 ____沉默協調型	我的基本風格是 ____________ 所以，在這次的情況中，我需要變得更________一些	____純交易型 ____關係型 ____平衡考量型 ____沉默協調型	預期他們使用的策略： ____競爭 ____問題解決 ____妥協 ____迴避 ____遷就

IX. 最佳溝通模式

____代理人　　____視訊會議　　____電子郵件
____面對面　　____電話　　____即時通訊

X. 整體定位主題

簡短說明這場談判的基本目的：

註解

前言　一切操之在你

❶ James C. *Freund, Anatomy of a Merger* (New York: Academic Press, 1975), p. 10.

第1章　基礎Ⅰ：你的談判風格

❶ R.G.H. Siu, Folk *Wisdom and Management 3,333 Proverbs* (Washington, D.C.: Manuscript, 1994), p. 13.

❷ Bettye H. Pruitt, *The Making of Harcourt General* (Boston: Harvard Business School Press, 1994), pp. 219-242.

❸ 為求效果，我把這個故事修改得比較誇大，阿魯沙族人談判的故事是參考自人類學家格列佛(P. H. Gulliver)的著作。見P. H. Gulliver, *Disputes and Negotiations: A Cross-Cultural Perspective* (New York: Academic Press, 1979), pp. 234-252.

❹ Connie Bruck, *Master of the Game: Steve Ross and the Creation of Time Warner* (New York: Penguin Books, 1994), p. 93.

❺ 賴瑞金的經紀人是鮑柏・沃爾夫(Bob Woolf). 見Bob Woolf, *Friendly Persuasion: How to Negotiate and Win* (New York: Berkley Books, 1990), pp. 147-148.

❻ Gerald R. Williams, *Legal Negotiation and Settlement* (St. Paul, Minn.: West Publishing, 1983), p. 19.

❼ Neil Rackham and John Carlisle, "The Effective Negotiator—Part 1: The Behavior of Successful Negotiators," *Journal of European Industrial Training*, Vol. 2, No. 6 (1978), pp. 6-11; Neil Rackham and John Carlisle, "The Effective Negotiator—Part 2: Planning for Negotiations," *Journal of European Industrial Training*, Vol. 2, No. 7 (1978), pp. 2-5.

❽ Deborah Tannen, *You Just Don't Understand: Men and Women in Conversation* (New York: William Morrow, 1990); *Talking from 9 to 5: Women and Men at Work* (New York: William Morrow, 1994).

❾ Amy E. Walters, Alice F. Stuhlmacher, and Lia L. Meyer, "Gender and Negotiator Competitiveness," *Organizational Behavior and Human Decision Processes*, Vol. 76 (1998), pp. 1-29; Alice Stuhlmacher and Amy E. Walters, "Gender Differences in Negotiation Outcomes: A Meta-analysis," *Personnel Psychology*, Vol. 52 (1999), pp. 653-677.

❿ Linda Babcock and Sara Laschever, *Women Don't Ask: Negotiation and the Gender Divide* (Princeton, NJ: Princeton University Press, 2003). 另外請見D. M. Kolb and J. Williams, *The Shadow Negotiation: How Women Can Master the Hidden Agendas that Determine Bargaining Success* (New York: Simon and Schuster, 2000).

⓫ Laura J. Kray, Leigh Thompson, and Adam Galinsky, "Battles of the Sexes: Gender Stereotype Confirmation and Reactance in Negotiations," *Journal of Personality and Social Psychology*, Vol. 80, No. 6 (2001), pp. 942-958; Laura J. Kray, Adam Galinsky, and Leigh Thompson, "Reversing the Gender Gap in Negotiations: An Exploration of Stereotype Regeneration," *Organizational Behavior and Human Decision Processes*, Vol. 87, No. 2 (2002), pp. 386-409.

⓬ Catherine H. Tinsley, "How Negotiators Get to Yes: Predicting the Constellation of Strategies Used Across Cultures to

Negotiate Conflict," *Journal of Applied Psychology*, Vol. 86, No. 4 (2001), pp. 583-593.

⓭ John L. Graham, "The Japanese Negotiation Style: Characteristics of a Distinct Approach," *Negotiation Journal*, Vol. 9, No. 2 (April 1993), pp. 123-140.

⓮ Laura-Ann Dooly, "Culture Clashes Hinder Deals," *The National Law Journal*, Vol. 22, No. 3 (September 13, 1999), pp. B1, B4.

⓯ 對於談判中的跨文化議題最精采、又全面性的論述是Camille P. Schuster and Michael J. Copeland, *Global Business: Planning for Sales and Negotiations* (Fort Worth, TX: The Dryden Press, HarcourtBrace College, 1996). 談論特定文化，及其對談判者造成問題的商業媒體和著作很多，例如，Terri Morrison, Wayne A. Conaway, and George A. Borden, *Kiss, Bow and Shake Hands: How to Do Business in Sixty Countries* (New York: Adams Publishing, 1995); John L. Graham and N. Mark Lim, "The Chinese Negotiation," *Harvard Business Review*, October 2003, pp. 82-91.

⓰ Arvind Rangaswamy and G. Richard Shell, "Using Computers to Achieve Joint Gains in Negotiation: Towards an Electronic Bargaining Table," *Management Science*, Vol. 43, No. 8 (1997), pp. 1147-1163.

⓱ Gerald R. Williams, *Legal Negotiation and Settlement* (St. Paul, Minn.: West Publishing, 1983), pp. 20-40; Howard Raiffa, *The Art and Science of Negotiation* (Boston: Harvard University Press, 1982), pp. 119-122.

⓲ 我曾撰文探討這些議題和相關問題。見G. Richard Shell, "When Is It Legal to Lie in Commercial Negotiations?," *Sloan Management Review*, Vol. 32, No. 3 (1991), pp. 93-101.

第2章　基礎二：你的目標和期望

❶ Violina P. Rindova and William H. Starbuck, "Ancient Chinese Theories of Control," *Journal of Management Inquiry*, Vol. 6, No. 2 (June 1997), pp. 153-155.

❷ Sam Walton, "Running a Successful Company: Ten Rules That Worked for Me," in *Sam Walton: Made in America* (New York: Doubleday, 1992), p. 246.

❸ Akio Morita, *Made in Japan* (New York: E. P. Dutton, 1986), pp. 83-85.

❹ 許多研究顯示，訂定清楚目標的人，表現優於訂定一般或「盡力就好」目標者。見G. Latham and E. Locke, "Self-regulation Through Goal Setting," *Organizational Behavior and Human Decision Processes*, Vol. 50, No. 2 (1991), pp. 212-247. E. Locke and G. Latham, *A Theory of Goal Setting and Task Performance* (Englewood Cliffs, N.J.: Prentice-Hall, 1990), pp. 29-31; I. R. Gellately and J. P. Meyer, "The Effect of Goal Difficulty on Physiological Arousal, Cognition, and Task Performance," *Journal of Applied Psychology*, Vol. 77, No. 2 (1992), pp. 694-704.

❺ 利用遠大目標來提高績效的相關研究，請參考Kenneth R. Thompson, Wayne A. Hochwater, and Nicholas J. Mathys, "Stretch Targets: What Makes Them Effective?" *Academy of Management Executive*, Vol. 11, No. 3 (1997), pp. 48-61.

❻ Lewis Carroll, *Alice's Adventures in Wonderland* (New York: Penguin, 1960), p. 64.

❼ Peter M. Blau, *Exchange and Power in Social Life* (New York: John Wiley & Sons, 1964), pp. 145-151.

❽ U.S. Department of Education, *National Education Longitudinal Study 1988-1994* NCES 96-175 (May 1996), pp. 45-46.

❾ 學者透過實證研究，已經確認這些要素。見Reinhard Tietz, Hans- Jürgen Weber, Ulrike Vidmajer, and Christoph

Wentzel, "On Aspiration-Forming Behavior in Repetitive Negotiations," in Heinz Sauermann, ed., *Bargaining Behavior* (Tübingen, Germany: J.C.B. Mohr, 1978), pp. 88-102; Steven R. Wilson and Linda L. Putnam, "Interaction Goals in Negotiation," *Communication Yearbook*, Vol. 13 (1989), pp. 374-406; Kristina A. Diekmann, Ann Tenbrunsel, Pri Pradhan Shah, Holly A. Schroth, and Max Bazerman, "The Descriptive and Prescriptive Use of Previous Purchase Price in Negotiations," *Organizational Behavior and Human Decision Processes*, Vol. 66, No. 2 (1996), pp. 179-191.

❿ Booz, Allen & Hamilton, *Strategy & Business* (New York: Fourth Quarter, 1997), p. 79.

⓫ Gail DeGeorge, *The Making of Blockbuster* (New York: John Wiley & Sons, 1996), pp. 17-43. 赫贊加有個朋友說他「總是把誘因放得太遠，好像他永遠不想真正得到一樣。這就是他的個性。他永不滿足。」(ibid., p. 42).

⓬ Howard Raiffa, *The Art and Science of Negotiation* (Cambridge, Mass.: Harvard University Press, 1982), pp. 45-50. 瑞發喜歡稱為「保留價格」，不過「底線」的觀念也是一樣的。

⓭ Sally Blount White, Kathleen L. Valley, Max H. Bazerman, Margaret A. Neale, and Sharon R. Peck, "Alternative Models of Price Behavior in Dyadic Negotiations: Market Prices, Reservation Prices, and Negotiator Aspirations," *Organizational Behavior and Human Decision Processes*, Vol. 57, No. 3 (1994), pp. 430-447.

⓮ Russel Korobkin, "Aspirations and Settlement," *Cornell Law Review*, Vol. 88 (2002), pp. 1-49.

⓯ Sally Blount White and Margaret A. Neale, "The Role of Negotiator Aspirations and Settlement Expectancies in Bargaining Outcomes," *Organizational Behavior and Human Decision Processes*, Vol. 57, No. 2 (1994), pp. 303-317.

⓰ Neil Rackham and John Carlisle, "The Effective Negotiator—Part 2: Planning for Negotiations," *Journal of European Industrial Training*, Vol. 2, No. 7 (1978), pp. 2-5.（文章指出，談判高手多半同時訂定談判目標和限制，而普通

談判者只訂定單點〔single-point〕目標。）

⓱ Michael Pye, *Moguls: Inside the Business of Show Business* (New York: Holt, Rinehart and Winston, 1980), pp. 88-89.

⓲ Ibid., pp. 106-107.

⓳ Bryn Burrough and John Helyer, *Barbarians at the Gate* (New York: Harper & Row, 1990), pp. 325-326.

⓴ Sydney Siegel and Lawrence Fouraker, "The Effect of Level of Aspiration on Differential Payoff," in *Bargaining and Group Decision Making* (New York: McGraw-Hill, 1960), pp. 61-70.

㉑ Arvind Rangaswamy and G. Richard Shell, "Using Computers to Achieve Joint Gains: Toward an Electronic Bargaining Table," *Management Science*, Vol. 43, No. 8 (1997), pp. 1147-1163.

㉒ Morris Rosenberg, *Conceiving the Self* (New York: Basic Books, 1979), p. 61.

㉓ Peter M. Blau, *Exchange and Power in Social Life* (New York: John Wiley & Sons, 1964), p. 145; Kurt Lewin, Tamara Dembo, Leon Festinger, and Pauline S. Sears, "Level of Aspiration," in J. McV. Hunt, ed., *Personality and the Behavior Disorders*, Vol. 1 (New York: Ronald Press, 1944), pp. 337-340.

㉔ Vandra L. Huber and Margaret A. Neale, "Effects of Self- and Competitor Goals on Performance in an Interdependent Bargaining Task," *Journal of Applied Psychology*, Vol. 72, No. 2 (1987), pp. 197-203.

㉕ 研究證明，具象化能增進人類許多活動的表現，最明顯的就是運動員。見 A. Bandura, *Social Foundations of Thought and Action* (Englewood Cliffs, N.J.: Prentice-Hall, 1986), pp. 61-62; Donald R. Liggett and Sadao Hamada, "Enhancing the Visualization of Gymnasts," *American Journal of Clinical Hypnosis*, Vol. 35, No. 3 (1993), pp. 190-197.

㉖ Robert B. Cialdini, *Influence: The Psychology of Persuasion* (New York: William Morrow, 1984), p. 79.

❷❼ 許多研究顯示，當談判者認為有支持者或選民「監督」時，他們會更賣力談判。見Orly Ben-Toav and Dean G. Pruitt, "Accountability to Constituents: A Two-Edged Sword," *Organizational Behavior and Human Decision Processes*, Vol. 34, No. 3 (1984), pp. 283-295; Peter J. D. Carnevale, Dean G. Pruitt, and Scott D. Britton, "Looking Tough: The Negotiator Under Constituent Surveillance," *Personality and Social Psychology Bulletin*, Vol. 5, No. 1 (1979), pp. 118-121.

❷❽ Steve Massey, "US Airways Reiterates Cost-Cutting Warning to Unions," *Pittsburgh Post Gazette*, April 11, 1997, p. A1（其中寫道，美國航空公司執行長史蒂夫・沃爾夫宣布一九九七年九月三十日是公司和飛行員協商的期限，屆時如果協商破局，他和空中巴士價值一百四十億美元的採購案也將告吹。）

❷❾ Cialdini, *Influence*, pp. 264-265.

❸⓿ Max Bazerman, *Judgment in Managerial Decision-Making*, 4th ed. (New York: John Wiley & Sons, 1998), pp. 66-78.

❸❶ Richard H. Thaler, *The Winner's Curse: Paradoxes and Anomalies of Economic Life* (New York: Free Press, 1992), pp. 1-5. 中譯本《贏家的詛咒》經濟新潮社出版。

第3章　基礎三：權威標準與規範

❶ Michael R. Roloff, Frank E. Tutzauer, and William O'Daniley, "The Role of Argumentation in Distribution and Integrative Bargaining Contexts: Seeking Relative Advantage but at What Cost?" in M. Afzalur Rahim, ed., *Management Conflict: An Interdisciplinary Approach* (New York: Praeger, 1989), p. 109.

❷ Ron Chernow, *The House of Morgan* (New York: Simon & Schuster, 1990), p. 114.

❸ R. F. Barton, *The Halfway Sun: Life Among the Headhunters of the Philippines* (New York: Brewer and Warren,

1930), pp. 65-86. This story is also retold in P. H. Gulliver, *Disputes and Negotiations: A Cross-Cultural Perspective* (New York: Academic Press, 1979), pp. 30-31.

❹ Robert Cialdini, *Influence: The Psychology of Persuasion*, 2nd ed. (New York: William Morrow, 1987), p. 59.

❺ M. K. Gandhi, *The Story of My Experiments with Truth* (Ahmedabad, India: Jivanji Dahyabhai Desai, 1927), pp. 272-276.

❻ Ibid.

❼ P. H. Gulliver, *Disputes and Negotiations: A Cross-Cultural Perspective* (New York: Academic Press, 1979), pp. 191-94; Dean Pruitt, *Negotiation Behavior* (New York: Academic Press, 1981), pp. 4-5; P. J. DiMaggio and W. W. Powell, "The Iron Cage Revisited: Institutionalism, Isomorphism, and Collective Rationality in Organizational Fields," *American Sociological Review*, Vol. 48, No. 1 (1983), pp. 147-160.

❽ M. H. Bazerman, M. A. Neale, K. L. Valley, E. J. Zajac, and Y. M. Kim, "The Effect of Agents and Mediators on Negotiation Outcomes," *Organizational Behavior and Human Decision Processes*, Vol. 53, No. 1 (1992), pp. 53-73.（美國房地產委員會之前規定房仲的報酬是房屋售價的百分之六，其後由於放鬆管制，數十年來維持相同水準。）

❾ Sally Blount, Melissa C. Thomas-Hunt, and Margaret A. Neale, "The Price Is Right—Or Is It? A Reference Point Model of Two-Party Price Negotiations," *Organizational Behavior and Human Decision Processes*, Vol. 68, No. 1 (October 1996), pp. 1-12.

❿ Paul Magnusson, "A Wake-up Call for Business," *Business Week*, September 1, 1997, p. 29.

⓫ Herb Cohen, *You Can Negotiate Anything* (New York: Lyle Stuart, 1980), pp. 58-60.

⓬ Neil M. Davis and Michael R. Cohen, *Medication Errors: Causes and Prevention* (Philadelphia: George F. Strickley, 1981), p. 80.

⓭ Connie J. G. Gersick and J. Richard Hackman, "Habitual Routines in Task-Performing Groups," *Organizational Behavior and Human Decision Processes*, Vol. 47 (1990), pp. 65-97.

⓮ 本對話另見於Deborah Tannen, *Talking from 9 to 5* (New York: Avon Books, 1994), pp. 92-93, 根據佛羅里達航空九十號班機「黑盒子」錄音內容。見Aircraft Accident Report NTSB-AAR-82-8, published by the U.S. Government National Transportation Safety Board, Washington, D.C. 20594.

第4章 基礎四：關係

❶ 我不確定這段話的原始出處。我是在運動娛樂經紀人鮑柏．沃爾夫的書中讀到。見Bob Woolf, *Friendly Persuasion: How to Negotiate and Win* (New York: Berkley Books, 1990), p. 37.

❷ R.G.H. Siu, *Folk Wisdom and Management 3,333 Proverbs* (Washington, D.C.: Manuscript, 1994), p. 74.

❸ Alvin W. Gouldner, "The Norm of Reciprocity: A Preliminary Statement," *American Sociological Review*, Vol. 25, No. 2 (April 1960), pp. 161-178; quote at pp. 170-171.

❹ 羅伯特．西奧迪尼在他的著作中提到了這個研究結果，見Robert B. Cialdini, *Influence: The Psychology of Persuasion* (New York: William Morrow, 1984), pp. 17-57.

❺ 經濟學家馬修．拉賓於一九九三年寫了一篇開創性的文章，提出交換關係效應的模型。本文被經濟學界視為創舉。見Matthew Rabin, "Incorporating Fairness into Game Theory and Economics," *American Economic Review*, Vol. 83, No. 5 (December 1993), pp. 1281-1302. 當然，整個社會心理學是以深入、普遍的方式來看待關係效應。

❻ Andrew Carnegie, *Autobiography* (New York: Doubleday, 1920), pp. 165-166.

❼ Ibid., p. 166.

❽ 最後通牒賽局讓我們了解在決策中，關係這個因素是否會影響到人們對於公平的觀念。最後通牒賽局的相關文獻，見 Werner Guth and Reinhard Tietz, "Ultimatum Bargaining Behavior: A Survey and Comparison of Experimental Results," *Journal of Economic Psychology*, Vol. 11 (1990), pp. 417-432.

❾ 最後通牒賽局的研究多半顯示，人們願意分出的獎金平均為四成；提議分出的獎金少於兩成者則會被拒絕。見 George Lowenstein, Samuel Issacharoff, Colin Camerer, and Linda Babcock, "Self-serving Assessments of Fairness and Pre-trial Bargaining," *Journal of Legal Studies*, Vol. 22, No. 1 (1993), pp. 135-159.

❿ William R. Fry, Ira J. Firestone, and David L. Williams, "Negotiation Process and Outcome of Stranger Dyads and Dating Couples: Do Lovers Lose?," *Basic and Applied Social Psychology*, Vol. 4, No. 1 (1983), pp. 1-16.

⓫ Jennifer J. Halpern, "The Effect of Friendship on Personal Business Transactions," *Journal of Conflict Resolution*, Vol. 38, No. 4 (December 1994), pp. 647-664.

⓬ Edward H. Lorenz, "Neither Friends nor Strangers: Informal Networks of Subcontracting in French Industry," in *Trust: Making and Breaking Cooperative Relations* (New York: Basil Blackwell, 1988), p. 194.

⓭ 西奧迪尼在《影響力》(*Influence*)一書中討論了一九七〇年代兩份關於相似性原則的研究。第一份研究，研究人員分別扮成「嬉皮」和「保守人士」走在校園裏跟人要零錢(一毛錢)。他們發現，當對方衣著與他們相似時，有三分之二的情況都能要到錢。但如果對方衣著與他們完全不同，則要到錢的次數不到一半。見 T. K. Emswiller and J. E. Willits, "Similarity, Sex and Requests for Small Favors," *Journal of Applied Social Psychology*, Vol. 1 (1971), pp. 284-291. 而在一項針對反越戰的陳情書請人簽名的研究中，也得到同樣的結果，見 P. S.

Suedfeld, S. Bochner, and C. Matas, "Petitioner's Attire and Petition Signing by Peace Demonstrators: A Field Experiment," *Journal of Applied Social Psychology*, Vol. 1 (1971), pp. 278-283.

⓮ Colin Camerer, "Gifts as Economic Signals and Social Symbols," *American Journal of Sociology*, Vol. 94 (Suppl.) (1988), pp. S180-S214.

⓯ Murray Weidenbaum, "The Bamboo Network: Asia's Family-Run Conglomerates," *Strategy and Business*, No. 10 (1998), pp. 59-65; Cynthia L. Kemper, "Russian business success is a long-term proposition," *The Denver Post*, June 8, 1997, p. 14.

⓰ 有時儀式很複雜：有本書用整整三頁的篇幅來描述這個儀式，見Jon P. Alston, *The Intelligent Businessman's Guide to Japan* (New York: Charles E. Tuttle, 1990), pp. 39-42.

⓱ Ibid., pp. 49-53.

⓲ Eric W. K. Tsang, "Can *guanxi* be a source of sustained competitive advantage for doing business in China?," *Academy of Management Executive*, Vol. 12, No. 2 (1998), pp. 64-73.

⓳ "The *'Guanxi'* List 1997," *International Business Asia*, Vol. 5, No. 12 (June 30, 1997), pp. 11-23.

⓴ 見Evelyn Iritani, "On the Front Lines: A Handful of U.S. Entrepreneurs Are Battling Bureaucracy and Corruption to Establish Their Niches in China," *Los Angeles Times*, October 8, 1997, p. D1.

㉑ "The *'Guanxi'* List 1997," *International Business Asia*, pp. 11-21.

第5章　基礎五：你的對手的利益

❶ Adam Smith, *An Inquiry into the Nature and Cause of the Wealth of Nations* (Oxford: Oxford University Press, 1993),

p. 22.

❷ 我無法找到這句話的原始來源，不過我是在以下著作裏找到的：Dale Carnegie, *How to Win Friends and Influence People*, rev. ed. (New York: Pocket Books, 1981), p. 37. 消費者希望汽車製造商能提供更多車款選擇，但亨利．福特還是不願更改T型車，這句話其實具諷刺性。

❸ Melissa Wahl, "1st Union chief's nerve-racking wait for CoreStates," *Philadelphia Inquirer*, November 26, 1997, p. D1.

❹ Gail DeGeorge, *The Making of Blockbuster* (New York: John Wiley & Sons, 1996), p. 48. 為清楚傳達其意境，我將原文改為現在式。

❺ Leigh A. Thompson, "They Saw a Negotiation: Partisanship and Involvement," *Journal of Personality and Social Psychology*, Vol. 68 (1995), pp. 839-853.

❻ 事實上，多數談判者不僅相信對方和他們相似，而且認為對方比較沒有彈性、不夠果斷、能力較差、較不公平、不誠實、或不合作——總之，對方跟他們很像，只是沒他們那麼「好」。見Max H. Bazerman and Margaret A. Neale, *Negotiating Rationally* (New York: Free Press, 1992), p. 61.

❼ Ibid., pp. 16-22.

❽ Leigh Thompson, *The Mind and Heart of the Negotiator* (Englewood Cliffs, N.J.: Prentice-Hall, 1998), p. 49.

❾ Walter Morley Balke, Kenneth Hammond, and G. Dale Meyer, "An Alternate Approach to Labor-Management Relations," *Administrative Science Quarterly*, Vol. 18 (1973), pp. 311-327.

❿ N. Rackham and J. Carlisle, "The Effective Negotiator—Part 1: The Behavior of Successful Negotiators," *Journal of European Industrial Training*, Vol. 2, No. 6 (1978), pp. 6-11; N. Rackham and J. Carlisle, "The Effective Negotiator

—Part 2: Planning for Negotiations," *Journal of European Industrial Training*, Vol. 2, No. 7 (1978), pp. 2-5.

⓫ 平庸組中，只有百分之十一表示會著重可能的共同點。Rackham and Carlisle, Part 2.

⓬ Leigh Thompson, "Information Exchanged in Negotiation," *Journal of Experimental Social Psychology*, Vol. 27 (1991), pp. 161-179; Leigh Thompson and T. DeHarpport, "Social Judgment, Feedback, and Interpersonal Learning," *Organizational Behavior and Human Decision Processes*, Vol. 58, No. 3 (1994), pp. 327-345; Leigh Thompson and R. Hastie, "Social Perception in Negotiation," *Organizational Behavior and Human Decision Processes*, Vol. 47, No. 1 (1990), pp. 98-123.

⓭ "Ask and It Shall Be Discounted: Business-to-business bargains are becoming a way of life," *Business Week*, October 6, 1997, pp. 116-118.

⓮ Wahl, "1st Union chief's nerve-racking wait," p. D1.

⓯ Jeff Bailey, "Arizona Has Plenty of What Oceanside Needs and Vice Versa," *The Wall Street Journal*, March 4, 1997, p. 1.

第6章　基礎六：籌碼

❶ Bob Woolf, *Friendly Persuasion: How to Negotiate and Win* (New York: Berkley Books, 1990), p. 129.

❷ Ibid., pp. 129-130.

❸ Chester L. Karrass, *The Negotiating Game*, rev. ed. (New York: HarperBusiness, 1992), pp. 20-22.

❹ 故事參考自Matthew Lynn, *Birds of Prey, Boeing vs. Airbus: A Battle for the Skies*, rev. ed. (New York: Four Walls Eight Windows, 1997), pp. 120-122.

5. Nancy Griffin and Kim Masters, *Hit and Run: How Jon Peters and Peter Guber Took Sony for a Ride in Hollywood* (New York: Simon & Schuster, 1996), pp. 88-89.
6. Daniel Machalaba, "Tired of Costs, Delays of Railroads, Firms Lay Their Own Tracks," *The Wall Street Journal*, February 6, 1998, p. A1.
7. 人質危機一直是談判領域中廣為研究的主題，特別是對人類溝通有興趣的學者而言。見William A. Donohue and Anthony J. Roberto, "Relational Development as Negotiated Order in Hostage Negotiation," *Human Communication Research*, Vol. 20, No. 2 (December 1993), pp. 175-198, for a review of the literature.
8. 謝林（Thomas C. Schelling）在他的經典著作中證實這一點。Thomas C. Schelling, *The Strategy of Conflict* (London: Oxford University Press, 1960), pp. 21-52.
9. 在警察和當局開始利用談判來解決人質危機之前，死於警方武力還擊的人質多於直接被挾持者殺害的人質。見Abraham H. Miller, *Terrorism and Hostage Negotiations* (Boulder, Colo.: Westview Press, 1980), pp. 37-38.
10. Ibid., p. 42.
11. Ibid.
12. Bruce W. Nelan, "How They Did It: In a Quick and Brutal Assault, Fujimori's Troops Rescue All But One of the 72 Hostages," *Time*, May 5, 1997, p. 67. 這種現象有兩種作用方式。人質有時會產生「斯德哥爾摩症候群」，此名稱來自於一九七三年瑞典著名的銀行搶案，當時有位女性人質愛上了挾持者，自願在挾持期間和他發生關係，而且挾持者入獄後，兩人關係還繼續維持。見Miller, *Terrorism and Hostage Negotiations*, p. 46.
13. Ibid., pp. 14-36; Tom Mathews, "Seizing Hostages: Scourge of the 70s," *Newsweek*, March 21, 1977, p. 16.
14. Roger Fisher, William Ury, and Bruce Patton, *Getting to Yes*, 2d. ed. (New York: Penguin Books, 1991), pp. 97-106.

15. Peter H. Kim and Alison R. Fragale, "Choosing the Path to Bargaining Power: An Empirical Comparison of BATNAs and Contributions in Negotiation," *Journal of Applied Psychology*, Vol. 90 (2005), pp. 373-381 (BATNA在小型談判區〔small bargaining zones〕是談判力量的較好指標，但在大型談判區則是關於對關係的相對貢獻度。).
16. Donald J. Trump, *The Art of the Deal* (New York: Random House, 1987), p. 37.
17. Ibid., pp. 103-104.
18. 有諸多文獻強調人們對於可能損失和可能獲得的心理。見Daniel Kahneman and Amos Tversky, "Prospect Theory: An Analysis of Decision Risk," *Econometrica*, Vol. 47, No. 2 (1979), pp. 263-291; Paul H. Schurr, "Effects of Gains and Loss Decision Frames on Risky Purchase Negotiations," *Journal of Applied Psychology*, Vol. 72, No. 3 (1987), pp. 351-358; Eric van Dijk and Daan van Knippenberg, "Buying and Selling Exchange Goods: Loss Aversion and the Endowment Effect," *Journal of Economic Psychology*, Vol. 17 (1996), pp. 517-524.
19. Harry Kalven, Jr., and Hans Zeisel, *The American Jury* (Boston: Little Brown, 1966), pp. 436-91; John Sabini, *Social Psychology*, 2d. ed. (New York: W. W. Norton, 1992), pp. 94-95.
20. Cialdini, *Influence*, pp. 114-166.
21. Scott Kilman, "Hard-Pressed Ranchers Dream of Marketing Own Brand of Beef," *The Wall Street Journal*, March 26, 1997, p. A1.
22. David M. Herszenhorn, "Widowed Homeowner Foils Trump in Atlantic City," *New York Times*, July 21, 1998, p. B1; Tiffany Danitz, "When Private Land Is Public Property," *Washington Times*, April 6, 1998, p. 14; John Curran, "Elderly Woman Battles Casinos over Her Home," *Los Angeles Times*, February 25, 1996, p. A11.
23. Howard Gardner, *Leading Minds: An Anatomy of Leadership* (New York: Basic Books, 1995), pp. 148-149.

㉔ 專業是行銷文獻中最被完整論述的說服技巧。Elizabeth J. Wilson and Daniel L. Sherrell, "Source Effects in Communication and Persuasion Research: A Meta-Analysis of Effect Size," *Journal of the Academy of Marketing Science*, Vol. 21 (1993), pp. 101-112; Arch G. Woodside and J. William Davenport, Jr., "The Effect of Salesman Similarity and Expertise on Consumer Purchasing Behavior," *Journal of Marketing Research*, Vol. 11 (1974), pp. 198-202.

第7章　第1步：準備策略

❶ Michael Kiernan, ed., *Sir Francis Bacon, The Essays of Counsels, Civill and Morall* (Cambridge, Mass.: Harvard University Press, 1985), pp. 145-147. 引言係出自其中的〈論談判〉(Of Negotiating)一文，最早出現於一五九七年。

❷ R.G.H. Siu, *Folk Wisdom and Management 3,333 Proverbs* (Washington, D.C.: Manuscript, 1994), p. 30.

❸ 格列佛博士提出八階段，簡單來說，包括(1)確定範疇；(2)制定議程；(3)初步陳述；(4)縮小議題；(5)初步到最後議價；(6)議價；(7)協議與確認；(8)執行。P. H. Gulliver, *Disputes and Negotiations: A Cross-Cultural Perspective* (New York: Academic Press, 1979), p. 82. 為便於教學，我喜歡把這八大步驟簡化成四步驟。其他學者對於談判過程看法大致相同。Ann Douglas, *Industrial Peacemaking* (New York: Columbia University Press, 1962), pp. 13-99; Ian Morley and Geoffrey Stephenson, *The Social Psychology of Bargaining* (London: George Allen & Unwin Ltd., 1977), pp. 284-93; Michael E. Holmes, "Phase Structures in Negotiation," in *Communication and Negotiation* (Newbury Park, N.J.: Sage, 1992), pp. 83-105; Camille P. Schuster and Michael J. Copeland, *Global Business: Planning for Sales and Negotiations* (Fort Worth, Tex.: The Dryden Press, Harcourt Brace College, 1996), pp. 27-28.

❹ 這裏的論述是「雙重考量」(Dual Concern)模型的一個變體。Peter J. D. Carnevale and Dean G. Pruitt, "Negotiation and Mediation," *Annual Review of Psychology*, Vol. 43 (1992), pp. 539-543.

❺ Allan Nevins, *Vol. 2, John D. Rockefeller: The Heroic Age of American Enterprise* (New York: Scribners, 1940), pp. 417-422. Ron Chernow, *Titan: The Life of John D. Rockefeller, Sr.* (New York: Random House, 1998), pp. 390-392.

❻ Abraham Pais, *Einstein Lived Here* (New York: Clarendon Press, 1994), p. 188. 對於這些談判過程的其他說法，可見於Dennis Brian, *Einstein: A Life* (New York: John Wiley & Sons, 1996), p. 232.

❼ 這個故事出自富蘭克林本人的描述。L. Jesse Lemisch, ed., Benjamin Franklin, *The Autobiography and Other Writings* (New York: Penguin, 1961), pp. 29-30.

❽ 關於談判代理人的學術文獻，我推薦Robert H. Mnookin, Lawrence E. Susskind, and Pacey C. Foster, *Negotiating on Behalf of Others: Advice to Lawyers, Business Executives, Sports Agents, Diplomats, Politicians, and Everybody Else* (Thousand Oaks, CA: Sage Publications, 1999).

❾ 好律師能為談判創造價值。而差勁的律師則會拖延時間，增加成本。見Ronald J. Gilson and Robert H. Mnookin, "Disputing Through Agents: Cooperation and Conflict Between Lawyers in Litigation," *Columbia Law Review*, Vol. 94 (1994), pp. 509-578.

❿ Steven D. Levitt and Stephen J. Dubner, *Freakonomics: A Rogue Economist Explores the Hidden Side of Everything* (New York: HarperCollins, 2005), pp. 120-131.

⓫ 關於各種溝通方式及其對談判的影響，我推薦Kathleen L. McGinn and Rachel Croson, "What Do Communication Media Mean for Negotiations? A Question of Social Awareness," in Michele J. Gelfand and Jeanne M. Brett, eds., *The*

Handbook of Negotiation and Culture (Stanford, CA: Stanford University Press, 2004), pp. 334-349.

⓬ 我對於電子談判另有深度探討，見G. Richard Shell, "Electronic Bargaining: The Perils of E-Mail and the Promise of Computer-Assisted Negotiations," in Stephen J. Hoch and Howard C. Kunreuther, *Wharton on Making Decisions* (New York: Wiley, 2001), pp. 201-221.

⓭ 關於電子談判的優勢，見Leigh Thompson and Janice Nadler, "Negotiating Via Information Technology: Theory and Application," *Journal of Social Issues*, Vol. 58, No. 1 (Spring 2002), pp. 109-124.

⓮ 此處提到的研究，可見於Michael Morris, Janice Nadler, Terri Kurtzberg, and Leigh Thompson, "Schmooze or Lose: Social Friction and Lubrication in E-mail Negotiations," *Group Dynamics, Theory, Research & Practice*, Vol. 6, No. 1 (May 2002), pp. 89-100. 另有針對各大學法律系學生所做的研究，結果類似。談判前先通電話了解彼此，再進行電子郵件談判的談判者，要比未事先了解彼此的談判者更能順利進行談判。Janice Nadler, "Legal Negotiation and Communication Technology: How Small Talk Can Facilitate E-mail Dealmaking," *Harvard Negotiation Law Review*, Vol. 9 (2004), pp. 223-245. 還可參考Nicholas Epley and Justin Kruger, "When What You Type Isn't What They Read: The Perseverance of Stereotypes and Expectancies Over E-Mail," *Journal of Experimental Social Psychology*, Vol. 41 (2005), pp. 414-422. 電子郵件談判的陷阱，見Raymond A. Friedman and Steven C. Currall, "Conflict Escalation: Dispute Exacerbating Elements of E-mail Communications," *Human Relations*, Vol. 56, No. 11 (2003), pp. 1325-1347; Charles E. Naquin and Gaylen D. Paulson, "Online Bargaining and Trust," *Journal of Applied Psychology*, Vol. 88, No. 1 (2003), pp. 113-120 (電子郵件談判者之間比較缺乏信任，而且相較於面對面的談判者，他們比較沒有意願進行重複性的交易).

⓯ 關於即時訊息（IM）談判的研究才剛起步。見Jeffrey Loewenstein, Michael W. Morris, Angnish Chakravarti,

Leigh Thompson, and Shirli Kopelman, "At a loss for words: Dominating the conversation and the outcome in negotiation as a function of intricate arguments and communication media," Vol. 98 (2005), pp. 28-38.

第8章 第1步：交換資訊

❶ Michael Kiernan, ed., *Sir Francis Bacon, The Essays of Counsels, Civill and Morall* (Cambridge, Mass.: Harvard University Press, 1985), pp. 145-147. 引言係出自其中的〈論談判〉（Of Negotiating）一文，最早出現於一五九七年。

❷ R.G.H. Siu, *Folk Wisdom and Management 3,333 Proverbs* (Washington, D.C.: Manuscript, 1994), p. 24. 富拉（Fulfulde）民族定居於非洲，主要是在奈及利亞境內。

❸ 誠如第四章提到，公平和互惠是成功關係的基石。Paul C. Cozby, "Self-disclosure, Reciprocity, and Liking," *Sociometry*, Vol. 35, No. 1 (1972), pp. 151-160.

❹ Camille P. Schuster and Michael J. Copeland, *Global Business: Planning for Sales and Negotiations* (Fort Worth, Tex.: The Dryden Press, Harcourt Brace, 1996), pp. 27-28 (discussing the prevalence outside North America of prenegotiation discussion of nonbusiness matters ranging from personal concerns to social conversation).

❺ Ibid., p. 28 (discussing the importance of relationship formation in negotiations outside North America).

❻ Ibid., pp. 107-112. ("Because relationships are paramount [in Latin America] and getting to the task is not the highest priority, more time is spent at the early part of the process getting to know the other person and deciding on the parameters of the negotiation process.")

❼ Bruce Barry and Richard L. Oliver, "Affect in Dyadic Negotiation: A Model and Propositions," *Organizational*

Behavior and Human Decision Processes, Vol. 67, No. 2 (1996), pp. 127-143.

8 Carl Blumay, *The Dark Side of Power: The Real Armand Hammer* (New York: Simon and Schuster, 1992), pp. 96-97.

9 Connie Bruck, *Master of the Game: Steve Ross and the Creation of Time Warner* (New York: Penguin, 1994), p. 27.

10 Robert B. Cialdini, *Influence: The Psychology of Persuasion* (New York: William Morrow, 1993), pp. 167-207.

11 之前有兩項研究都發現這種現象，包括T. M. Newcomb, *The Acquaintance Process* (New York: Holt, Rinehart, and Winston, 1961), and D. Byrne, *The Attraction Paradigm* (New York: Academic Press, 1971). 關於心情類似效應較近期的研究，見Kenneth D. Locke and Leonard M. Horowitz, "Satisfaction in Interpersonal Interactions as a Foundation of Similarity in Level of Dysphoria," *Journal of Personality and Social Psychology*, Vol. 58, No. 5 (1990), pp. 823-831.

12 M. B. Brewer, "In-Group Bias in the Minimal Group Situation: A Cognitive-Motivational Analysis," *Psychological Bulletin*, Vol. 86 (1979), pp. 307-324; A. H. Ryen and A. Kahn, "Effects of Inter-group Orientation on Group Attitudes and Proximic Behavior," *Journal of Personality and Social Psychology*, Vol. 31 (1975), pp. 302-310.

13 See Edward E. Jones and C. Wortman, *Ingratiation: An Attributional Approach* (Morristown, N.J.: General Learning Press, 1973); Edward E. Jones, "Flattery Will Get You Somewhere," *Transaction*, Vol. 2, No. 4 (1965), pp. 20-23; David Drachman, Andre DeCarufel, and Chester A. Insko, "The Extra Credit Effect in Interpersonal Attraction," *Journal of Experimental Social Psychology*, Vol. 14 (1978), pp. 458-465.

14 Dean Takahashi, "It's Dog Eat Dog, So Executives with Loose Lips Get the Muzzle," *The Wall Street Journal*, July 15, 1997, p. B1.

15 本故事最早源於《紐約客》雜誌的連載，見"Annals of the Law: The Betamax Case I," *The New Yorker*, April 6,

1987. 亦可見於 Robert M. March, *The Japanese Negotiator: Subtlety and Strategy Beyond Western Logic* (Tokyo: Kodansha International, 1989), pp. 119-123.

16 N. Rackham and J. Carlisle, "The Effective Negotiator—Part 1: The Behavior of Successful Negotiators," *Journal of European Industrial Training*, Vol. 2, No. 6 (1978), pp. 6-11; N. Rackham and J. Carlisle, "The Effective Negotiator—Part 2: Planning for Negotiations," *Journal of European Industrial Training*, Vol. 2, No. 7 (1978), pp. 2-5.

17 N. Rackham and J. Carlisle, "The Effective Negotiator—Part I: The Behavior of Successful Negotiators," *Journal of European Industrial Training*, Vol. 2, No. 6 (1978), pp. 6-11.

18 Gerald R. Williams, *Legal Negotiation and Settlement* (St. Paul, Minn.: West Publishing, 1983), pp. 15-46. 威廉斯研究美國兩大城市裏的執業律師。除了發現有效談判者的特性之外，他還發現效率最差的談判者不是太「相信別人」就是太「熱心助人」（合作型），或者「討人厭」、「固執」和「自大」（競爭型）。Ibid.

19 Howard Raiffa, *The Art and Science of Negotiation* (Cambridge, Mass.: Harvard University Press, 1982), pp. 120-121.

20 Chester Karrass, *The Negotiating Game*, rev. ed. (New York: HarperBusiness, 1992), pp. 241-244.

21 關於此觀點較正式的經濟模型，見 Vincent P. Crawford and Joel Sobel, "Strategic Information Transmission," *Econometrica*, Vol. 50, No. 6 (1982), pp. 1431-1451.

22 Leigh Thompson, *The Mind and Heart of the Negotiator* (Englewood Cliffs, N.J.: Prentice-Hall, 1998), p. 49.

23 Leigh Thompson, "An Examination of Naive and Experienced Negotiators," *Journal of Personality and Social Psychology*, Vol. 59, No. 1 (1990), pp. 82-90.

24 這句引言來自於哈維．麥凱。見 Harvey Mackay, *Swim with the Sharks* (New York: Ivy Books, 1988), p. 107.

25 研究顯示，當缺乏籌碼時，將談判訴諸個人化特別有用。Ian Morley and Geoffrey Stephenson, *The Social*

Psychology of Bargaining (London: George Allen and Unwin, 1977), pp. 138-182. 也可參考 James K. Esser, Michael J. Calvillo, Michael R. Scheel, and James L. Walker, "Oligopoly Bargaining: Effects of Agreement Pressure and Opponent Strategies," *Journal of Applied Social Psychology*, Vol. 20 (1990), pp. 1256-1271; Dean Tjosvold and Ted L. Houston, "Social Face and Resistance to Compromise in Bargaining," *Journal of Social Psychology*, Vol. 104 (1978), pp. 57-68.

第9章 第三步：開場與讓步

❶ *Roget's International Thesaurus* (New York: Thomas Y. Crowell, 1946), p. 530.

❷ 本故事來自於馬克・麥科馬克。見 Mark McCormack, *On Negotiating* (Los Angeles: Dove Books, 1995), p. 129.

❸ Bob Woolf, *Friendly Persuasion: How to Negotiate and Win* (New York: Berkley Books, 1990), pp. 180-181.

❹ Bruce K. MacMurray and Edward J. Lawler, "Level-of-Aspiration Theory and Initial Stance in Bargaining," *Representative Research in Social Psychology*, Vol. 16, No. 1 (1986), pp. 35-44.

❺ Max H. Bazerman, *Judgment in Managerial Decision Making*, 4th ed. (New York: John Wiley & Sons, 1990), pp. 27-30.

❻ James K. Esser, "Agreement Pressure and Opponent Strategies in Oligopoly Bargaining," *Personality and Social Psychology Bulletin*, Vol. 15, No. 4 (1989), pp. 596-603.

❼ Jerome M. Shertkoff and Melinda Conley, "Opening Offer and Frequency of Concession as Bargaining Strategies," *Journal of Personality and Social Psychology*, Vol. 7, No. 2 (1967), pp. 181-185; Gary Yukl, "Effects of the Opponent's Initial Offer, Concession Magnitude, and Concession Frequency on Bargaining Behavior," *Journal of*

Personality and Social Psychology, Vol. 30, No. 3 (1974), pp. 323-335. 本研究結果儘管一再被證實，但可能受實驗場景所影響。一般來說，受試者(通常是沒有經驗的大學心理課學生)坐在隔間裏，設想他們和別人談判購買汽車或電器用品，寫下或用電腦打出談判條件，並與對方議價。研究人員提出「對方」的「制式」開場和讓步策略，然後記錄受試者的反應與最後協議。在這人為的場景中，開高、然後逐步降低，是最佳策略。至於在現實中是否也是如此，問題比較複雜。

8 Mike Allen, William Donohue, and Becky Stewart, "Comparing Hardline and Softline Bargaining Strategies in Zero-Sum Situations Using Meta-Analysis," in M. Afzalur Rahim, ed., *Theory and Research in Conflict Management* (New York: Praeger, 1990), pp. 86-103.

9 Robert B. Cialdini, *Influence: The Psychology of Persuasion* (New York: William Morrow, 1984), pp. 11-14, 42-45.

10 Robert B. Cialdini, Joyce E. Vincent, Stephen K. Lewis, Jose Catalan, Diane Wheeler, and Betty Lee Darby, "Reciprocal Concessions Procedure for Inducing Compliance: The Door-in-the-Face Technique," *Journal of Personality and Social Psychology*, Vol. 31, No. 2 (1975), pp. 206-215. 亦可見Robert Vincent Joule, "Tobacco deprivation: The foot-in-the-door technique versus the low-ball technique," *European Journal of Social Psychology*, Vol. 17 (1987), pp. 361-365.

11 Esser, "Agreement Pressure and Opponent Strategies in Oligopoly Bargaining."

12 Gail DeGeorge, *The Making of Blockbuster* (New York: John Wiley & Sons, 1996), pp. 38-39.

13 Dean G. Pruitt and Steven A. Lewis, "Development of Integrative Solutions in Bilateral Negotiation," *Journal of Personality and Social Psychology*, Vol. 31, No. 4 (1975), pp. 621-633.

14 Keith Bradsher, "Sticker Shock: Car Buyers Miss Haggling Ritual," *The New York Times*, June 13, 1996, p. D1.

⓯ Ibid., p. D23.

⓰ P. L. Benson, H. H. Kelly, and B. Liebling, "Effects of Extremity of Offers and Concession Rate on the Outcomes of Bargaining," *Journal of Personality and Social Psychology*, Vol. 24 (1983), pp. 73-83. 其他研究也有類似結果，見 S. S. Komorita and Arline R. Brenner, "Bargaining and Concession Making Under Bilateral Monopoly," *Journal of Personality and Social Psychology*, Vol. 9, No. 1 (1968), pp. 15-20.

⓱ 心理學家漢默說過：「談判者不僅期望彼此受益。他們還希望能獲得有用的社會交換。也就是說，他們將談判定義為有施有受的過程，因此期待許許多多的交換，而不是只獲得一次大讓步。」見 W. C. Hamner, "Effects of Bargaining Strategy and Pressure to Reach Agreement in a Stalemated Negotiation," *Journal of Personality and Social Psychology*, Vol. 30 (1974), pp. 458-467; 漢默的看法和近期強調各類分配決策中「程序型正義」的研究不謀而合。見 Tom R. Tyler and Eugene Griffin, "The Influence of Decision Makers' Goals on Their Concerns About Procedural Justice," *Journal of Applied Social Psychology*, Vol. 21 (1991), pp. 1629-1658.

⓲ Seungwoo Kwon and Laurie R. Weingart, "Unilateral Concessions from the Other Party: Concession Behavior, Attributions, and Negotiator Judgment," *Journal of Applied Psychology*, Vol. 89, No. 2 (2004), pp. 263-278. Mara Olekalns, Philip L. Smith, and Therese Walsh, "The Process of Negotiating: Strategy and Timing as Predictors of Outcomes," *Organizational Behavior and Human Decision Processes*, Vol. 68, No. 1 (1996), pp. 68-77; Gary Yukl, "Effects of Situational Variables and Opponent Concessions on a Bargainer's Perception, Aspirations, and Concessions," *Journal of Personality and Social Psychology*, Vol. 29, No. 2 (1974), pp. 227-236.

⓳ Martin Patchen, "Strategies for Eliciting Cooperating from an Adversary," *Journal of Conflict Resolution*, Vol. 31, No. 1 (1987), pp. 164-185.

⓴ 談判學者也稱之為「反應貶值」(reactive devaluation)。Margaret Neale and Max Bazerman, *Cognition and Rationality in Negotiation* (New York: Free Press, 1991), p. 75; Robert Mnookin, "Why Negotiations Fail: An Exploration of Barriers to the Resolution of Conflict," *Ohio State Journal of Dispute Resolution*, Vol. 8 (1993), pp. 235, 238-247.

㉑ 本諺語來自於湯瑪斯・潘恩(Thomas Paine)。*Roget's International Thesaurus* (New York: Thomas Y. Crowell, 1946), p. 555.

㉒ Richard E. Walton and Robert B. McKersie, *A Behavioral Theory of Labor Negotiations* (New York: McGraw-Hill, 1965), pp. 126-182.

㉓ Lewis A. Froman, Jr., and Michael D. Cohen, "Compromise and Logroll: Comparing the Efficiency of Two Bargaining Processes," *Behavioral Science*, Vol. 15 (1970), pp. 180-183.

㉔ Pruitt and Lewis, "Development of Integrative Solutions in Bilateral Negotiation"; Elizabeth A. Mannix, Leigh Thompson, and Max H. Bazerman, "Negotiation in Small Groups," *Journal of Applied Psychology*, Vol. 74, No. 3 (1989), pp. 508-517; Gary A. Yukl, Michael P. Malone, Bert Hayslip, and Thomas A. Pamin, "The Effects of Time Pressure and Issue Settlement Order on Integrative Bargaining," *Sociometry*, Vol. 39, No. 3 (1976), pp. 277-281.

㉕ Gavin Kennedy, John Benson, and John McMillian, *Managing Negotiations* (Englewood Cliffs, N.J.: Prentice-Hall, 1982), pp. 88-98.

㉖ Roger Fisher, William Ury, and Bruce Patton, *Getting to Yes*, 2nd ed. (New York: Penguin, 1991). 這些作者提倡腦力激盪可以協助解決問題。另見Thomas J. D'Zurilla and Arthur Nezu, "A Study of the Generation-of-Alternatives Process in Social Problem Solving," *Cognitive Therapy and Research*, Vol. 4, No. 1 (1980), pp. 67-72 (其中指出，要

找出高品質的解決方案，最好的方法是產生盡量多的點子出來).

27 從許多併購的「商戰故事」可以找到極佳範例。見Bryan Burrough and John Hellyar, *Barbarians at the Gate: The Fall of RJR Nabisco* (New York: Harper & Row, 1990), pp. 266-269; DeGeorge, *The Making of Blockbuster*, pp. 141-143.

28 西奧迪尼曾針對「白臉／黑臉」輪番上陣的心理層面有精闢討論。見 Cialdini, *Influence*, pp. 186-187.

29 John A. Hilty and Peter Carnevale, "Black Hat/White Hat Strategy in Bilateral Negotiation," *Organizational Behavior and Human Decision Processes*, Vol. 55, No. 3 (1993), pp. 444-469.

第10章　第四步：結束與取得承諾

1 *Roget's International Thesaurus* (New York: Thomas Y. Crowell, 1946), p. 533.

2 R.G.H. Siu, *Folk Wisdom and Management 3,333 Proverbs* (Washington, D.C.: Manuscript, 1994), p. 73.

3 Bryan Burrough and John Helyar, *Barbarians at the Gate: The Fall of RJR Nabisco* (New York: Harper & Row, 1990).

4 Ibid., p. 203. 作者指出，克萊維斯否認曾說過「我們必須加入，我們絕對會加入。」

5 關於一九八八年十一月三十日所發生的一切，見《門口的野蠻人》(*Barbarians at the Gate*), pp. 474-502.

6 Ibid., p. 481.

7 Michael Lynn, "Scarcity Effects on Value: A Quantitative Review of the Commodity Theory Literature," *Psychology and Marketing*, Vol. 8, No. 1 (Spring 1991), p. 52.

8 Graham Loomes and Robert Sugden, "Regret Theory: An Alternative Theory of Rational Choice Under Uncertainty,"

The Economic Journal, Vol. 92 (1982), pp. 805-824.

❾ Chester Karrass, *The Negotiating Game*, rev. ed. (New York: HarperBusiness, 1992), pp. 20-23.

❿ David Johnson, "In Taj deal Trump used an old tactic," *The Philadelphia Inquirer*, November 18, 1990, p. D1.

⓫ Gail DeGeorge, *The Making of Blockbuster* (New York: John Wiley & Sons, 1996), pp. 73-74.

⓬ Burrough and Helyar, *Barbarians at the Gate*, pp. 482-483.

⓭ Howard Garland, "Throwing Good Money After Bad: The Effect of Sunk Costs on the Decision to Escalate Commitment to an Ongoing Project," *Journal of Applied Psychology*, Vol. 75, No. 6 (1990), pp. 728-731.

⓮ 知名的專業談判者鮑伯・沃爾夫(Bob Woolf)表示他從不均分差異。他把均分的提議視為對方承認他們能接受以雙方條件的中點來成交。Interview, "How to Negotiate Practically Anything," *Inc.*, February 1989, p. 10.

⓯ Jeffrey Z. Rubin and Bert R. Brown, *The Social Psychology of Bargaining and Negotiation* (New York: Academic Press, 1975), p. 96. 這故事最早出現在新聞媒體，見UPI, "2 Sides Sit Silently 41/2 Hours at Korean Truce Meeting," *Philadelphia Evening Bulletin*, April 11, 1969, p. 10. 關於北韓將軍的英文名，新聞報導上有許多種拼法，我選用《紐約時報》的拼法。"U.S., at Meeting in Korea, Protests Downing of Plane," *New York Times*, April 18, 1969, p. A1.

⓰ William Ury 寫過一整本書談論這個主題，請見William Ury, *Getting Past No* (New York: Bantam, 1991), pp. 105-129.

⓱ Murrary Chass, "The National Pastime's True Most Valuable Player," *The New York Times*, November 28, 1996, p. B23.

⓲ 讓雙方私下商談協議，不需回答選民或大眾的疑問，這種做法對於國際關係特別有用。見Clyde Haberman,

"How the Oslo Connection Led to the Mideast Peace," *The New York Times*, September 5, 1993, p. A1.

⑲ 這個流程已經過實驗證實。見S. S. Komorita and James K. Esser, "Frequency of Reciprocated Concessions in Bargaining," *Journal of Personality and Social Psychology*, Vol. 32, No. 4 (1975), pp. 699-705.

⑳ Charles E. Osgood, *An Alternative to War or Surrender* (Urbana, Ill.: University of Illinois Press, 1962), pp. 85-134.

㉑ 霍華德・瑞發以大衛營協議來探討談判，論點精闢。見Howard Raiffa, *The Art and Science of Negotiation* (Cambridge, Mass.: Harvard University Press, 1982), p. 205.

㉒ William P. Bottom and Amy Studt, "Framing Effects and the Distributive Aspect of Integrative Bargaining," *Organizational Behavior and Human Decision Processes*, Vol. 56, No. 3 (1993), pp. 459-474.

㉓ Patrick McGeehan, "Morgan Stanley, Dean Witter Have Big Breakup Fee," *The Wall Street Journal*, February 18, 1997, p. B12.

㉔ Bob Woolf, *Friendly Persuasion: How to Negotiate and Win* (New York: Berkley Books, 1990), pp. 19-22.

第11章　與魔鬼談判，又不出賣靈魂：談判的道德

❶ *Roget's International Thesaurus* (New York: Thomas Y. Crowell, 1946), p. 548.

❷ 奧洛林當時為全州保險公司的資深副總裁。見Bruce Horovitz, "When Should an Executive Lie?," *Industry Week*, November 16, 1981, p. 87.

❸ Darrell Sifford, "Mastering the Fine Art of Negotiation," *Philadelphia Inquirer*, June 30, 1991, p. 11.

❹ 西瑟拉・波克(Sissela Bok)稱白色謊言是「欺瞞行為最常見、最微不足道的形式」。見Sissela Bok, *Lying: Moral Choice in Public and Private Life* (New York: Vintage, 1978), p. 60. 以下兩篇文章是關於「日常」欺騙的有

趣討論，見Bella M. DePaulo, Deborah A. Kashy, Susan E. Kirkendol, Melissa M. Wyer, and Jennifer A. Epstein, "Lying in Everyday Life," *Journal of Personality and Social Psychology*, Vol. 70, No. 5 (1996), pp. 979-995; Deborah A. Kashy and Bella M. DePaulo, "Who Lies?," *Journal of Personality and Social Psychology*, Vol. 70, No. 5 (1996), pp. 1037-1051. 奇怪的是，判斷一個人是否可能欺騙的最強指標是他和同性友人關係是否良好。根據研究人員的說法：「認為自己和同性友人關係熱切、持久和滿意的人，比較少說謊話，尤其比較少說以自我為中心的謊話。」

5 Robert J. Robinson, Roy J. Lewicki, and Eileen M. Donohue, "Extending and Testing a Five Factor Model of Ethical and Unethical Bargaining Tactics: Introducing the SINS Scale," *Journal of Organizational Behavior* (1998).

6 Gerald R. Williams, *Legal Negotiation and Settlement* (St. Paul, Minn.: West Publishing, 1983), p. 19.

7 Bruce Horowitz, "When Should an Executive Lie?," *Industry Week*, November 16, 1981, pp. 81-87.

8 James J. White, "The Pros and Cons of 'Getting to Yes,'" *Journal of Legal Education*, Vol. 34 (1984), pp. 115-124, 引文出自p. 118. 商業倫理專家暨經濟學家、康乃爾大學的法蘭克（Robert H. Frank）也呼應懷特的分析，他說："The art of bargaining, as most of us eventually learn, is in large part the art of sending misleading messages about [reservation prices]." 見Robert H. Frank, *Passions Within Reason* (New York: W. W. Norton, 1988), p. 165.

9 Chester Karrass, *The Negotiating Game*, rev. ed. (New York: HarperBusiness, 1992), pp. 242-243; Howard Raiffa, *The Art and Science of Negotiation* (Cambridge, Mass.: Harvard University Press, 1982), pp. 120-121.

10 以下討論多參考自我的文章。見G. Richard Shell, "When Is It Legal to Lie in Negotiations?," *Sloan Management Review*, Vol. 32 (1991), pp. 93-101.

11 統一商業法（The Uniform Commercial Code）指出善意只用於協議的履行和執行，不用於談判。見*Uniform*

Commercial Code § 1-203. See also *Restatement (Second) of Contracts* § 205 (1981), comment c ("Bad faith in negotiation" is not "within the scope of this Section"). Ibid., § 205, comment c.

⓬ *Feldman* v. *Allegheny Intn'l, Inc.*, 850 F. 2d 1217, 1223 (7th Cir., 1988).

⓭ W. Page Keeton, Dan B. Dobbs, Robert E. Keeton, and David G. Owen, *Prosser and Keeton on the Law of Torts* (St. Paul, Minn.: West Publishing, 1984), p. 728.

⓮ *Miles* v. *McSwegin*, 388 N.E. 2d 1367 (Ohio, 1979).

⓯ *Zaschak* v. *Traverse Corp.*, 333 N.W. 2d 191 (Mich. Appl., 1983).

⓰ Robert A. Wenke, *The Art of Negotiation for Lawyers* (New York: Law Distributors, 1985), p. 33. 關於誇大的道德態度和其他傳統「競爭型議價」行為，見Roy J. Lewicki, Joseph A. Litterer, John W. Minton, and David M. Saunders, *Negotiation*, 2nd ed. (Burr Ridge, Ill.: Irwin, 1994), pp. 392-398.

⓱ John G. Cross, *The Economics of Bargaining* (New York: Basic Books, 1969), pp. 166-179 (exaggerated demands make it possible to engage in cooperative process of mutual concession making); P. H. Gulliver, *Disputes and Negotiation: A Cross-Cultural Perspective* (New York: Academic Press, 1979), pp. 135-141 (exaggerated demands set legitimate boundaries of dispute); Thomas Schelling, *The Strategy of Conflict* (New York: Oxford University Press, 1963), pp. 22-28 (strength of commitment is key to success in using misleading statements about reservation price to capture larger share of bargaining surplus).

⓲ American Bar Association, *Model Rules of Professional Conduct*, Rule 4.1(a) official comment (1983).

⓳ *Kabatchnick* v. *Hanover-Elm Bldg. Corp.*, 103 N.E. 2d 692 (Mass., 1952).

⓴ *Beavers* v. *Lamplighters Realty, Inc.*, 556 P. 2d 1328 (Okla. Appl., 1976).

❷❶ *Edgington* v. *Fitzmaurice*, L. R. 29 Ch. Div. 359 (1885).

❷❷ 這種行為有個特別鮮活的案例，見 *Markov* v. *ABC Transfer & Storage Co.*, 457 P. 2d 535 (Wash., 1969). 亦可見 *Gibraltar Savings* v. *LDBrinkman Corp.*, 860 F. 2d 1275 (5th Cir., 1988) (debtor's promise to creditor to keep holding company solvent when plans were under way to dissolve holding company deemed fraudulent, resulting in $6 million verdict).

❷❸ *Alio* v. *Saponaro*, 520 N.Y.S. 2d 245 (A.D., 1987).

❷❹ *Smith* v. *Snap-on Tools Corp.*, 833 F. 2d 578 (5th Cir., 1988) (no liability when inventor made a gift of invention to the company); *Smith* v. *Dravo Corp.*, 203 F. 2d 369 (7th Cir., 1953) (liability when inventor intended negotiations to lead to sale of trade secret).

❷❺ *Turner* v. *Johnson & Johnson*, 809 F. 2d 90 (1st Cir., 1986).

❷❻ 見 Geoffrey M. Peter, "The Use of Lies in Negotiation," *Ohio State Law Journal*, Vol. 48, No. 1 (1987), pp. 1-50.

❷❼ Albert Z. Carr, "Is Business Bluffing Ethical?," *Harvard Business Review*, Vol. 46 (1968), pp. 143-153. 撲克手流派的當代信奉者之一，是加州房地產大亨，同時也是成功談判專家羅傑．道森(Roger Dawson)，他教導人們成為「強力談判者」(Power Negotiators)。他尤其擅長「競賽策略」（gambits），宣揚成功的祕訣就是「把談判看做一場比賽」。見 Roger Dawson, *Roger Dawson's Secrets of Power Negotiating* (Hawthorne, N.J.: Career Press, 1995), p. 94.

❷❽ Carr, "Is Business Bluffing Ethical?," p. 145.

❷❾ Immanuel Kant, *Foundations of the Metaphysics of Morals*, L. W. Beck, trans. (New York: Liberal Arts Press, 1959).

❸⓿ J. Gregory Dees and Peter C. Cramton, "Shrewd Bargaining on the Moral Frontier: Toward a Theory of Morality in

Practice," *Business Ethics Quarterly*, Vol. 1, No. 2 (1991), pp. 135-167. 亦可見Alan Strudler, "On the Ethics of Deception in Negotiation," *Business Ethics Quarterly*, Vol. 5, No. 4 (1995), pp. 805-822.

31 學者們假設腐敗的工作環境會讓善良人士也會做出不道德行為。Daniel J. Brass, Kenneth D. Butterfield, and Bruce C. Skaggs, "Relationships and Unethical Behavior: A Social Network Perspective," *Academy of Management Review*, Vol. 23 (1998), pp. 14-31. 另外還有實證顯示，人們的努力方向，受到所生活或工作的機構支持的目標影響。Tim Kasser, "Aspirations and Well-being in a Prison Setting," *Journal of Applied Social Psychology*, Vol. 26 (1996), pp. 1367-1377.

32 Dale Singer, "I've Kicked the Tires. Now I'll Kick Myself," *The New York Times*, February 2, 1997, p. F14.

33 Robert B. Cialdini, John T. Cacioppo, Rodney Bassett, and John A. Miller, "Low-Ball Procedure for Producing Compliance: Commitment Then Cost," *Journal of Personality and Social Psychology*, Vol. 36, No. 5 (1978), pp. 463-476. 在虛報低價的過程中，銷售員提出非常優惠的價格，誘使顧客確定想買某輛車。然後，銷售員又利用「與老闆商量」這類手段反悔低價。其他技巧還包括拉低舊車折價額、將音響或空調設備摒除在外等等。數十年來，消費者團體持續斥責這類做法。相關範例見*Consumer Reports*, Vol. 39 (May 1974), p. 368.

34 Tracey Rozan, "A Hot Market Leads to Cold-Blooded Dealing," *The New York Times*, May 25, 1997, Sec. 9, p. 1.

35 Frank J. Monteverde, Richard Paschke, and James T. Tedeschi, "The Effectiveness of Honesty and Deceit as Influence Tactics," *Sociometry*, Vol. 37, No. 4 (1974), pp. 583-591. 類似研究可見"the disadvantaged player in a bargaining game lied more often than his more powerful opponent and gained better bargaining outcomes as a consequence." See C. S. Fischer, "The Effect of Threats in an Incomplete Information Game," *Sociometry*, Vol. 32 (1969), pp. 301-314.

36 Roy J. Lewicki, Joseph A. Litterer, John W. Minton, and David M. Saunders, *Negotiation*, 2d ed. (Burr Ridge, Ill.: Ir-

win, 1994), p. 402.

37 Ibid., p. 401. 和著眼長期的人相比，將合作關係視為短期的人比較可能接受有道德爭議的行為，也會預期對方將會祭出有道德爭議的技巧做為防禦策略。

38 Peter J. DePaulo and Bella M. DePaulo, "Can Deception by Salespersons and Customers Be Detected Through Nonverbal Behavioral Cues?," *Journal of Applied Social Psychology*, Vol. 19, No. 18 (1989), pp. 1552-1577.

39 Michael Kiernan, ed., *Sir Francis Bacon, The Essays of Counsels, Civill and Morall* (Cambridge, Mass.: Harvard University Press, 1985), pp. 145-147.

40 近期關於測謊的研究顯示，只有像調查局這類的專家才能識破說謊者。相關範例見Paul Ekman and Maureen O'Sullivan, "Who Can Catch a Liar?" *American Psychologist*, Vol. 46 (1991), pp. 913-920. 還有研究人員指出，普通人還是有識破謊言的可能，至少感覺得到「有些可疑」。Bella M. DePaulo and Robert Rosenthal, "Telling Lies," *Journal of Personality and Social Psychology*, Vol. 37, No. 10 (1979), pp. 1713-1722; Richard A. Maier and Paul J. Lavrakas, "Lying Behavior and Evaluation of Lies," *Perceptual and Motor Skills*, Vol. 42 (1976), pp. 575-581. 即使是這些研究也只能顯示人們不善於發掘別人在欺騙什麼，只能感受到他們在欺騙某事。

41 Dawson, *Roger Dawson's Secrets of Power Negotiating*, pp. 94-100.

42 Nancy Griffin and Kim Masters, *Hit and Run: How Jon Peters and Peter Guber Took Sony for a Ride in Hollywood* (New York: Simon & Schuster, 1996), pp. 233-251.

43 事實上，結果時間並不重要。史蒂夫・羅斯拒絕與古柏及彼得斯解約，控告索尼唆使古柏—彼得斯娛樂公司和華納違約，要求十億美元賠償，最後贏得訴訟。

第12章 成為一個有效的談判者

❶ R.G.H. Siu, *Folk Wisdom and Management 3,333 Proverbs* (Washington, D.C.: Manuscript, 1994), p. 81. 普什圖（Pashto）語發源於中亞，流傳於巴基斯坦偏遠地區。

❷ *Roget's International Thesaurus* (New York: Thomas Y. Crowell, 1946), p. 546.

❸ James A. Breaugh and Richard J. Klimoski, "Social Forces in Negotiation Simulations," *Personality and Social Psychology Bulletin*, Vol. 7, No. 2 (1981), pp. 290-295 (finding that people bargained harder on behalf of a group of which they were a part than if they were merely "hired guns" who acted as bargaining agents). 一般來說，代理人要比代表自己更努力爭取達成目標。見Max H. Bazerman, Margaret A. Neale, Kathleen L. Valley, Edward J. Zajac, and Yong Min Kim, "The Effect of Agents and Mediators on Negotiation Outcomes," *Organizational Behavior and Human Decision Processes*, Vol. 53, No. 1 (1992), pp. 55-73.

❹ Peter J. D. Carnevale, Dean G. Pruitt, and Scott D. Britton, "Looking Tough: The Negotiator Under Constituent Surveillance," *Personality and Social Psychology Bulletin*, Vol. 5, No. 1 (1979), pp. 118-121.

❺ 這個研究由哈佛大學的艾倫・蘭傑所進行。見Ellen Langer, Arthur Blank, and Benzion Chanowitz, "The Mindlessness of Ostensibly Thoughtful Action: The Role of Placebic Information in Interpersonal Interaction," *Journal of Personality and Social Psychology*, Vol. 36, No. 6 (1978), pp. 635-642. 關於這個研究，亦可參考Robert B. Cialdini, *Influence: The Psychology of Persuasion* (New York: William Morrow, 1984), pp. 4-5.

附錄A 談判風格評估工具

❶ J. Z. Rubin and R. B. Brown, *The Social Psychology of Bargaining and Negotiation* (New York: Academic Press,

1975); R. C. Bordone, "Teaching Interpersonal Skills for Negotiation and for Life," *Negotiation Journal* 16, No. 4 (2000), pp. 377-385; R. S. Fortgang, "Taking stock: An analysis of negotiation pedagogy across four professional fields," *Negotiation Journal* 16, No. 4 (2000), pp. 325-338. 當代關於談判的心理教育學流派提到種族、性別和人際關係不同的人，都可能會有的認知錯誤。以馬克思・巴扎曼(Max Bazerman)（他以Daniel Kahneman和Amos Tversky的理論為基礎）為首的談判學教師們已開始教導學生可能阻礙談判者判斷力的人類認知上的系統性偏見。實驗證實，諸如「固定大餅」偏見、輸贏架構、可得性（availability）、稟賦效應（endowment effect）、承諾升高（escalation of commitment）、過度自信等現象都很強烈，而且這些偏見也都很容易在課堂上證明。其教學目的是幫助人們學會看出認知偏見，在合適的情況下加以克服，因而成為有效的談判者。認知心理學的理論也和性別、種族或文化的理論一樣，只做為談判風格的補充，不能取代談判風格的內容。這些偏見屬於深植於人類資訊處理系統中的習性，而非處理談判時的傾向。D. Kahneman and A. Tversky, "Prospect Theory: An Analysis of Decision Under Risk," *Econometrica*, Vol. 47 (1979), pp.136-291; D. Kahneman, D. P. Slovic and A. Tversky, *Judgment Under Uncertainty: Heuristics and Biases* (Cambridge: Cambridge University Press, 1982).

❷ R. W. Gilkey and L. Greenhalgh, "The Role of Personality in Successful Negotiating," *Negotiation Journal*, Vol. 2, No. 3 (1986), pp. 245-256.

❸ R. G. H. Siu, *Folk Wisdom and Management: 3,333 Proverbs* (Washington, D.C.: Manuscript, 1994), p. 13.

❹ H. H. Kelly and A. Stahelski, "Social Interaction Basis of Cooperators' and Competitors' Beliefs About Others," *Journal of Personality and Social Psychology*, Vol. 16 (1970), pp. 66-91; James K. Esser and S. S. Komorita, "Reciprocity and Concession Making in Bargaining," *Journal of Personality and Social Psychology,* Vol. 31, No. 5

(1975), pp. 864-872.

5. Donald J. Trump, *The Art of the Deal* (New York: Random House, 1987), p. 88.

6. R. H. Kilmann and K. W. Thomas, "Developing a Forced-Choice Measure of Conflict-Handling Behavior: The 'Mode' Instrument," *Educational and Psychological Measurement,* Vol. 37 (1977), pp. 309-325. 關於TKI的建構效度也有一些質疑的聲音，見M. A. Konovsky, F. Jaster, and M. A. McDonald, "Using Parametric Statistics to Explore the Construct Validity of the Thomas-Kilmann Conflict Mode Instrument," *Management Communication Quarterly*, Vol. 3, No. 2 (1989), pp. 268-290; B. Kabanoff, "Predictive Validity of the MODE Conflict Instrument," *Journal of Applied Psychology*, Vol. 72, No. 1 (1987), pp. 160-163. 這些問題可能也出現在「談判風格評估工具」中，不過還沒有針對此項工具的研究問世。

7. R. R. Blake and J. S. Mouton, *The Managerial Grid* (Houston: Gulf Publications, 1964).

參考書目

Alston, Jon P. *The Intelligent Businessman's Guide to Japan*. New York: Charles E. Tuttle, 1990.

Axelrod, Robert. *The Evolution of Cooperation*. New York: Basic Books, 1984. 中譯本《合作的競化》大塊文化出版。

Babcock, Linda, and Sara Laschever. *Women Don't Ask: Negotiation and the Gender Divide*. Princeton, N.J.: Princeton University Press, 2003. 中譯本《女人要會說，男人要會聽》晨星出版。

Bazerman, Max. *Judgement in Managerial Decision-Making*, 4th ed. New York: John Wiley & Sons, 1998.

———, and Margaret A. Neale. *Negotiating Rationally*. New York: Free Press, 1992.

Blau, Peter M. *Exchange and Power in Social Life*. New York: John Wiley & Sons, 1964.

Bok, Sissela. *Lying: Moral Choice in Public and Private Life*. New York: Vintage, 1978.

Byrne, D. *The Attraction Paradigm*. New York: Academic Press, 1971.

Carnegie, Dale. *How to Win Friends and Influence People*, rev. ed. New York: Pocket Books, 1981. 中譯本《卡內基溝通與人際關係》龍齡出版。

Cialdini, Robert B. *Influence: The Psychology of Persuasion*. New York: William Morrow, 1984. 中譯本《影響力》久石

文化出版。

Cohen, Herb. *You Can Negotiate Anything*. New York: Lyle Stuart, 1980. 中譯本《談判》智言館出版。

Cross, John G. *The Economics of Bargaining*. New York: Basic Books, 1969.

Dawson, Roger. *Roger Dawson's Secrets of Power Negotiating*. Hawthorne, N.J.: Career Press, 1995.

Douglas, Ann. *Industrial Peacemaking*. New York: Columbia University Press, 1962.

Fisher, Roger, and Daniel Shapiro. *Beyond Reason: Using Emotions When You Negotiate*. New York: Viking, 2006.

Fisher, Roger, and Scott Brown. *Getting Together: Building a Relationship That Gets to Yes*. New York: Houghton Mifflin, 1988.

Fisher, Roger, William Ury, and Bruce Patton. *Getting to Yes*, 2d. ed. New York: Penguin, 1991. 中譯本《哈佛這樣教談判力》遠流出版。

Frank, Robert H. *Passions Within Reason*. New York: Norton, 1988.

Freund, James C. *Anatomy of a Merger*. New York: Academic Press, 1975.

———. *The Acquisition Mating Dance*. Clifton, N.J.: Prentice-Hall, 1987.

———. *Smart Negotiating*. New York: Simon & Schuster, 1992.

Gardner, Howard. *Leading Minds: An Anatomy of Leadership*. New York: Basic Books, 1995. 中譯本《不一樣的領導力》遠流出版。

Gulliver, P. H. *Disputes and Negotiations: A Cross-Cultural Perspective*. New York: Academic Press, 1979.

Jones, Edward E., and C. Wortman. *Ingratiation: An Attributional Approach*. Morristown, N.J.: General Learning Press, 1973.

Karrass, Chester L. *The Negotiating Game*, rev. ed. New York: HarperBusiness, 1992.

Kennedy, Gavin, John Benson, and John McMillian. *Managing Negotiations*. Englewood Cliffs, N.J.: Prentice-Hall, 1982.

Kolb, Deborah, and Judith Williams. *Everyday Negotiations: Navigating the Hidden Agendas in Bargaining*. New York: Jossey-Bass, 2003.

Kramer, Roderick M., and David M. Messick. *Negotiation as a Social Process*. Thousand Oaks, Calif.: SAGE Publications, 1995.

Kramer, Roderick M., and Tom R. Tyler. *Trust in Organizations: Frontiers of Theory and Research*. Thousand Oaks, Calif.: SAGE Publications, 1996.

Lax, David A., and James K. Sebenius. *The Manager as Negotiator: Bargaining for Cooperation and Competitive Gain*. New York: The Free Press, 1986.

Lewicki, Roy J., et al. *Negotiation*, 2d. ed. Burr Ridge, Ill.: Irwin, 1994.

Locke, E., and G. Latham. *A Theory of Goal Setting and Task Performance*. Englewood Cliffs, N.J.: Prentice-Hall, 1990.

McCormack, Mark H. *On Negotiating*. Los Angeles: Dove Books, 1995.

March, Robert M. *The Japanese Negotiator: Subtlety and Strategy Beyond Western Logic*. Tokyo: Kodansha International, 1989.

Menkel-Meadow, Carrie, and Michael Wheeler eds. *What's Fair: Ethics for Negotiators*. San Francisco: Jossey-Bass, 2004.

Miller, Abraham H. *Terrorism and Hostage Negotiations*. Boulder, Colo.: Westview Press, 1980.

Mnookin, Robert, Lawrence Susskind, and Pacey C. Foster. *Negotiating on Behalf of Others*. Whitehall, N.J.: Sage, 1999.

Mnookin, Robert, Scott Peppet, and Andrew S. Tulumello. *Beyond Winning: Negotiating to Create Value in Deals and Disputes*. Cambridge, Mass.: Harvard University Press, 2004.

Morley, Ian, and Geoffrey Stephenson. *The Social Psychology of Bargaining*. London: George Allen & Unwin Ltd., 1977.

Murnighan, J. Keith. *The Dynamics of Bargaining Games*. Englewood Cliffs, N.J,: Prentice-Hall, 1991.

Neale, Margaret, and Max Bazerman. *Cognition and Rationality in Negotiation*. New York: The Free Press, 1991.

Newcomb, T. M. *The Acquaintance Process*. New York: Holt, Rinehart, and Winston, 1961.

Nierenberg, Gerard I. *Fundamentals of Negotiating*. New York: Hawthorn/Dutton, 1973.

Nixon, Peter. *Mastering Business in Asia: Negotiation*. New York: Wiley, 2005.

Osgood, Charles E. *An Alternative to War or Surrender*. Urbana, Ill.: University of Illinois Press, 1962.

Pruitt, Dean. *Negotiation Behavior*. New York: Academic Press, 1981.

———, and Jeffrey Z. Rubin. *Social Conflict: Escalation, Stalemate, and Settlement*. New York: Random House, 1986.

Rahim, M. Afzalur, ed. *Theory and Research in Conflict Management*. New York: Praeger, 1990.

Raiffa, Howard. *The Art and Science of Negotiation*. Boston: Harvard University Press, 1982.

Rosenberg, Morris. *Conceiving the Self*. New York: Basic Books, 1979.

Roth, Alvin E., ed. *Game-Theoretic Models of Behavior*. Cambridge: Cambridge University Press, 1985.

Rubin, Jeffrey Z., and B. R. Brown. *The Psychology of Bargaining and Negotiation*. New York: Academic Press, 1975.

Schelling, Thomas C. *The Strategy of Conflict*. London: Oxford University Press, 1960. 中譯本《入世賽局：衝突的策略》五南出版。

Schuster, Camille P., and Michael J. Copeland. *Global Business: Planning for Sales and Negotiations*. Fort Worth, Tex.: The Dryden Press, HarcourtBrace College, 1996.

Shapiro, Ronald, and Mark Jankowski. *The Power of Nice*. New York: Wiley, 2001.

———. *Bullies, Tyrants, and Impossible People: How to Beat Them without Joining Them*. New York: Crown Business, 2005.

Singer, Linda. *Settling Disputes: Conflict Resolution in Business, Families, and the Legal System*. Boulder, Colo.: Westview Press, 1990.

Stark, Peter B. *It's Negotiable*. Amsterdam, The Netherlands: Pfeiffer & Company, 1994.

Susskind, Lawrence, and Jeffrey Cruikshank. *Breaking the Impasse: Consensual Approaches to Resolving Public Disputes*. New York: Basic Books, 1987.

Thaler, Richard H. *The Winner's Curse: Paradoxes and Anomalies of Economic Life*. New York: The Free Press, 1992. 中譯本《贏家的詛咒》經濟新潮社出版。

Thompson, Leigh. *The Mind and Heart of the Negotiator*. Upper Saddle River, N. J.: Prentice-Hall, 1998.

———. *Negotiation (Frontiers of Social Psychology)*. New York: Taylor & Francis, 2005.

Trump, Donald J. *The Art of the Deal*. New York: Random House, 1987.

Ury, William. *Getting Past No*. New York: Bantam, 1991.

Walton, Richard E., and Robert B. McKersie. *A Behavioral Theory of Labor Negotiations*. New York: McGraw-Hill, 1965.

Wenke, Robert A. *The Art of Negotiation for Lawyers*. New York: Law Distributors, 1985.

Williams, Gerald R. *Legal Negotiation and Settlement*. St. Paul, Minn.: West Publishing, 1983.

Woolf, Bob. *Friendly Persuasion: How to Negotiate and Win*. New York: Berkley Books, 1990.

Zartman, I. William. *The Negotiation Process: Theories and Application*. Beverly Hills, Calif.: SAGE Publications, 1978.

致謝

這樣的一本書絕對無法獨力完成。有三位關鍵人物。首先也是最重要的，我要感謝我的妻子，蘿比，耐心地提供編輯協助。身為記者與編輯的她，隨時提醒我維持清晰活潑的文風——避免專門術語和枯燥說明。第二位是我的經紀人Michael Snell，多虧了他的鼓勵、樂觀態度和細心指導，這項計畫構想才能成真。在艱澀難懂的商業叢書出版界中，他就像一盞指引方向的明燈。最後，我要表彰我在Viking Penguin出版社的編輯Jane von Mehren，她篤信這本書，將內容編輯得更完美，並提供熱情又專業的協助。她的幽默感提醒我要隨時保持詼諧。

在撰寫階段，許多友人和同事慷慨撥冗閱讀，對草稿提供詳盡建言。在此特別感謝Simon Auster、Peter Cappelli、Eric Orts、Maurice Schweitzer和Michael Wheeler。此外，Larry Susskind、James J. White、Robert Cialdini、Tom Dunfee、Alan Strudler、Stuart Diamond、Howard Kunreuther、Bob Mittelstaedt、Michael Stein、Leslie Goode和Tod Ibrahim等人也讀過

全部或部分草稿，提供有用意見。華頓商學院一九九七年秋到一九九八年春的企管碩士班學生，以及這段期間修習華頓高階主管談判研訓班的業界人士皆熱心評論、並提供個人故事做為說明案例。Jon A. Bjornson協助製作本書圖表。

華頓商學院法律系兩位職員——商業行政人員Tamara English和我的行政助理Andrea King，她們本著耐心，不辭辛勞地打字、校對並整理草稿，讓文稿順利付梓。她們的熱心協助，我銘感五內。Jeremy Bagai、Bernadette Spina、Tracy Denton和Brian Okay協助本書的研究工作，表現亮麗。

《華頓商學院的高效談判學》除了是寫作計畫，更是一場智慧之旅。我特別感激羅伯特·西奧迪尼（Robert B. Cialdini）教授，他的著作《影響力》（*Influence: The Psychology of Persuasion*）開啟了我對社會心理學研究的眼界，發現它與談判密不可分之處。社會科學研究能夠如此生動易讀，西奧迪尼的著作足為典範。此外，和我一起教授華頓高階主管談判研訓班課程的史都華·戴蒙（Stuart Diamond）不斷挑戰我對這個主題的觀點。他在日常實務、個性風格和標準的重要性方面熱心協助，讓我得以更深入研究這方面的談判訓練。

最後，過去十多年來，我與企業界談判菁英和衝突解決相關領域的合作經驗，讓我獲益良多。一九九三到一九九四學年，我在哈佛大學擔任談判課程訪問教授，那是一段難能可貴的有趣經歷。我還要感謝Larry Susskind（麻省理工學院）、Len Greenhalgh（達特茅斯學院）、Howard Raiffa（哈佛商學院）、Max Bazerman（西北大學凱洛格商學院）以及Roy Lewicki（俄亥俄州立大學）。這幾位學者讓我在談判的學術領域如沐春風，他們大方分享教學資料，並指引我思考令人玩味的學術和實務問題。

——理查・謝爾

經濟新潮社 〈經營管理系列〉

書號	書名	作者	定價
QB1051X	**從需求到設計**：如何設計出客戶想要的產品（十週年紀念版）	唐納德·高斯、傑拉爾德·溫伯格	580
QB1052C	**金字塔原理**：思考、寫作、解決問題的邏輯方法	芭芭拉·明托	480
QB1053X	**圖解豐田生產方式**	豐田生產方式研究會	300
QB1055X	**感動力**	平野秀典	250
QB1058	**溫伯格的軟體管理學**：第一級評量（第2卷）	傑拉爾德·溫伯格	800
QB1059C	**金字塔原理Ⅱ**：培養思考、寫作能力之自主訓練寶典	芭芭拉·明托	450
QB1061	**定價思考術**	拉斐·穆罕默德	320
QB1062C	**發現問題的思考術**	齋藤嘉則	450
QB1063	**溫伯格的軟體管理學**：關照全局的管理作為（第3卷）	傑拉爾德·溫伯格	650
QB1068	**高績效教練**：有效帶人、激發潛能的教練原理與實務	約翰·惠特默爵士	380
QB1069	**領導者，該想什麼？**：成為一個真正解決問題的領導者	傑拉爾德·溫伯格	380
QB1070X	**你想通了嗎？**：解決問題之前，你該思考的6件事	唐納德·高斯、傑拉爾德·溫伯格	320
QB1071X	**假說思考**：培養邊做邊學的能力，讓你迅速解決問題	內田和成	360
QB1073C	**策略思考的技術**	齋藤嘉則	450
QB1074	**敢說又能說**：產生激勵、獲得認同、發揮影響的3i說話術	克里斯多佛·威特	280
QB1075X	**學會圖解的第一本書**：整理思緒、解決問題的20堂課	久恆啟一	360
QB1076X	**策略思考**：建立自我獨特的insight，讓你發現前所未見的策略模式	御立尚資	360
QB1080	**從負責到當責**：我還能做些什麼，把事情做對、做好？	羅傑·康納斯、湯姆·史密斯	380
QB1082X	**論點思考**：找到問題的源頭，才能解決正確的問題	內田和成	360
QB1083	**給設計以靈魂**：當現代設計遇見傳統工藝	喜多俊之	350

經濟新潮社 〈經營管理系列〉

書號	書名	作者	定價
QB1109	**Big Data大數據的獲利模式**：圖解・案例・策略・實戰	城田真琴	360
QB1110	**華頓商學院教你活用數字做決策**	理查・蘭柏特	320
QB1111C	**V型復甦的經營**：只用二年，徹底改造一家公司！	三枝匡	500
QB1112	**如何衡量萬事萬物**：大數據時代，做好量化決策、分析的有效方法	道格拉斯・哈伯德	480
QB1114	**永不放棄**：我如何打造麥當勞王國	雷・克洛克、羅伯特・安德森	350
QB1115	**工程、設計與人性**：為什麼成功的設計，都是從失敗開始？	亨利・波卓斯基	400
QB1117	**改變世界的九大演算法**：讓今日電腦無所不能的最強概念	約翰・麥考米克	360
QB1118	**現在，頂尖商學院教授都在想什麼**：你不知道的管理學現況與真相	入山章榮	380
QB1119	**好主管一定要懂的2×3教練法則**：每天2次，每次溝通3分鐘，員工個個變人才	伊藤守	280
QB1120	**Peopleware**：腦力密集產業的人才管理之道（增訂版）	湯姆・狄馬克、提摩西・李斯特	420
QB1121	**創意，從無到有**（中英對照×創意插圖）	楊傑美	280
QB1122	**漲價的技術**：提升產品價值，大膽漲價，才是生存之道	辻井啟作	320
QB1123	**從自己做起，我就是力量**：善用「當責」新哲學，重新定義你的生活態度	羅傑・康納斯、湯姆・史密斯	280
QB1124	**人工智慧的未來**：揭露人類思維的奧祕	雷・庫茲威爾	500
QB1125	**超高齡社會的消費行為學**：掌握中高齡族群心理，洞察銀髮市場新趨勢	村田裕之	360
QB1126	**【戴明管理經典】轉危為安**：管理十四要點的實踐	愛德華・戴明	680
QB1127	**【戴明管理經典】新經濟學**：產、官、學一體適用，回歸人性的經營哲學	愛德華・戴明	450
QB1128	**主管厚黑學**：在情與理的灰色地帶，練好務實領導力	富山和彥	320

經濟新潮社　〈經營管理系列〉

書　號	書　　　名	作　　者	定價
QB1129	**系統思考**：克服盲點、面對複雜性、見樹又見林的整體思考	唐內拉・梅多斯	450
QB1131	**了解人工智慧的第一本書**：機器人和人工智慧能否取代人類？	松尾豐	360
QB1132	**本田宗一郎自傳**：奔馳的夢想，我的夢想	本田宗一郎	350
QB1133	**BCG頂尖人才培育術**：外商顧問公司讓人才發揮潛力、持續成長的祕密	木村亮示、木山聰	360
QB1134	**馬自達Mazda技術魂**：駕馭的感動，奔馳的祕密	宮本喜一	380
QB1135	**僕人的領導思維**：建立關係、堅持理念、與人性關懷的藝術	麥克斯・帝普雷	300
QB1136	**建立當責文化**：從思考、行動到成果，激發員工主動改變的領導流程	羅傑・康納斯、湯姆・史密斯	380
QB1137	**黑天鵝經營學**：顛覆常識，破解商業世界的異常成功個案	井上達彥	420
QB1138	**超好賣的文案銷售術**：洞悉消費心理，業務行銷、社群小編、網路寫手必備的銷售寫作指南	安迪・麥斯蘭	320
QB1139	**我懂了！專案管理**（2017年新增訂版）	約瑟夫・希格尼	380
QB1140	**策略選擇**：掌握解決問題的過程，面對複雜多變的挑戰	馬丁・瑞夫斯、納特・漢拿斯、詹美賈亞・辛哈	480
QB1141	**別怕跟老狐狸說話**：簡單說、認真聽，學會和你不喜歡的人打交道	堀紘一	320
QB1142	**企業改造**：組織轉型的管理解謎，改革現場的教戰手冊	三枝匡	650
QB1143	**比賽，從心開始**：如何建立自信、發揮潛力學習任何技能的經典方法	提摩西・高威	330
QB1144	**智慧工廠**：迎戰資訊科技變革，工廠管理的轉型策略	清威人	420
QB1145	**你的大腦決定你是誰**：從腦科學、行為經濟學、心理學，了解影響與說服他人的關鍵因素	塔莉・沙羅特	380
QB1146	**如何成為有錢人**：富裕人生的心靈智慧	和田裕美	320

國家圖書館出版品預行編目資料

華頓商學院的高效談判學：讓你成為最好的談判者！／理查・謝爾（G. Richard Shell）著；劉復苓譯. -- 二版. -- 臺北市：經濟新潮社出版：家庭傳媒城邦分公司發行, 2018.06
面；　公分. --（經營管理；95）
譯自：Bargaining for advantage: negotiation strategies for reasonable people, 2nd ed.
ISBN 978-986-96244-5-9（平裝）

1.談判　2.說服

177.4　　　　107009069